活页教材

新编21世纪职业教育精品教材

适用于财经商贸类专业

U0874146

客户服务与管理

主　编◎李艳华　张莉萍　张　杰

副主编◎曾　春　钟雪勤　卢柳梅

黄维玲

参　编◎温岚兰　覃筱芸　刘　翔

陈博宁　何天龙　钟　莹

张　芳　刘天萍　李　立

刘家强　叶柳娜　吕用宇

苏佳宁

中国人民大学出版社

·北京·

图书在版编目（CIP）数据

客户服务与管理 / 李艳华，张莉萍，张杰主编 . -- 北京：中国人民大学出版社，2022. 6
新编 21 世纪职业教育精品教材
ISBN 978-7-300-30717-6

Ⅰ. ①客… Ⅱ. ①李… ②张… ③张… Ⅲ. ①企业管理 – 销售管理 – 商业服务 – 职业教育 – 教材 Ⅳ. ① F274

中国版本图书馆 CIP 数据核字（2022）第 098373 号

新编 21 世纪职业教育精品教材
客户服务与管理
主　编　李艳华　张莉萍　张　杰
副主编　曾　春　钟雪勤　卢柳梅　黄维玲
参　编　温岚兰　覃筱芸　刘　翔　陈博宁
何天龙　钟　莹　张　芳　刘天萍
李　立　刘家强　叶柳娜　吕用宇
苏佳宁
Kehu Fuwu yu Guanli

出版发行	中国人民大学出版社		
社　　址	北京中关村大街 31 号	**邮政编码**	100080
电　　话	010 – 62511242（总编室）		010 – 62511770（质管部）
	010 – 82501766（邮购部）		010 – 62514148（门市部）
	010 – 62515195（发行公司）		010 – 62515275（盗版举报）
网　　址	http://www.crup.com.cn		
经　　销	新华书店		
印　　刷	中煤（北京）印务有限公司		
规　　格	185 mm × 260 mm　16 开本	**版　　次**	2022 年 6 月第 1 版
印　　张	17	**印　　次**	2024 年 3 月第 2 次印刷
字　　数	400 000	**定　　价**	59.00 元

前 言

本书适用于职业院校财经商贸类相关专业的客户服务基础课程的教学，着重介绍了物流服务与管理、电子商务、汽车服务与营销专业常见的客户服务工作，内容涵盖物流服务与管理、电子商务、汽车服务与营销专业对客户服务内容的需求。本书是“广西职业院校汽配产业物流服务与管理专业及专业群建设研究基地”的研究成果，也是“‘中国制造 2025’背景下中职‘智慧物流’专业群建设实践与研究”的研究成果。

本书基于现代学徒制理念，运用项目导向、任务驱动的方法，贯彻以能力为本位、基于工作过程的教学理念；融工作过程于课程内容之中，由简到繁，循序渐进，精选“够用的理论”，强化职业技能操作方面的内容；以客户服务主要职能工作中常见任务环节为载体，包括客户服务职业体验、客户服务技巧、客户服务中心业务、客户投诉处理、客户满意度、客户关系维护、智能客服训练等，按照“情境描述—任务目标—工作过程—考核评价—相关资料—自测练习”的编排顺序，对企业中客户服务工作进行系统介绍，方便教师灵活地安排“一体化”教学，也方便学生和自学者有针对性地选学相关内容。

本书有如下几个特点：

1. 在内容选取上，体现客户服务领域发展趋势，增加服务行业相关的新内容、新要求和新标准，系统介绍了客服岗位工作流程、工作内容及行为规范。

2. 在体例设计上，围绕培养学生的职业技能这条主线来设计本书的结构、内容和形式。从实际应用的角度出发，以技能训练任务为单位，由简到繁、由易到难，既有基本理论知识的介绍，又有实际运用的详细阐述，内容力求简明、实用、够用，努力提高学生解决实际问题的能力，体现出较强的技能性和实用性。

3. 在呈现形式上，针对职业院校学生的特点和学习内容的特点，将理论知识框架化、操作步骤流程化，力求达到图文并茂，使阅读和实训活动轻松自然。

在本书编写过程中，编写人员邀请到相关企业中熟悉客户服务与管理的人员参与，再现了客户服务工作实际过程；同时，编写人员展开研讨和实地考察，将大量实践资料融入本书，使得本书具有很强的实践性和操作性。本书既可作为职业院校财经商贸类相关专业的客户服务基础课程的教材，也可作为企业客户服务与管理等相关岗位的培训用书。

由于现代服务业的迅猛发展，新技术与设备不断涌现，加上编者水平有限，书中疏漏、错误之处在所难免，敬请广大读者批评指正。

编者

目录

项目一

客户服务职业体验

情境描述

1. 物流企业客户

柳州市顺通物流有限公司（以下简称顺通公司）近两年来在第三方物流领域发展迅速，且在汽配物流中有着较强的话语权，引领了柳州汽配物流的发展。但是在高速发展中，问题也随之出现，客户的满意度不高，这给顺通公司的发展埋下了很大的隐患。

2. 网店客户

“艾尚精品馆”是淘宝网上新开的一家店铺，主营各类精品礼品。店家单打独斗 1 个月了，疲惫不堪，力不从心。于是，店长决定寻求一名助手帮忙。很快，他在招聘网上找到了一名网店客服人员——小美。他高兴极了，心想这下可省心多了，但是万万没有想到，这名客服人员不但没有让网店增加销量，还让网店赔了钱，这是怎么回事呢？

一天，客服小美收到客户小 A 的咨询信息，小 A 的女朋友过两天过生日，小 A 想从店里挑选一样礼物送给她表示心意。小美热情接待了小 A，并把店里几款合适的商品推荐给他。很快，小美就收到了小 A 的回复，完成了这笔交易。可是，3 天后小 A 联系了小美，要退货退款，待店家仔细查看订单详情和旺旺聊天记录后，立即给小 A 道歉并退了款。原来是客服小美没有仔细核对订单，竟把另一个订单的备注信息填到了小 A 的订单中，结果两个订单都发错了货，造成了很大误会，给网店造成了一定的经济损失。

3. 汽车 4S 店客户

某汽车 4S 店客服人员小林通过查询店内客服系统，发现客户王先生于 3 月份来店为自己的汽车做过保养，至今预计该车已经行驶了 5 000km，于是小林打电话给王先生，提醒王先生于近期来店给汽车做保养。

学习活动任务及学时分配

学习活动及学时分配（总学时：4 学时）

活动序号	学习活动任务	学时安排	备注
1	客户服务岗位认知及职责	2	
2	物流客户服务	2	分专业选择上课内容
3	网店客户服务	2	
4	汽车 4S 店客户服务	2	

学习活动任务目标

分类	任务目标
知识目标	理解客户的定义和内涵，掌握客户服务的含义及特征
	理解并掌握客户服务的原则，明确优质客户服务的标准
	掌握物流客户服务的定义和特点，能够为客户提供优质的客户服务
	了解网店客户服务的含义、价值，网店客服人员的职责及技能要求
	理解并掌握汽车 4S 店客服人员的工作内容、职业性质和工作职责
技能目标	正确区分客户的范畴及内涵
	理解物流客户服务的内容、岗位设置及主要职责
	能够对客户进行分类管理
	熟悉网购流程（淘宝网交易流程及买家购物流程），文字录入速度达 80 字 / 分钟
	掌握常见的商品知识，熟悉网店常用工具
	理解汽车 4S 店客服人员的职业素质，以规范的客户服务流程为客户服务
职业素养目标	培养良好的客户服务意识
	培养团结合作及良好的沟通能力
	具有高度的责任感和上进心，树立良好的个人及企业形象
	具有良好的心理素质（遇事处变不惊，增强抗挫折、抗压能力，善于管控自我情绪）

任务名称	客户服务岗位认知及职责	教学流程	客户服务职业体验
班级		姓名	
工作岗位			

1 学习活动任务一

客户服务岗位认知及职责

任务目标

通过本任务的学习和训练，学生能够理解客户服务岗位，把握客户的需求，树立为客户服务的理念。

工作过程

一、感知客户服务

1. 你觉得什么是客户服务？请用几句话描述出来。

2. 想一想我们在日常生活中都感受过哪些形式的客户服务（可利用报纸、杂志、电脑、手机查找不同企业提供的各种形式的客户服务内容），请列举出来。

3. 你认为客户会存在哪些需求？

（1）

（2）

（3）

（4）

4. 你认为与客户建立起的较好客户服务关系是怎样的？

二、课堂实训

实训一：赢得客户游戏

实训目的

1. 让学生体会团队共同合作完成任务时的合作精神。
2. 让学生体会团队是如何选择计划方案以及如何发挥所有人的长处的。
3. 让学生感受团队的创造力。

实训准备

形式：人数不限，学生分组。

场地：室内外约 6 平方米的空间。

道具：小毛绒玩具、乒乓球、小塑料方块各 1 个，道具形式不拘，将以上道具装在一只不透明的包里。

实训步骤

1. 将学生分成小组，每组不少于 8 人，以 10 ～ 12 人为最佳。

2. 老师让学生站成大圆圈，选其中的一名学生作为起点。

3. 老师说明：每个小组就是一个公司，现在公司来了一位“客户”（即毛绒玩具、乒乓球等），它要到公司的各个部门都看一看，大家一定要接待好这个“客户”，不能让“客户”掉到地上，一旦掉到地上，“客户”就会很生气，同时活动结束。

4. “客户”巡回规则如下：

（1）“客户”必须经过每个小组成员的手，活动才算完成。

（2）每个小组成员不能将“客户”传到相邻的学生手中。

（3）老师将“客户”交给第一位学生，同时开始计时。

（4）最后拿到“客户”的学生将“客户”拿给老师，活动计时结束。

（5）3 个或 3 个以上学生不能同时接触“客户”。

（6）学生的目标是以最快速度完成活动。

5. 老师用一个“客户”让学生做练习，熟悉活动规则。活动正式开始后，老师会依次将 3 个“客户”从包中拿出来递给第一位学生，所有“客户”都被最后一位学生传到老师手中时活动结束。

6. 此活动可根据需要进行 3 至 4 次，每一次开始前让小组成员自行决定用多少时间，老师只需问“是否可以更快”即可。

总结讨论

1. 在刚才的实训中，你对自己的哪些方面感到满意？

2. 在刚才的实训中，你觉得哪些方面需要改进？

3. 通过这次实训，你有什么体会？

实训二：服务行业知多少

实训内容

你知道有哪些服务业？看谁写得又多又好。（让学生通过回忆总结自己了解的服务行业，增强学生对服务的认识）

实训准备

1. 角色分配（6 人为一组），根据具体任务分工，让不同的学生负责不同的工作，包括资料收集、资料整理及书写、汇总报告等。

2. 教学环境和用具：客户服务中心实训室，教具，课件，张贴板一块，油性笔若干支，书写白纸，电脑。

实训步骤

1. 老师下达实训任务。

2. 学生分小组讨论，运用头脑风暴法回忆总结自己了解的服务行业，并以小组为单位进行展示：

（1）学生分组展开讨论。

（2）将讨论后得出的结果写在白纸上。

（3）小组成果展示：每组派一名学生上讲台展示该小组讨论的结果。

考核评价

姓名		学号		班级	
任务名称	客户服务岗位认知及职责				
考核内容	考核标准	参考分值（分）	学生自评	小组互评	教师评价
理论知识评价	熟悉客户服务的相关内容	15			
	掌握令客户满意的方法	15			
	理解客户服务的原则	10			

续表

技能操作评价	熟悉令客户满意的技巧	15			
	能够识别客户的需求	10			
	能够有效地收集和整理资料	15			
职业素养评价	具有团队合作意识	10			
	具有自我分析和自我检查的能力	10			
得分		100			

相关资料

一、客户的定义和内涵

（一）客户的定义

一般来说，客户的概念有广义和狭义之分。广义的客户是指市场中广泛存在的、对企业的产品或服务有不同需求的个体或消费群体；狭义的客户是指企业的所有服务对象（公司股东、雇员、顾客、合作者、政府官员、社区的居民）。

（二）客户需求的特性

（1）客户需求具有无限扩展性。应该说，客户的需求是无止境的，永远不会停留在一个水平上。随着经济、技术的发展，客户需求也不断地向前发展。

（2）客户需求具有多层次性。尽管客户有多种多样的需求，但不可能同时得到满足，需要客户按照个体的经济实力、支付能力和客观条件，根据轻重缓急，有序地逐步实现。

（3）客户需求具有可诱导性。有些客户需求是必需的、是最基本的，而有些与外界的刺激诱导有关。如经济政策的变动、各类营销活动的影响、社会交际的启示、广告宣传的诱导等，都会使客户的需求发生变化或转移，潜在的需求也可以变为现实的需求。

（4）客户需求具有分散性。我国加入世界贸易组织以来，由于竞争的不断加剧，民营企业的飞速发展，各类企业的市场占有率不断下降，因此客户需求呈现分散的特性。

（三）客户的五种需求

（1）服务。客户期望得到与他们的购买水平一致的服务。

（2）价格。即客户购买的成本。

（3）质量。要求生产商和分销商提供的产品能满足客户经久耐用的要求。

（4）行动。当出现问题时，客户期望企业能有所行动，如免费服务热线、灵活的退货政策。

（5）感激。客户需要企业对他们的光顾心存感激。

（四）理解客户内涵要注意的要点

（1）客户不一定是产品或服务的最终接受者。对于处于供应链下游的企业来说，它们是上游企业的客户，如一级批发商、二级批发商、零售商或物流商，而最终的接受者是消费产品或服务的个人或机构。

（2）客户不一定是用户。处于供应链下游的批发商、零售商是生产商的客户，只有当它们直接消费这些产品或服务时，它们才是上游生产商的用户。

（3）客户不一定在企业之外。当前，内部客户日益引起企业的重视，它使企业的服务无缝连接起来。人们已经习惯于为企业之外的客户服务，而把企业内的上、下流程中的工作人员和供应链中的上、下游企业看作同事或合作伙伴，从而淡化了服务意识，导致服务内外脱节、落实困难。

在现代客户管理理念的指导下，个体客户和组织客户统称为客户，因为无论是个体还是组织，都是接受企业产品或服务的对象，而且从最终的结果来看，客户的下游还是客户。可见，客户是相对于产品或服务提供者而言的，它们是所有接受产品和服务的组织和个人的统称。

二、客户服务的含义、特征与原则

随着市场经济的发展和竞争的日趋激烈，企业力图在产品上寻求某种竞争优势越来越困难，为客户尽可能地提供周到、满意的服务逐渐成为企业竞争的焦点。客服部不只是处理客户的抱怨与申诉，而要更积极地扮演为客户服务的角色。不论是制造业还是服务业，为了满足客户的需求、让客户满意，都必须做好客户服务。

（一）客户服务的含义

客户服务就是企业在适当的时间和地点，以适当的方式和价格，为目标客户提供适当的产品或服务，满足客户的适当需求，使企业和客户的价值都得到提升的活动过程。

开展客户服务工作必须考虑客户在时间和地点上的便利性；提供的服务必须以客户能接受的方式进行；收取的服务费用必须是客户能接受的、公开的；为客户提供的产品或服务必须能满足客户实际和适当的需要，最终通过为客户提供优质的、令客户满意的服务使企业和客户的价值都得到提升。

（二）客户服务的特征

企业的客户服务工作贯穿于产品或服务售前、售中和售后的全过程，包括企业向客户提供与产品或服务相关的技术、信息等方面的各项专业化活动。

客户服务具有以下特征：

（1）双向互动性。一方面，企业和客户服务人员要主动了解和掌握客户的实际需要，在客户没有提出来之前主动为客户提供其需要的满意服务；另一方面，在客户主动提出需要服务时，要尽可能地满足客户的要求，令客户满意。

（2）无形性。企业提供的服务贯穿于售前、售中和售后的全过程，它是无形的，但是，客户在获得服务的过程中可以感受到它的存在，客户会通过自身的感受对企业的服务质量进行评价。并且，优质、满意的客户服务能使客户得到精神上的体验和满足。

（3）不可分性。企业为客户提供的无形商品在销售过程中与服务是同时进行的，而有形商品的销售和服务在售前、售中、售后也是同时进行的，因此，产品和服务具有不可分性。

（4）不确定性。客户服务的不确定性包括两个方面：一方面，客户向企业提出需要的服务项目和程度、时间、地点等具有不确定性；另一方面，企业客户服务人员的服务态度、服务技术水平以及客户服务人员的调配等方面存在不确定性。客户服务的不确定性会导致客户产生不安全感，因此，企业一方面要精心选拔和严格培训客户服务人员，提高客户服务人员的服务意识、服务水准和管理水平；另一方面，要针对客户服务需要在时间、地点等方面的不确定性，采取全天24小时服务等措施，消除客户的不安全感。

（5）时效性。客户服务具有一定的时效性，其不可储存、容易消失，必须及时享用，如产品保修期内的各项服务。企业应该在服务的有效期内，主动地为客户提供其应该享受的各项服务，从而使客户得到最大限度的满足。

（6）有价性。客户服务的有价性表现为两个方面：一方面，客户获得服务是有代价的，包括购买商品、服务时的一次性付出和购买商品、服务后享受各项服务时的费用支出；另一方面，通过为客户提供服务能够提升客户和企业的价值。

（7）独特性。客户服务的独特性也表现为两个方面：一方面，不同的企业为客户提供的服务具有不同的特色；另一方面，不同的客户对企业的服务要求具有个性特征。

（8）广泛性。所有客户在购买商品或服务的售前、售中、售后过程中都需要企业为其提供各种各样的服务；所有企业也都要为企业的所有客户提供力所能及的服务。

（三）客户服务的原则

（1）视客户为亲友。对客户以诚相待，就是要以微笑的面容、百倍的热情接听每一位客户的电话，想客户所想，体察客户心理，当好客户的参谋，解决好客户的各种难题。努力创造出高品位的环境，提供高品位的服务。

（2）客户永远是对的。在企业为客户服务过程中，企业是服务者，客户是被服务者，企业的服务工作应努力满足被服务者的需要。

（3）把客户视为企业的主宰。企业要尊重客户，尊重客户的权利，把尊重客户在接受服务时的安全权、知情权、选择权、公平权、被赔偿权、受尊重权、监督权等作为自己的职责，认真履行应尽的义务；根据客户的需要决定企业的经营方向，根据客户的需要选择企业的经营战略；建立客户满意的服务标准，并依照标准增加服务投入、服务项目，改善服务措施，建立全面服务质量保证体系，使企业各部门都围绕客户满意这个目标开展工作，最终保证企业服务质量得以全面提高。

（四）优质客户服务的标准

（1）对客户热情，尊重和关注客户。提供优质客户服务首先是个态度问题，要求客户服务人员对客户热情，尊重和关注客户。提供优质客户服务，要求客户服务人员能够持续地、始终如一地热情对待客户。

（2）帮助客户解决问题。客户服务人员解决问题的能力是客户服务的根本，要做到提供优质客户服务，企业就必须帮助客户解决问题。客户服务人员必须牢记：在客户服务中，帮助客户解决问题永远是第一位的。

（3）迅速响应客户需求。服务的响应速度是考评服务质量的重要指标。特别是在产品同质化的今天，你能够提供的服务，你的竞争对手同样可以提供，而这时客户关心的就是服务的响应速度。从客户服务人员的角度来说，对客户的要求给予积极主动的响应，是优质客户服务的标准之一。

（4）始终以客户为中心。有时，客户利益会与企业的利益发生冲突，甚至客户会提出一些看似不太合理的要求，这是考验企业和客户服务人员的服务观念的时候。“始终以客户为中心”不能只是一句口号，或者是贴在墙上的服务标语，而应该是一种行动，是带给客户的一种感受。

（5）持续提供优质服务。让客户每一次都能感受到同样好的服务，正是优质客户服务所追求的目标。持续提供优质服务，这是整个优质客户服务过程中最难获得的一种能力，而服务的标准化、一致性是持续提供优质服务的根本保证。

（6）设身处地为客户着想。设身处地为客户着想是做到始终以客户为中心的前提。作为一名客户服务人员，能够经常进行换位思考是非常重要的，设身处地为客户着想意味着必须站在客户的角度去思考问题，理解客户的观点，知道客户最需要的是什么、最不想要的是什么，只有这样，才能为客户提供优质的服务。

（7）提供个性化服务。如今，客户需要的是一种个性化的服务，客户总是希望自己得到特殊的对待。只有提供不同凡响的个性化、快速响应和超值的服务，才能令客户欣喜并留下深刻印象。

自测练习

一、亲和力测试——你是否令人讨厌?

对下列每道题做“是”或“否”的选择：

（是 / 否）1. 在匆忙行走的路上，别人与你打招呼：“你好啊！”你会停下脚步、同他聊聊吗？

（是 / 否）2. 与朋友交谈时，你是否总以自己为中心？

（是 / 否）3. 聚会时，不到人人疲倦，你是不会告辞的。

（是 / 否）4. 不管别人有没有要求，你是否都会主动提出建议，告诉他应该怎么去做？

（是 / 否）5. 你讲的故事或佚事是否总是又长又复杂，别人需要耐心地去听？

（是 / 否）6. 当他人融洽地交谈时，你是否会贸然地插话？

（是 / 否）7. 你是否会经常津津有味地与朋友谈起他们不认识的人？

（是 / 否）8. 你是否觉得自己讲故事给别人听，比别人讲给你听有意思？

（是 / 否）9. 你是否常提醒朋友要信守诺言，如提醒他“你记得吗？”或“你忘了吗？”

（是 / 否）10. 你是否坚持要朋友阅读你认为有趣的东西？

（是 / 否）11. 你是否经常发现朋友的短处，并要求他们去改进？

（是 / 否）12. 当别人谈到你不喜欢的话题时，你是否就不说话了？

（是 / 否）13. 遇到自己种种不如意的事情，你是否总是喜欢找人诉苦？

选“是”记 1 分，选“否”记 0 分，统计总分。你的总分是________。

总分多于 5 分，说明你在许多方面令人讨厌，在日常交往中要注意改进。

二、填空题

1. 客户需求具有__________、__________、__________和__________的特征。

2. ____________________是做到始终以客户为中心的前提。

3. 客户服务就是企业在______________，以适当的方式和价格，为目标客户提供______________，满足客户的适当需求，使企业和客户的价值都得到提升的活动过程。

4. 企业的客户服务工作贯穿于产品或服务______、______和______的全过程。

5. 客服人员______________是客户服务的根本，要做到提供优质服务，企业就必须帮助客户解决问题。

三、不定项选择题

1.（　　）是优质客户服务的标准。

A. 持续提供优质服务　　B. 迅速响应客户需求

C. 提供个性化服务　　D. 始终以客户为中心

2. 下列关于客户的说法中，正确的是（　　）。

A. 客户是购买企业产品的人

B. 客户是企业方方面面需要理顺的服务关系

C. 客户只存在于企业外部

D. 客户是所有接受产品和服务的组织和个人的统称

3. 下列选项中，不属于客户服务的特征的是（　　）。

A. 无形性　　B. 时效性　　C. 确定性　　D. 双向互动性

4. 下列说法中，错误的是（　　）。

A. 客户不一定是用户　　B. 客户不一定在企业之外

C. 客户不全是产品或服务的最终接受者　　D. 客户仅仅是通过购买产品或服务的群体

5. 下列选项中，属于客户的是（　　）。

A. 公司股东　　B. 合作者　　C. 顾客　　D. 政府官员　　E. 雇员

任务名称	物流客户服务	教学流程	客户服务职业体验
班级		姓名	
工作岗位			

2 学习活动任务二

物流客户服务

任务目标

通过本任务的学习和训练，学生理解物流客户服务的定义，掌握物流客户服务的内容和特点。在活动中，以第三方物流公司为例，通过小组讨论的方式，了解物流客户服务的主要岗位并进行职能分工。

工作过程

一、感知物流客户服务

1. 你认为物流客户服务和一般的客户服务的区别在哪里？

2. 你在生活中接触过哪些物流客户服务的例子？请说明。

3. 你认为物流企业对客户提供的服务有什么特点？

二、课堂实训

案例情境

柳州市顺通物流有限公司近两年来在第三方物流领域发展迅速，且在汽配物流中有着较强的话语权，引领了柳州汽配物流的发展。但是在高速发展中，问题也随之出现，客户的满意度不高，这给顺通公司的发展埋下了很大的隐患。

请你运用所学，为顺通公司设立一个客服部，并将本组的组员安排到客服部的各个岗位上，说明本组组员的岗位职责。

实训目的

1. 培养学生的服务意识和商业意识。
2. 让学生通过实训活动充分理解物流客户服务的定义与内容。
3. 让学生通过实训活动掌握物流企业的服务岗位和职责。

实训准备

形式：课前进行分组，以小组为单位开展实训。

场地：客户服务中心实训室。

道具：马克笔，白纸，多媒体设备。

实训步骤

1. 教师按照学生意愿进行分组，每组 5 ～ 8 人。

2. 学生按照分好的小组讨论以下问题：

（1）成立一个物流公司后，物流客户服务的内容有哪些？

（2）对应以上服务内容，物流客服部需要设立哪些工作岗位？

（3）这些岗位的具体职责是什么？

3. 学生进行讨论，并将讨论结果写在白纸上。

4. 教师审阅学生的讨论结果，并将各组的讨论结果以小组为单位进行展示，各组挑选 1 名学生上讲台进行论述和展示。

总结讨论

1. 在刚才的实训中，哪些岗位设置得最有新意？

2. 岗位负责人的任职理由是什么？

3. 对于客服部的设立，你还有什么要改进的建议？

考核评价

组别		成员				
考核内容						
考核标准	项目及分值	小组评分 1	小组评分 2	小组评分 3	小组评分 4	教师评分
	礼仪规范（10 分）					
	语言流畅（10 分）					
	物流客服岗位设计合理，覆盖售前、售中、售后三个环节（20 分）					
	岗位职责分工清晰，每个组员各司其职（20 分）					
	岗位设置有新意，能够有效满足客户需求（30 分）					
	团队合作沟通能力较强（10 分）					
合计						

相关资料

一、物流客户服务的定义

客户服务是指在合适的时间和合适的场合，以合适的价格和合适的方式，向合适的客户提供合适的产品和服务，使客户的合适需求得到满足、价值得到提高的过程。其中，为合适的客户以合适的方式提供合适的产品和服务，满足客户合适的需求是客户服务的核心。

由此可见，物流客户服务是指物流企业为了满足客户的物流需求，所提供的贯穿于双方合作过程中的各种物流活动。物流活动从本质上说就是一种服务，服务的过程并不创造商品性质的效用，而是产生空间效用和时间效用。

物流客户服务与其他传统服务的本质基本相同，都以客户为出发点，强调客户至上、以客户为中心。现代物流服务与管理的实质就是在客户满意的前提下，在平衡服务成本的基础上，向物流需求方（客户）提供高效、迅速的物流服务。物流服务企业作为物流专业化、社会化的重要形式，在与客户的合作过程中，客户服务的好坏直接影响双方合作的效率和持久性。

二、物流客户服务的内容

物流客户服务是贯穿于物流服务整个过程的，它包含很多方面，按照服务提供的类型，可以将物流客户服务划分为以下四种：

（1）订单服务。订单服务是物流客户服务的核心部分，物流企业一切的业务都是围绕客户的订单而展开的，它是从接到客户的订单开始，拣选、送达的一系列物流过程。订单服务包括订单受理、订单传递、订单处理、订单分拣与整合、订单确认、退货处理等过程。

（2）基础服务——储存、运输与配送服务。在完成客户订单业务的过程中，需要有储存、运输与配送这些基础服务来配合。所以，物流基础服务是辅助服务和延伸服务的基础。物流企业要想在竞争中立于不败之地，就必须认真、扎实地做好储存、运输和配送服务。

（3）辅助服务——包装与流通加工服务。在物流基础服务做好以后，还必须做好包装和流通加工服务。这些工作做得好坏直接关系到是否能促进销售、维护产品和提高物流效率。

（4）延伸服务。随着竞争的加剧，物流企业在完成基础服务之后，可以给客户提供增值化的延伸服务。物流企业需要根据客户的个性化需求为客户提供多样化的延伸服务，不断开拓新颖独特的增值服务，使企业的客户服务技术和水平有一个质的提高，更具有竞争力和吸引力。延伸服务可以在基本服务的基础上向上、向下延伸，如需求预测、货款回收与结算、物流系统设计、物流方案规划制作与选择、物流教育与培训及物流咨询等。

三、物流客户服务的特点

物流客户服务活动的过程必须是物流企业和客户共同完成的，物流企业通过向客户提供优质、高效的服务，提升客户的满意度，使客户成为物流企业长期、稳定的合作伙伴，进而获取合理利润以保证物流企业的健康发展。总体上看，物流客户服务具有以下基本特点：

（1）从属性。由于客户的物流需求以商流为基础，伴随商流而发生，因此物流企业必须从属于客户的物流系统，表现在流通货物的种类、流通时间、流通方式、提货配送方式都是由客户决定。物流企业只是按照客户要求，提供相应的物流服务。

（2）即时性。物流客户服务属于非物质形态的劳动，它生产的不是有形的产品，而是一种伴随销售和消费发生的即时服务。

（3）移动性和分散性。物流客户服务以分布广泛、大多数是不固定的客户为对象，所以具有移动性以及面广、分散的特点。它的移动性和分散性会使产业的局部供需不平衡，也会给经营管理带来一定的难度。

（4）需求波动性。由于物流客户服务的对象数量多且不固定，它们的需求在方式和数量上是多变的，有较强的波动性，因此容易造成供需失衡，这也是物流企业经营效率低、费用高的重要原因。

四、物流客户服务部门的职能

物流客户服务部门是专门为市场客户提供售中和售后服务的部门，一旦客户的需求进入物流企业开始运作后，针对运作效果的客户服务均由客户服务部门承担。

物流客户服务部门的分工构成主要包括：前台接待；物流客户服务中心（又称为呼叫中心）；售中、售后服务；客户档案管理中心；客户投诉处理中心。物流客户服务部门的主要职责如下所述。

（一）客户档案建立、跟踪及客户关系管理

1. 物流客户信息管理

建立客户数据库管理系统，对客户各方面的资料进行收集、汇总，分类建档，对特殊客户进行分析，为企业物流营销策略、客户服务策略的完善提供依据。

2. 物流客户调查与开发管理

（1）开展客户调查活动，了解客户各方面信息，为企业开发潜在客户提供依据。

（2）提醒管理层，企业内部哪些环节已经引起客户不满，并提供相应的解决方案。

3. 物流客户关系管理

建立客户关系管理制度，不断改进客户服务方式，完善客户服务体系，巩固和加强与客户之间的关系，为企业的营销工作提供支持，进而塑造和提升企业的品牌形象。

4. 针对大客户成立专门的大客户服务团队

为企业的大客户量身打造个性化的服务模式，提供有针对性的全方位服务，从而强化

与大客户的合作关系，提高企业的利润水平。

5. 物流售后服务管理

（1）建立售后服务管理制度，规范企业售后服务工作，保证履行承诺，提高客户的满意度和忠诚度。

（2）保持与客户的定期沟通，听取客户关于运营工作的意见，并组织企业内部相关部门根据客户意见进行落实或整改。

（3）复核并监督落实运营指标执行情况，并提出意见。

（4）督促、检查企业对客户承诺的各种服务的执行情况。

（二）接受并处理客户关于运作质量和运作效率的投诉

（1）建立客户投诉管理制度，运用灵活的处理技巧，消除企业与客户之间的误会，使双方互相解，为企业的运营活动创造最佳的外部环境。

（2）了解客户订单的执行情况，对可能存在的订单增加情况，向市场部门及时反馈并予以落实。

（三）建立物流客户呼叫中心，派遣和管理客服专员

（1）建立先进的客户呼叫中心，培训并派遣客户服务人员，有效地为客户提供高质量、高效率、全方位的服务，同时进一步协调企业的内部管理，提高服务工作的效率。

（2）派遣客服专员，代表企业处理中型以上的运作事故。

五、物流客户服务的作用

随着物流概念的成熟，特别是随着电子商务的发展，企业间的竞争已淡化了地域的限制，其竞争的实质将是物流服务的竞争，客户服务在企业经营中占据相当重要的地位，是增强企业产品差异性、提高产品和服务竞争优势的重要因素。

（1）物流客户服务是细分市场营销战略的依据。市场进入细分市场营销阶段后，需要多样化和分散化，企业只有符合各种不同类型、不同层次的市场需求，并能迅速、有效地满足消费者的欲望，才能在激烈的竞争和市场变化中求得生存和发展。而差别化策略中的一个主要内容是客户服务上的差异，所以，作为客户服务重要组成部分的客户差别化服务也相应具有了战略上的意义。也就是说，客户服务是差别化营销的重要方式和途径。

（2）物流客户服务水准对物流经营绩效具有重要影响。决定客户服务水准是构筑物流体系的前提条件，在物流开始作为企业经营战略重要一环的过程中，客户服务越来越具有经济性的特征，市场和价格的变化会通过供求关系来决定客户服务的价值，也决定了一定服务水准的成本。所以，客户服务的供给不是无限制的，否则，过高的客户服务水准势必损害企业效益，不利于企业收益的稳定。因而，制定合理或企业预期的客户服务水准是企业决策活动的重要内容之一。

（3）物流客户服务方式的选择对降低物流成本具有重要作用。低成本历来是企业追求的目标之一。低成本的实现往往涉及商品生产、流通的全过程，除了原材料、零部件、人

力成本等各种有形影响因素外，客户服务方式的选择对降低成本具有很大的作用。一些大型零售业为降低商品购入和物流成本，改变原来的物流体系，转而实行由零售主导的共同配送、直送、工厂配送等新型客户服务方式。这从一个侧面证明了合理的客户服务可以降低企业物流成本。

（4）物流客户服务是联结商家的手段。物流客户服务是有效联结供应商、厂商、批发商和零售商的重要手段。物流客户服务作为一种特有的服务方式，一方面以商品为媒介，打破了厂商、批发商和零售商之间的隔阂，有效地推动了商品从生产到消费全过程的顺利流动；另一方面，物流客户服务通过自身特有的系统设施不断将商品销售、在库等重要信息反馈给流通中的所有企业，并通过知识、诀窍等经营资源的积累，使整个流通过程不断地适应市场变化，进而创造出一种超越单个企业的价值效益。

（5）物流客户服务用提高客户满意程度来留住客户。过去，许多企业把重点放在赢得新客户上，而很少放在留住现有客户上，但是，最近的研究表明，留住客户的战略越来越重要。留住客户和企业利润率之间有着非常高的相关性，这是因为：留住客户就可以保留业务；为老客户服务成本较少；满意的客户会提供业务中介；不少满意的客户愿意支付溢价。企业需要记住的最重要的问题是：一个对服务提供者感到不满的客户将被竞争对手获得。留住客户已成为企业的战略问题，物流领域的高水平的客户服务能够吸引并留住客户，因为对客户来说，频繁地改变供应来源会增加其物流成本及风险性。

自测练习

一、不定项选择题

1. 物流客户服务的内容包括（　　）。

A. 核心服务　　　　B. 基础服务

C. 业务服务　　　　D. 延伸服务

2. 物流客户服务的特点有（　　）。

A. 即时性　　　　B. 需求波动性

C. 不可分割性　　　　D. 普遍性

二、判断题

1. 不像有形产品那样可以长期储存，服务是无法储存的，因此当出现物流客户服务需求的高峰或低谷时，容易出现供求矛盾，从而影响服务水平和顾客满意度。（　　）

2. 物流客户服务可以独立于商品的存在而存在。（　　）

3. 物流客户服务中心不负责处理客户的投诉。（　　）

任务名称	网店客户服务	教学流程	客户服务职业体验
班级		姓名	
工作岗位			

3 学习活动任务三

网店客户服务

任务目标

通过本任务的学习和训练，学生能够了解网店客户服务的作用和重要性。

工作过程

一、网店客服案例分析

图 1－1 所示为两位客服人员不同的问好方式，试分析两位客服人员的接待态度及其造成的后果。

场景1	场景2
顾客A：老板，在吗？ 客服B：在。 客服B：还在吗？ 顾客A：你一直没回消息，我就咨询别家了。 客服B：哦。	顾客B：在吗？ 客服D：亲，您好。我一直都在哦。 顾客B：请问这款T恤还有现货吗？ 客服D：有的亲，都是现货的。 顾客B：哦，好的。就买这款。

图 1－1　两位客服人员不同的问好方式

对比两个客服人员：

二、网店客服的组织架构

将学生分组，6 名为一组，组成某电子商务企业的网店客服部，设计部门组织架构，并画出相应的组织架构图。为每位学生安排一个岗位，并写出相应岗位的技能要求及素质要求。

客服部组织架构图及岗位技能、素质要求：

三、课堂实训

实训内容

登录淘宝网，学生通过与不同信用等级店铺的客服人员进行在线沟通，了解客服人员的工作内容。

实训准备

1. 角色分配（4 人为一组），根据具体任务分工，让不同的学生负责不同的工作，包括资料收集、资料整理及书写、汇总报告等。

2. 教学环境和用具：客户服务中心实训室，教具，课件，电脑。

实训步骤

1. 登录淘宝网，如图 1－2 所示。

图 1－2　登录淘宝网

2. 搜索“电风扇”，如图 1－3 所示。

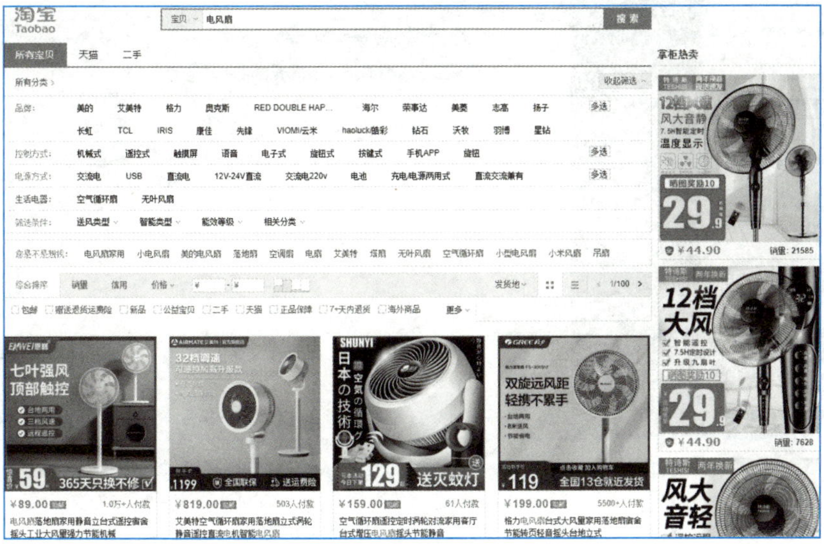

图 1－3　搜索电风扇

3. 点击你感兴趣的商品页面，尝试与客服人员进行沟通。

（1）打开如图 1－4 所示的商品页面，找到客服人员联系标志，尝试就商品的颜色、大小、功能、促销信息等进行咨询，如图 1－5 所示。

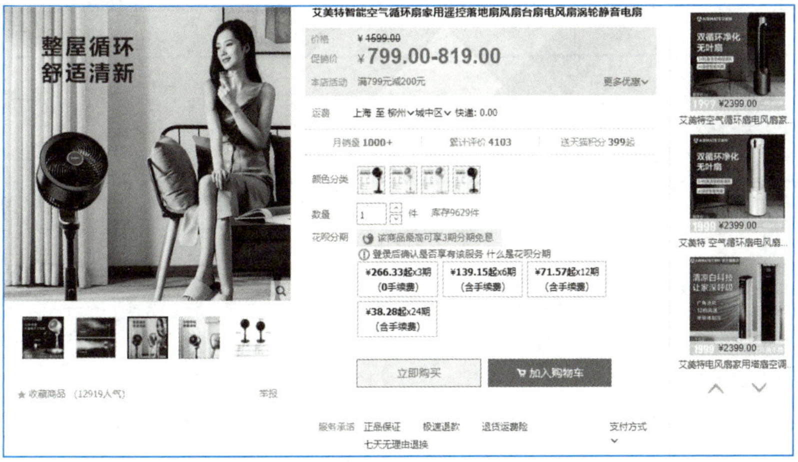

图 1－4　天猫商城某旗舰店的商品页面

（2）重复上一步的操作，多找几家店铺进行体验。

经过体验，我们发现：规模较大的店铺（如天猫商城、淘宝网的皇冠店铺等）的客服体系较为完善，岗位分工较细，划分为售前、售后等部门；而一些规模较小、信用级别较低的店铺，客服和店主往往是同一个人。

（3）总结客服人员的工作。通过与多位客服人员的沟通，你会发现不同店铺的客服人员水平不尽相同，请将你了解到的客服人员的工作情况填在表 1－1 中。

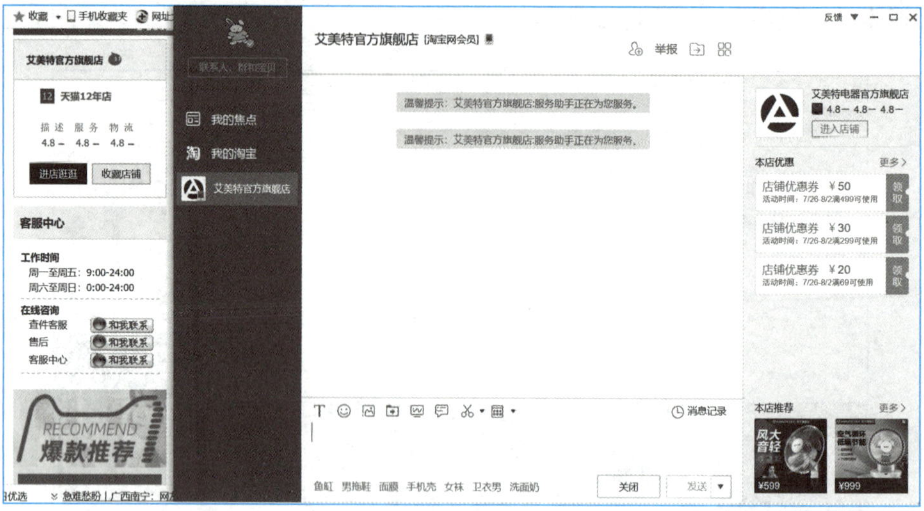

图 1-5 与天猫商城某旗舰店的客服人员进行沟通

表 1-1 客服人员工作情况记录表

序号	店铺名称	信用等级	响应时间	交流内容	服务态度	客服的作用和重要性
1						
2						
3						
4						
5						

考核评价

姓名		学号		班级	
任务名称	网店客户服务				
考核内容	考核标准	参考分值（分）	学生自评	小组互评	教师评价
理论知识评价	了解网店客服的含义	10			
	了解网店客服的重要性	10			
	了解网店客服的分类	10			
	熟悉网店客服应具备的专业知识	15			
技能操作评价	熟悉网购流程，文字录入速度达 80 字 / 分钟	20			
	熟悉网店常用工具	20			
职业素养评价	具有严谨的工作作风、热情的服务态度	10			
	具有积极的学习态度	5			
得分		100			

相关资料

一、网店客服的定义

网店客服是指在开设网店这种新型商业活动中，充分利用各种通信工具，并以网上即时通信工具为主，为客户提供相关服务的人员。

二、网店客服的价值

网店客服在网店的推广、产品的销售，以及客户维护方面均起着极其重要的作用，不可忽视。网店客服对于企业的价值主要体现在六个方面，如图 1－6 所示。

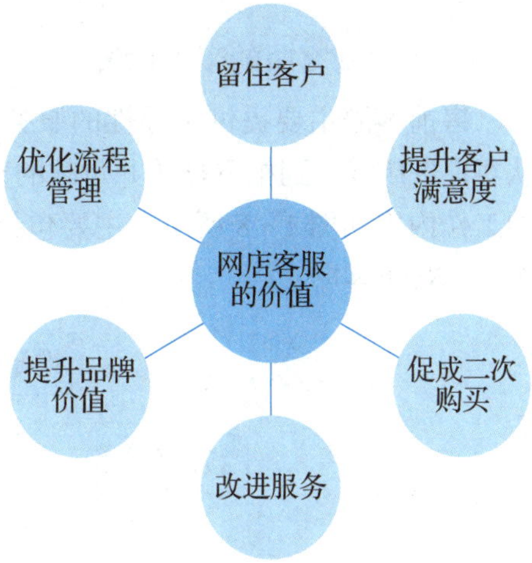

图 1－6　网店客服的价值

（1）留住客户。快速响应、真诚专业的客服是网店留住客户的重要法宝。客户在商品和店铺基本服务中得到满足，成交是自然而然的事情。

（2）提升客户满意度。较高的 RATER 指数能够为客户带来高于预期的购物体验，提升客户满意度。RATER 即五个英文单词首字母的缩写：reliability（信赖度）、assurance（专业度）、tangibles（有形度）、empathy（同理度）、responsiveness（反应度）。在电商领域，有些行业甚至是“三分商品、七分服务”，足见客服的重要性。

（3）促成二次购买。无论是传统线下的业务还是新兴的电子商务线上的销售，推广费用都是企业成本的一项大支出。提高客户信赖度，有效发掘老用户，从而促成二次消费或重复消费，有助于降低电商的推广成本、提高利润率。

（4）改进服务。随着电商运营的深入，千篇一律的店铺服务流程已经不能满足客户的需求。工作在一线岗位的客服，既能及时收集客户的需求以改进服务质量，也能适时、适度地为客户提供更多的贴心服务。

（5）提升品牌价值。规范、完整的客服体系，不仅能把合格的商品销售出去，还能通过全方位的客户服务（售前导购、售中跟进、售后服务、客户关怀等）将口碑价值融入品牌之中。

（6）优化流程管理。客户的需求是客户服务首先要解决的问题，也是指导网店优化流程管理的风向标，网店客服恰恰是连接客户与店铺的桥梁。

三、客服部门的组织架构

电子商务企业的网络客服部门是非常重要的部门。因此，企业需要根据不同的业务发展需要为网络客服部门设置不同的组织架构。不同的组织架构又影响客服人员的工作职责分配，因此，在了解客服岗位要求之前，先了解网络客服部门的组织架构。

一般大中型网店的客服人员分为售前客服、售中客服、售后客服，如图 1-7 所示，下面分别对这三类客服工作流程进行说明。

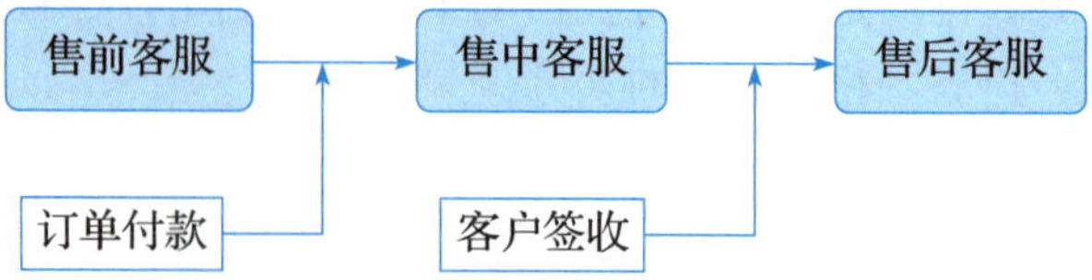

图 1-7　客服人员分类

（一）售前客服的工作内容

售前客服主要提供引导性的服务，如客户（包括潜在客户）对产品技术方面的咨询，从客户进店咨询到拍下订单并付款的整个工作环节都属于售前客服的工作范畴。售前客服的工作内容如图 1-8 所示，主要包括售前准备、接待客户、推荐产品、解决异议、下单指引、欢送客户。

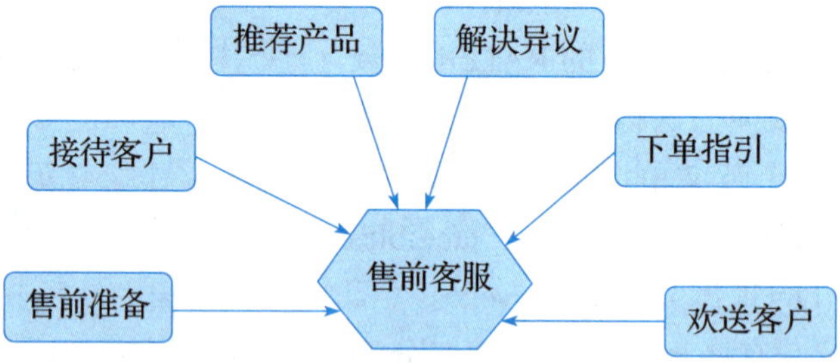

图 1-8　售前客服的工作内容

1. 售前准备

售前准备阶段的工作内容主要包括以下三个方面：

（1）学会沟通技巧，熟悉产品信息，并掌握基本的交流、沟通方法是网店客服最基本的技能。特别是店铺上架新产品前，要开展相关的产品培训，以便客服可以快速为客户答疑解惑。

（2）熟悉沟通工具，了解活动。除了熟悉产品信息外，客服还要掌握店铺正在进行的活动，熟悉活动的运作方式，并根据实际情况为客户介绍，以引起客户的购物兴趣。此外，还要掌握基本的沟通工具的使用方法。目前，淘宝平台中使用的交流、沟通工具为千牛，在该工作台中，客服可以同时接待多个客户。掌握千牛的基本使用方法，如快捷回复、自动回复的设置方法、聊天时间排序的设置方法、客户分组的设置方法等，可以提高客服接待客户的效率。在千牛中进行消息设置的界面如图 1-9 所示。

（3）了解平台规则与注意事项。网购平台必定有其运行的规则，客服需要先了解清楚，以免触犯规则被处罚。同时作为一名专业的客服，必须注意细节，可以说什么、不可以说什么，要做到心里有数，这样才能在不违规的情况下促成更多的订单。

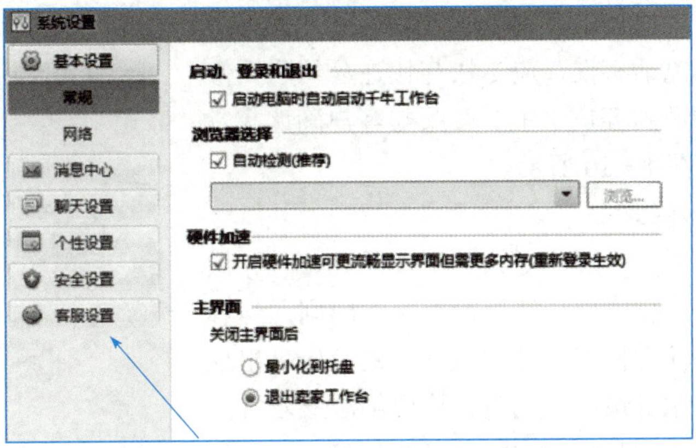

图 1-9 在千牛中进行消息设置

2. 接待客户

售前客服应该做好随时接待客户的准备，并时刻保持热情、耐心、周到的服务态度；反应要及时，不要客户提了好几个问题，客服才回答；更不能冷冰冰地回答，要通过一些语气词来尽量调动气氛，给予客户热情、真诚的服务。

3. 推荐产品

当客户咨询相关产品时，客服要从客户的语言中主动挖掘客户需求，专业、耐心地解答客户提出的问题；同时主动向客户推销产品，以产品的质量、卖点、优势等来打动客户，引起客户购物的欲望。此外，客服可在适当的时候，推荐与产品相关联的其他产品，做到二次营销。

4. 解决异议

当遇到疑难问题时，客服要利用自己的专业销售技巧来进行处理，并且始终保持热情、耐心的态度。客户可能遇到产品、发货、操作和服务等方面的问题，产品问题如产品材质、产品尺寸、产品版型等，发货问题如发货时间、快递时效等，操作问题如提交订单、使用优惠券、购买运费险等，服务问题如品牌售后服务、产品售后保障等，客服应耐心地给予解答。

5. 下单指引

客户在店铺中成功下单后，客服要仔细核实订单，并发送给客户确认，充分体现出客服细心的服务水准，以及热情、周到的服务态度。

6. 欢送客户

客户购物完成后，客服要向其表达感谢，体现出感恩、热情的态度。

（二）售中客服的工作内容

售中客服的工作主要集中在物流订单的处理，贯穿于从客户付款到订单签收的整个时间段。售中客服一定要做好与售前客服的交接工作，防止发生订单错乱的情况。某些网店还经常将售前客服和售中客服合并在一起，以减少工作失误。

1. 订单确认及核实

客户下单后，售中客服要第一时间与客户确认订单并核实信息，保证客户填写的信息正确无误，减少订单出错的概率。若发货后才发现客户姓名、地址或联系电话有误，应尽快与快递公司联系修改，保证货物及时送到客户手中。客服与客户确认收货地址的对话示例如图 1－10 所示。

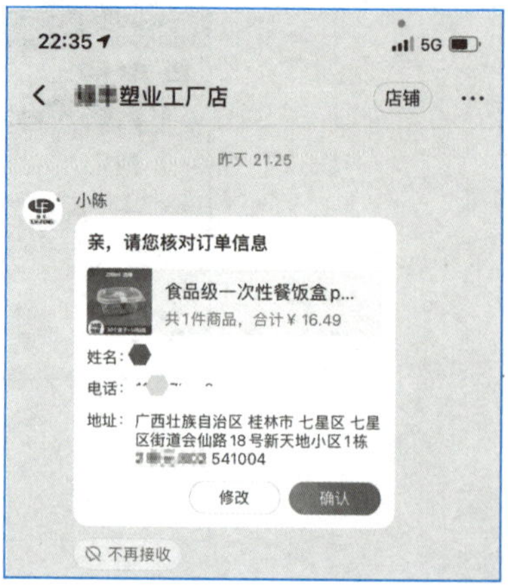

图 1－10　客服与客户确认收货地址

2. 装配商品并打包

核对订单无误后，客服应尽快装配商品并打包，做好商品的发货准备工作，保证产品能在第一时间送达客户手中。打包时要仔细检查产品与包装，避免产品出现瑕疵或者包装有问题等情况。同时，还要细心核对客户信息与快递信息，特别是客户添加的备注信息，一定不要遗漏。另外，应避免出现发错货或者少发货的情况。

3. 发货并跟踪物流

做好商品装配与包装后，客服要及时通知物流公司揽货，并对订单进行发货处理，告知客户已经正常发货。发货后，需要实时跟踪商品的物流状态。若发生意外事件导致客户收货时间延迟，一定要事先与客户沟通，请求客户的谅解，并尽快与物流公司联系，尽快解决问题，保证客户顺利收到商品。在这个过程中，可能会出现客户给出中评、差评或投诉等问题。这时，客服需要冷静分析原因，尽最大努力给客户一个满意的答复，做到双赢。

4. 提醒客户及时收货

当货物运输到客户所在城市后，客服可以短信或旺旺消息提醒的形式通知客户商品当时的物流状态。若发生意外事件导致客户收货时间延迟，一定要事先与客户沟通，请求客户的谅解，并尽快与物流公司联系，尽快解决问题，保证客户顺利收到商品。当客户顺利收货后，若迟迟没有确认收货，可以稍加提醒，但不能生硬地要求客户确认收货。

（三）售后客服的工作内容

售后服务的质量是衡量网店服务质量的一个很重要方面，好的售后服务不仅可以提高店铺的形象，还能留住更多老客户。

1. 客户反馈问题处理

客户收到货物后，在使用过程中可能会出现某些问题。此时，客户一般会找到店铺客服进行反馈，或是直接在评论中进行描述。若直接找到客服进行反馈，客服一定要认真对待，先安抚客户的情绪，再根据实际情况进行处理，尽量优先考虑客户的利益。客户反馈产品质量有问题的对话示例如图 1－11 所示。

从图 1－11 中的对话可以看出，客户购买的水果在收到打开后有坏的，客户马上联系客服进行反馈，客服及时给出了处理的办法：一是补差价；二是补发。最后客户选择了补差价。因此，若出现了问题，客服一定要第一时间了解问题所在，尽最大努力给客户一个满意的答复，否则很容易产生中评、差评。

2. 退换货、投诉处理

当客户提出退换货请求时，客服要先了解客户退换货的原因。若是产品或物流等商家方面的原因，要及时同意客户的请求并详细告知客户退换货的流程和注意事项，帮助客户快速处理，保证其利益不受损。退换货的工作流程如图 1－12 所示。

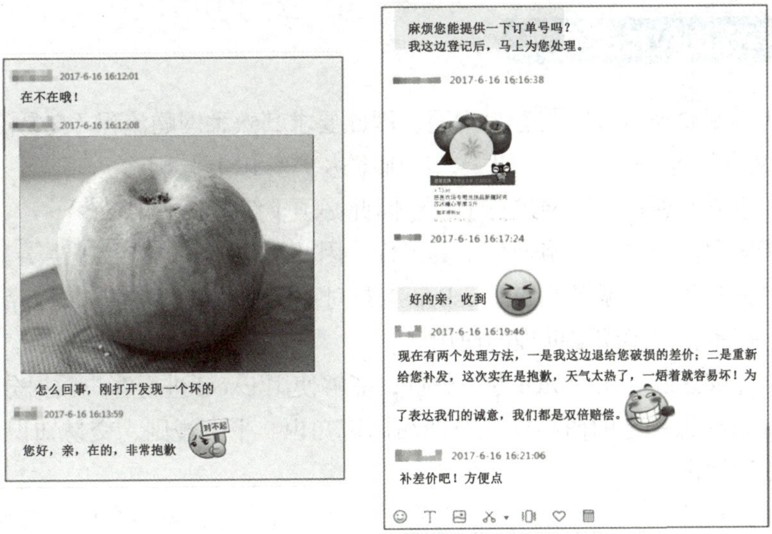

图 1－11　客户反馈产品质量有问题的对话

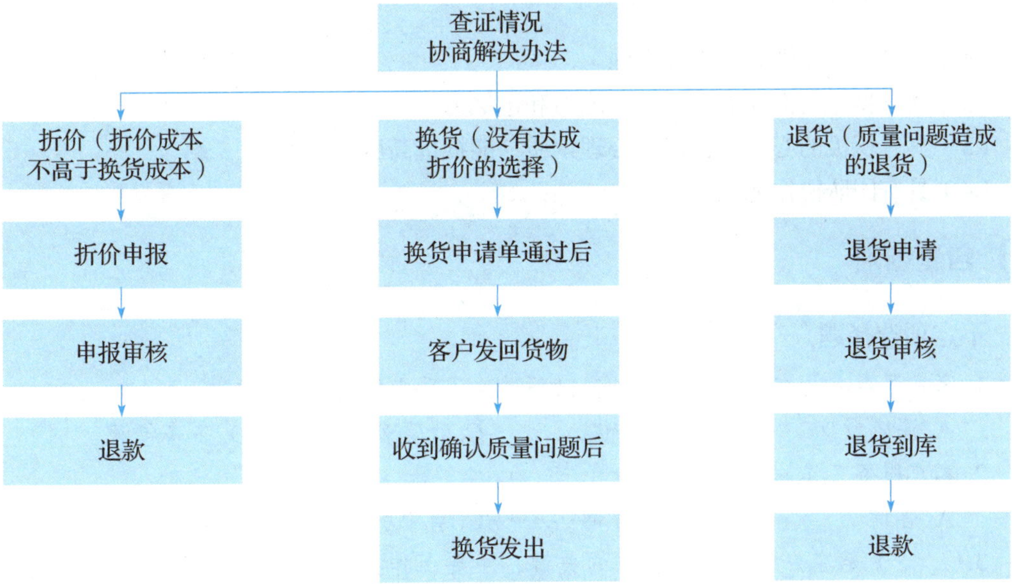

图 1－12　退换货的工作流程

若客户投诉店铺，商家应该进行自我反思，并分析发生投诉的原因。若是商家自身原因，则应承担后果，并向客户道歉。若是客户无理取闹，则要找平台人工客服进行询问，采取必要措施，保护自己的正当权益。

3. 客户回访

售后工作还有一项重要的内容，就是客户回访。客户回访可以增加客户的黏性，加深客户对店铺的印象。客服可以通过短信、邮箱、旺旺等方式进行回访。回访的内容应避免毫无技巧的推销，可以简单告知店铺的最新活动，吸引客户的主动购物兴趣，或邀请客户参加店铺的产品质量调查，让客户感受到自身的重要性，并提高产品的价值。

四、网店客服岗位技能要求

（1）由于客服要通过打字与客户沟通，因此要求其熟悉网购流程（交易流程及买家购物流程），中文盲打每分钟达 80 字以上，准确率达 95% 以上。

（2）由于客服是通过互联网进行工作，因此必须了解网络文化。

（3）由于客服需要使用网络通信工具工作，因此需要熟悉电脑版千牛工具的使用、手机版千牛工具的使用，能够使用 Photoshop 工具对商品图片进行裁剪、对商品图片的亮度和对比度进行调整，熟悉淘宝助理的使用。

（4）客服能够熟练应用 Office 办公软件，能够使用 Excel 进行客户数据分析。

（5）客服要熟悉一定的商品知识及商品周边知识、平台规则、交易知识、物流知识、客户的消费心理知识。

（6）客服要具备文字写作能力，能与客户进行良好沟通，解答客户提出的各种问题。

五、网店客服岗位素质要求

（1）工作认真、细心、责任心强。

（2）具有良好的沟通能力、应变能力和记忆力。

（3）具有积极的心态、良好的心理素质，能抵抗高压。

（4）具有团队协作能力。

自测练习

不定项选择题

1. 客户服务人员在向客户道歉时，以下说法不妥当的是（　　）。

A. 深感歉疚　　B. 非常惭愧　　C. 我真笨　　D. 多多包涵

2. 客户服务工作的主要内容包括（　　）。

A. 咨询　　B. 售前咨询　　C. 售中引导　　D. 售后服务

3.（　　）是客户检验企业能力的关键，主要工作是为客户讲解公司的产品或服务，引导客户完成消费。

A. 咨询　　B. 售前客服　　C. 售中客服　　D. 售后客服

4. 网店客服可以利用（　　）软件来进行客户数据分析。

A. Word　　B. PPT　　C. Excel　　D. Photoshop

5. 客户退换货请求分为（　　）。

A. 折价　　B. 退货　　C. 换货　　D. 送礼品

6. 下列选项中，属于售中客服工作内容的是（　　）。

A. 装配商品　　B. 发货　　C. 客户回访　　D. 订单核实

任务名称	汽车 4S 店客户服务	教学流程	客户服务职业体验
班级		姓名	
工作岗位			

4 学习活动任务四

汽车 4S 店客户服务

任务目标

通过本任务的学习和训练，学生能够理解汽车 4S 店客户服务人员的基本要求，理解并掌握汽车 4S 店客户服务人员的工作职责和职业技能，能以周到的服务态度、礼貌的语言、专业的处理问题能力和整洁的个人形象为客户服务。

工作过程

一、汽车 4S 店客户服务岗位常识

1. 作为________（岗位），试描述汽车 4S 店客服人员的常规性工作。

2. 作为________（岗位），试描述汽车 4S 店客服人员应具备的专业知识。

3. 试描述在汽车 4S 店工作过程中客户服务工作的内容。

4. 请描述你对客户服务工作内容（售前服务、售中服务和售后服务）的理解。

5. 试描述客户分类管理中的客户细分内容。

二、课堂实训

实训目的

1. 通过职业体验活动，学生发展兴趣专长，形成初步的职业生涯规划的意识和能力。

2. 通过实践活动，学生形成积极的职业观念和态度，懂得服务行业所涉及的范围。

3. 在了解和体验职业过程中，发现自身对职业理解的不足，对如何实现职业理想有更清晰的理解。

实训准备

1. 学生分成 5 个小组，每组选出小组长。

2. 根据教师提供的角色，选定本小组任务。

实训步骤

1. 角色安排：

（1）以客户服务为导向的全方位助理。

（2）市场活动支持团队。

（3）企业内部的质量监督。

（4）高科技信息管理中心。

（5）企业文化形象代言。

2. 各小组通过抽签方式确定本小组角色。

3. 分组讨论以下内容：

（1）工作任务（或内容）。

（2）工作分工（涉及的岗位）。

（3）工作的重要性。

4. 各小组将讨论结果写在白纸上。

5. 安排 1 名团队成员进行汇报。

总结讨论

1. 通过本次职业体验，你对客户服务工作有怎样的认识？
2. 请说出客户服务工作在企业中的重要性。
3. 你认为客户服务工作还可以增加哪些内容？

考核评价

姓名		学号			班级	
任务名称	汽车 4S 店客户服务					
考核内容	考核标准		参考分值（分）	学生自评	小组互评	教师评价
理论知识评价	了解汽车 4S 店客服人员的职业要求		15			
	掌握汽车 4S 店客服人员的职业技能		15			
	理解汽车 4S 店客服人员的工作性质		10			
技能操作评价	熟悉汽车 4S 店客服人员的工作内容		15			
	能够初步形成汽车 4S 店客服人员的客户拜访计划		10			
	能够根据汽车 4S 店客服人员职业撰写自己的职业规划		15			
职业素养评价	具有团队合作的意识		10			
	具有自我分析和自我检查的能力		10			
得分			100			

相关资料

为适应汽车服务日益激烈的竞争，提高汽车企业的服务质量，满足汽车客户日益提高的要求，获得良好的口碑和忠实的客户群体，汽车 4S 店务必设立汽车客户服务岗位。

一、汽车 4S 店客户服务人员的认知

汽车 4S 店客户服务人员是除销售人员外，接触客户最多、与客户联系最紧密的。其工作的精髓就是满足客户合理需求，使客户切身感受到专业、细致、便利的服务。也就是说，汽车 4S 店客户服务人员主要通过卓越的客户服务来建立并提高客户与本企业的紧密心理联结，从而帮助汽车 4S 店建立安全可靠、长期持久的客户关系。

二、汽车 4S 店客户服务岗位的工作职责

细节决定成败。随着汽车 4S 店的发展，其对客服人员的要求越来越高，客服人员在企业中起的作用越来越大，因此，汽车 4S 店对客户服务岗位的工作职责有以下要求：

（1）负责接听客服专线电话。目前，大部分汽车 4S 店没有设置专门的电话客服，店内客服专线基本由客户服务专员来完成。在接听客户电话过程中，客服人员要注意接听电话礼仪。接电话前，要端正坐姿，面带微笑，酝酿好心情，给客户留下良好的感受。

（2）处理客诉案件，分析客诉产生原因，改善客户关系。客诉处理要谨慎，任何时候，客服人员都应把缓和客户情绪放在第一位，然后根据客户投诉处理流程进行处理。值得注意的是，客诉处理无论最后由哪个部门完成，首位客服人员都应进行客户回访，了解客诉处理进程，及时沟通、及时解决。

（3）帮助客户解决问题，提升服务质量。当客服人员碰到客户提出问题需要解决时，首先要端正态度，而不是纠结该问题是否属于本部门管辖的范围。其次要快速反应，记下客户的问题，及时查找问题产生的原因，及时帮助客户解决问题。即使有些问题不能马上解决，也要告诉客户会尽快解决，并告知具体答复时间。最后，要注意引导客户情绪，充分致歉。“对不起”或“很抱歉”并不一定表明你或公司犯了错，而是主要表明你对客户不愉快经历的遗憾与同情。不用担心客户因得到你的致歉而越发态度强硬，致歉只会将客户的情绪引向解决方案。同时，客服人员也可以运用其他一些方法来引导客户的情绪，化解客户的愤怒。

（4）客户信息及客户分类管理。全面收集客户信息、分析客户数据，将客户数据应用于产品设计、市场规划、销售过程成为企业发展的重要手段。客户信息是企业决策的重要依据，因此客户信息管理是客户服务工作的重要内容。客服人员平时要注意客户信息的收集和整理工作，在收集过程中要注意客户信息的正确性、完整性、有效性和及时性，并学会用数据库管理客户信息。客户信息记录表示例如表 1－2 所示。

表 1－2　客户信息记录表

	客户信息记录表							
客户编号	客户简称	客户名称	地址	联系人	电话	传真	移动电话	邮箱地址
C001-01	ITE							
C001-02	LUX							
C001-03	CSA							
C001-04	CHK							
C005	CTY							
C001-11	IDI							
C001-12	IRD							
C001-13	ISD							
C001-14	LYD							
C001-15	JPI							

做好客户分类管理，重要的是如何对客户信息进行细分，如客户的职业、消费习惯、年龄段、地域分布等。企业也可以根据实际情况，对自身的客户群体进行细分，再借助办公软件进行统一管理。

三、汽车 4S 店客户服务岗位的职业技能

汽车 4S 店客服人员是汽车 4S 店服务工作的主体，是企业和客户联系的桥梁和纽带，客服人员既要对企业负责，又要对客户负责，他们需要承担多方面的工作任务，这就要求其有较高的专业素质和专业能力。

（一）汽车 4S 店客服人员的专业技能

（1）具有一定的行业远见。汽车 4S 店客服人员在平时应该多阅读汽车销售等相关图书，经常浏览“汽车之家”等汽车专业 App 等，知道客户最需要的是什么，从这方面入手，再进行介绍。

（2）具备较强的管理、组织和协调沟通的能力，同时还要熟悉公司产品和各项相关业务流程、规章制度等。汽车 4S 店客服人员平时的工作较为烦琐，需要保持较高的工作热情，爱岗敬业，还要认真学习客户信息管理、客户关系管理的方法。

（3）熟练掌握计算机操作，具备基本文字处理能力。

（二）汽车 4S 店客服人员的通用技能

（1）熟悉客户服务的一些相关知识，并能够将所学知识运用到实践中，方便解答客户的疑问。

（2）具备良好的表达能力，在向客户介绍或收到客户反馈后能够及时有效地与他们沟通；能够听懂客户需求，并提供相应的服务；文字表达能力要强，具有较强的书面记录能力。

自测练习

一、填空题

汽车 4S 店客户服务工作的精髓是满足客户的合理需求，使客户切身感受到________、________、________的服务。

二、不定项选择题

1. 汽车 4S 店客户服务岗位的职责有（　　）。

   A. 负责接听客服专线电话

   B. 处理客诉案件，分析客诉产生原因，改善客户关系

   C. 帮助客户解决问题，提升服务质量

   D. 客户信息及客户分类管理

2. 当客户有失误时，客服人员应该（　　）。

   A. 用“我觉得这里存在误解”来间接地说明客户的错误

   B. 直接对客户说“你搞错了”

   C. 直接对客户说“这不是我的错”

   D. 对客户说“怎么搞的，重新填”

3. 客服人员在与客户沟通时，以下表述不恰当的是（　　）。

   A. “不可能，绝对不会有这种事情发生的”

B.“我绝对没有说过那种话”

C.“这是我们公司的规定”

D.“我不大清楚”

4. 客服人员需要对收集的信息进行管理和维护，对客户的资料进行及时（　　）。

A. 确认和更新　　B. 收集和整理　　C. 维护和统计　　D. 管理和收集

5. 处理客户投诉的必备条件是（　　）。

A. 诚信　　B. 服务态度　　C. 效率　　D. 耐心

三、判断题

1. 售前、售中和售后服务三者互相补充、密不可分，共同构成了客户服务的全过程。（　　）

2. 客服人员在接到客户投诉时，如果是别人的错，要告诉客户“这个问题是因为其他部门耽误了”，以便推卸自身的责任。（　　）

项目二

客户服务技巧

情境描述

1. 物流企业客户

柳州市顺通物流有限公司成立客服部后，立即迎来了一个挑战：顺通公司的客户——柳州六菱汽车制造有限公司即将到公司进行考察并进行商务洽谈，签订未来十年的战略合作伙伴关系的合同。这给顺通公司客服部的部长王莉莉出了一个难题，她将制定怎样的流程来迎接和服务客户呢？

2. 网店客户

经过学习，张婷觉得可以胜任网店客服的工作了，于是找到客服主管申请实战。客服主管笑着说："真的准备好了？那我考考你。假如客户咨询后，说'太贵了，我还是到别家去看看吧'，你该怎么做？"张婷思考了半天也不知道该如何回答，客服主管建议她再认真学习下接待客户的沟通技巧。沟通技巧运用得巧妙不仅可以快速促成交易，还可以增强客户的忠诚度。要想成为一名金牌客服，接待客户的沟通技巧是客服人员必须掌握的，并需要在实践中不断积累与提升。张婷有良好的态度，再提升下沟通知识与技能，一定会早日成为一名优秀的客服的。

3. 汽车 4S 店客户

王先生一周前预约今天到店保养爱车，早上 9 : 30 分，王先生按照预约时间准时到达 4S 店，到店后发现维修通道已经停了几辆车，车主们站在自己的车旁等待，穿着工作服的工作人员急匆匆地拿着工作板东奔西跑。王先生决定在车里等着别人来叫他，约 5 分钟后，没有工作人员过来，王先生从车里走出来，站在车旁，以便引起他人的注意。几分钟后，有个工作人员走了过来，王先生说："我已经预约……"这时，工作人员打断了他的话，说道："我只是来检查一下你的车，服务顾问一会儿就过来。"

学习活动任务及学时分配

学习活动及学时分配（总学时：10 学时）

活动序号	学习活动任务	学时安排	备注
1	客户接待礼仪	6	
2	客户接待方案撰写与实施	4	

学习活动任务目标

分类	任务目标
知识目标	了解客户的基本需求
	理解并掌握客户服务的接待流程
	熟悉客户服务的基本礼仪
	熟悉客户接待方案撰写的要求
	能够区分和掌握不同客户类型的接待规格
技能目标	能够把握客户的基本需求
	能够独立完成接待客户的任务
	掌握客户接待的步骤和礼仪规范
	能够以规范的客户服务礼仪为客户服务
	能够撰写简单的客户接待方案并尝试实施
职业素养目标	通过训练提高学生的个人修养
	培养学生尊重师长、孝敬长辈，讲文明、懂礼貌的优良品质
	培养学生良好的职业道德和敬业精神
	培养良好的团队意识和妥善处理人际关系的能力

任务名称	客户接待礼仪	教学流程	客户服务技巧
班级		姓名	
工作岗位			

1 学习活动任务一

客户接待礼仪

任务目标

通过本任务的学习和训练，学生能够理解客户的基本需求，理解并掌握客户服务礼仪及接待流程，能以周到的服务态度、礼貌的语言、专业的知识和整洁的个人形象为客户服务。

工作过程

一、着装、仪容仪表的准备

1. ________________是对客户的尊重。

2. 作为本公司____________（岗位），试描述出客户服务人员的仪容仪表要求。

妆容标准
男士：
女士：
服饰标准
男士：
女士：

3. 客户服务人员的着装应______________，它是企业无声的语言和形象宣传，不仅能体现一个人的修养、性格和气质，更体现了对他人的尊重。

4. 整理好自己的仪容仪表并相互检查，将检查结果记录下来。

（1）
（2）
（3）
（4）
（5）

二、行为举止的准备

你作为一名________（岗位）的客户服务人员，试描述在客户服务工作中需要注意哪些行为。

表情：

仪态：
（1）站姿：

（2）坐姿：

（3）走姿：

三、课堂实训

实训一：队形设计与站姿

实训目的

1. 激发学生参与形体训练的兴趣。
2. 能按规定队形集队训练。
3. 能按要求练习正确的站姿。

实训准备

形式：学生分组，四纵队为佳，每组选好小队长。
场地：室内外约 6 平方米的空间。
着装要求：符合各自岗位的职业套装。

实训步骤

1. 将学生分成四个小组，每组选出一名小队长，分四纵队站立。
2. 老师发出口令，集队训练。
3. 老师讲授正确的站姿，学生根据老师讲授内容按要求完成，有条件的可利用形体棍配合训练。

正确、优美的站姿应该是头、颈、躯干和脚的纵轴在一条线上，挺胸、收腹、梗颈，两臂自然下垂，做到挺、直、高，形成一种优美挺拔的体态。具体为：两脚跟相靠，脚尖分开 45° ～ 60°，身体重心主要落在脚掌、脚弓之上。两腿并拢直立，腿部肌肉收紧，大腿内侧夹紧，髋部上提。腹部、臀大肌微收缩并上提，臀、腹部前后相夹，髋部两侧略向中间用力。脊柱、后背挺直，胸略向前上方提起。两肩放松下沉，气沉于胸腹之间，自然呼吸。两手臂放松，自然下垂于体侧。脖颈挺直，头向上顶。下颌微收，双目平视前方。

4. 反复练习“集合 + 正确站立姿势”的动作组训练。

总结讨论

1. 在刚才的实训中，你对哪些方面感到满意？

2. 在刚才的实训中，你觉得哪些方面需要改进？

3. 这组实训让你有什么体会？

4. 小组之间互评，选出表现最佳小组。

5. 小结。常言道：“站如松，坐如钟。”站姿是衡量一个人外表乃至精神面貌的重要标准。优美的站姿是保持良好体型的秘诀。通过一个人的站姿，人们可以看出他的精神状态、品质和修养等。

实训二：行姿、坐姿训练

实训目的

1. 激发学生参与形体训练的兴趣。

2. 复习站姿。

3. 学习行、坐的正确姿态，体会姿态美。

实训准备

形式：学生根据人数进行分组，每组 6 ～ 8 人。

场地：室内外约 6 平方米的空间。

着装要求：符合各自岗位的职业套装。

实训步骤

1. 将学生分成四个小组，每组选出一名小队长，分四纵队站立。

2. 复习正确、优美的站姿。

3. 行姿练习：除保持站立时正确、优美的姿态外，还要做到移动时既躯干正直、平稳，又不僵硬呆板；两臂自然下垂，摆动协调；膝盖正对前方，脚尖微外侧，行走落地时从脚跟过渡到前脚掌，两脚后跟几乎在一条直线上，步伐稳健均匀。

4. 坐姿练习：优美的坐姿与站、行一样，仍然要保持挺胸、收腹；四肢的摆放也要规矩、端正，不能摆得太开、太大，更不能翘起“二郎腿”，东倒西歪。

总结讨论

1. 在刚才的实训中，你对哪些方面感到满意？

2. 在刚才的实训中，你觉得哪些方面需要改进？

3. 这组实训让你有什么体会？

4. 小组之间互评，选出表现最佳小组。

5. 小结：保持姿态美的过程中要注意挺拔和舒展，手与脚要配合，同时要注意呼吸和眼神。

四、沟通话术

1. 请写出下列服务基本用语。

（1）表示欢迎的服务用语：

（2）表示感谢的服务用语：

（3）表示歉意的服务用语：

（4）表示听明白客户意思的服务用语：

（5）表示让客户久等的服务用语：

2. 请思考以下案例，如果你是________（岗位），你会如何回答？请写出你的答案。

买家：老板在吗？

客服：在。____（你的答案）

买家：你家那个新款的手提包还有吗？

客服：没了。______________________________________（你的答案）

3. 实地拜访客户，在拜访过程中请用恰当的感情进行服务用语的表达，学生互相写出优缺点。

五、课堂实训

实训一：沟通小游戏——我是谁

实训目的

1. 协助学生认识眼中的自己，以及他人眼中的自己。

2. 增进学生彼此熟悉的程度，增加班级凝聚力。

实训准备

1. 根据学生人数准备相同数量的 A4 纸。

2. 学生两两分组（最好是找不熟悉的同学为伴）。

实训步骤

1. 教师发给每位学生一张 A4 纸。

2. 学生两人为一组，一人为甲，另一人为乙。

（1）教师宣布活动的规则：自我介绍者在说了一个缺点之后，就必须说一个优点。

（2）甲先向乙介绍“我是一个什么样的人”，乙则在 A4 纸上记下甲所说之特质，历时五分钟。

（3）五分钟后，甲、乙角色互换，由乙向甲做五分钟自我介绍，而甲做记录。

（4）五分钟后，教师请甲、乙两人取回对方记录的纸张，在背面的右上角签上自己的名字。然后彼此分享进行此次活动的心得或感受，并讨论“介绍自己的优点与介绍自己的缺点，哪一个较为困难？为什么？个人使用哪些策略渡过这五分钟？”，两人之中要有一人负责整理讨论结果。

3. 将三个小组或四个小组并为一个大组，每个大组有 6 ～ 8 人。

（1）两人小组中负责整理的人向其他人报告小组讨论的结果。

（2）分享后，教师请每位学生将其签名的 A4 纸（签名面朝上）传给右手边的学生。拿到签名纸张的学生则根据其对该学生的观察与了解，在纸上写下“我欣赏你……，因为……”。写完之后依序向右传，直到签名纸张传回到本人手上为止。

（3）每个人对其他组员分享自己看到别人回馈后的感想与收获。

4. 全班学生回到原来的位子。

（1）教师请自愿者或邀请一些学生分享此次活动的感想与收获。

（2）教师说明了解真实的我与接纳真实的我的重要性。

实训二：沟通小游戏——瞎子走路

实训目的

学生体验人际关系中的相互信任、领导及被领导的感觉。

实训准备

准备 2 ～ 4 个干净眼罩。

实训步骤

1. 教师说明游戏规则。

2. 一半自愿成员当盲者，蒙上眼睛。

3. 教师对未蒙眼的成员说明带领盲者时的要领（不可让盲者听到），并让其思考以下几个问题：

（1）你现在是领导者，你如何用自己的方式，带领同伴去体验他周围的世界？

（2）你如何通过自己的领导，来扩充同伴的世界？

（3）注意自己的态度，如是保护者还是不太能照顾别人的人。

（4）对你来说，带领一个人是否是很重的负担？需要做很大的努力吗？

4. 由未蒙眼者任选一名盲者，站到他旁边去领导他，盲者不可说话，未蒙眼者不可让盲者知道自己是谁，试着用各种方式带领同伴。

5. 盲者被带领 5～10 分钟，回到团体，摘下眼罩。二者分享彼此的感觉，再回到团体共同分享。

注意：若时间足够，可两个人互换角色，重复先前的活动。注意安全，教师提醒成员避免交谈，用心体会。

六、接待礼仪

1. 作为________（岗位）的接待人员，请写出在接待客户前应做的准备工作。

2. 作为________（岗位）的接待人员，请为以下会议进行前期的座位安排（如图 2－1 所示），根据人员的重要程度可用阿拉伯数字 1、2、3 等排列。

图 2－1　座位安排

七、课堂实训

实训目的

教师为学生提供真实的迎宾接待工作情景，要求学生利用所掌握的理论知识与操作技能，完成相应情景中的迎宾接待工作，旨在全面锻炼和提高学生的客户接待综合职业技能。

实训准备

1. 仪表准备：好的仪表能给人以特别的美感，体现出自尊自爱及对他人的尊重之意。

2. 仪容准备：着装修饰要得体。

3. 形体准备：站有站相，挺直如松；走有走相，从容稳直；坐有坐相，文雅端庄；仪表万千，手势领先。

4. 工具准备：化妆品及工具、套装、旗袍、杯子、茶叶等。

实训内容

1. 情景：有嘉宾要来学校，学校领导让你去办公楼楼下接待。你给嘉宾带路，把他们先引领到休息室，等领导有空后再将嘉宾引领到领导办公室。

2. 要求：能体现握手礼仪、介绍礼仪、引导礼仪、递物礼仪、奉茶礼仪等，并能合理安排座次。

模拟要点

1. 仪表整洁，面带微笑。

2. 见到嘉宾热情打招呼，简单介绍自己。

3. 走在嘉宾的左前方，在路上亲切问候嘉宾。

4. 走到领导办公室门口，先轻叩门，得到允许后，方可进入。

实训方式与手段

1. 实训方式：将学生分为迎宾和接待两组，确定每组组长，在组长的组织下，各个成员完成各自的实训活动。

2. 评价手段：教师评价、学生互评。

3. 评价标准：前期准备占 30%；礼仪规范占 30%；接待态度占 10%；创新设计占 10%；应变能力占 10%；接待话术占 10%。

实训操作指导

1. 教师讲解迎宾过程前期准备和后期接待工作。

2. 学生按化妆步骤学着自己化妆。

3. 各组统一着装，服装要整洁、大方、雅致。

实训操作提示

1. 迎宾指的是在人际交往中，在有约在先的情况下，由主人一方派出专人，前往来访者知晓的某一处恭候对方的到来。

2. 迎宾仪式的内容一般有：

（1）宾主双方热情见面。

（2）主人向来宾献花。

（3）宾主双方其他人员见面。

（4）主人陪同来宾与欢迎队伍见面。

3. 迎宾前准备：

（1）充分掌握来宾的基本状况。

（2）制订具体的接待计划。

（3）确定各项活动的具体时间。

1）双方预先约定清楚时间；

2）主人要在来宾启程前后再次予以确认；

3）迎宾者要提前到达迎宾地点。

（4）确定各项活动开展的具体地点。包括：交通工具停靠站；来宾临时下榻之处；东道主一方用于迎宾的常规场所。

（5）确认来宾的身份，使用欢迎横幅。

考核评价

组别		成员				
考核内容	拜访客户时的语言沟通能力					
考核标准	项目及分值	小组评分 1	小组评分 2	小组评分 3	小组评分 4	教师评分
	礼仪规范（10 分）					
	语言流畅（10 分）					
	使用语言技巧（20 分）					
	实地拜访对话稿完整、有效（20 分）					
	融入角色，突出重点（10 分）					
	实地拜访的相应业务流程顺畅（20 分）					
	团队合作沟通能力较强（10 分）					
合计						

相关资料

现代社会市场竞争日趋激烈，尤其是在科技日益发展的今天，产品同质化日渐严重，在这样一个大环境下，服务更是一个企业软实力和竞争力的体现。服务在社会高速发展的今天，已经成为企业的品牌和形象，更是一个企业的核心竞争力，礼仪、礼貌则是服务的第一要素。

一、体态礼仪

在接待客户的过程中，客服人员除了具备本专业的相关知识外，还应注意接待客户的礼仪。规范的服务礼仪是成熟品牌发展的必然要求，规范的形象、标准的服务礼仪是对客户的尊重，是赢得客户的信任、留给客户美好印象的第一步。

（一）着装、仪容和仪表

着装是一个人文化修养和审美情趣的集中体现。统一的着装体现了企业服务的品牌形象，向客户传递出专业的服务态度和良好的工作作风及精神面貌。物流服务人员、网店客服人员和汽车 4S 店服务顾问的规范着装如图 2－2、图 2－3、图 2－4 所示。

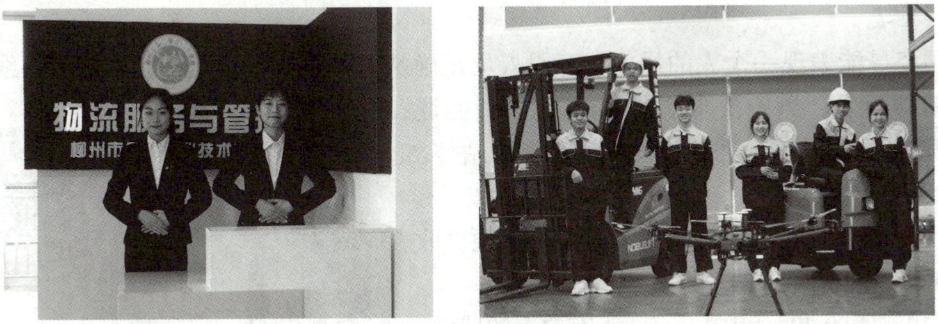

图 2－2　物流服务人员规范着装

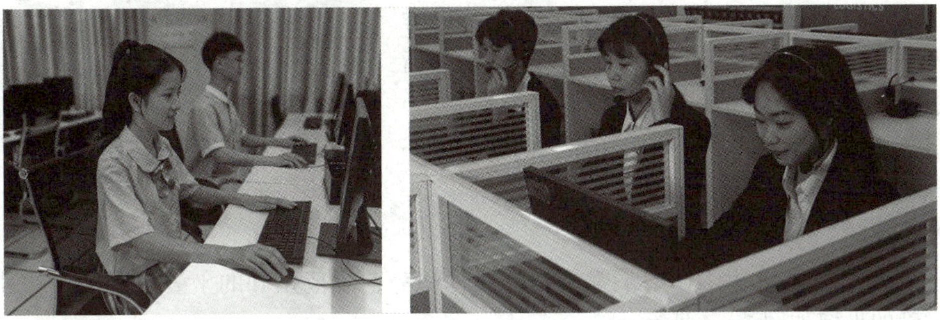

图 2－3　网店客服人员规范着装

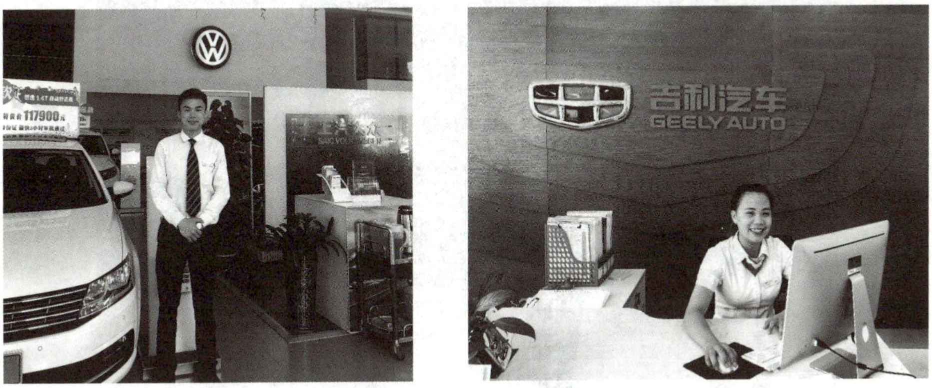

图 2－4　汽车 4S 店服务顾问规范着装

没有制服的实习生或刚入职的客服人员在选择服装时要注意服饰的合理搭配，应选择与工作性质相符的服装。穿着职业装时，保持服装的整洁、挺括是客服人员必须把握的基本原则。

在仪容和仪表方面，客服人员的发色不能过于夸张，女士不披头散发，男士不剃光头。女士还应适当化妆，以淡妆为宜，佩戴的饰物不宜过多或过于夸张，一般不超过三件，且以同质同色为佳。男士应注重面部的清洁，不蓄须，头发前不盖额、侧不过耳、后不及领。

（二）行为举止

行为举止是指人的行为、动作和表情，是一个人精神状态的反映。优雅正确的姿势，让人感到轻松自在，增强自信心，心情也会随之愉快。

1. 站姿

站姿最能表现一个人的风度，客服人员正确站姿的基本要求是挺直、舒展、线条优美、精神焕发。男士要求“站如松”，刚毅洒脱；女士则应秀雅优美，亭亭玉立。标准的站姿如图 2－5 所示。

（1）头正，双目平视，嘴角微闭，下颌微收，面容平和自然。

（2）双肩放松，稍向下沉，人有向上的感觉。

（3）躯干挺直，挺胸，收腹，立腰。

（4）双臂自然下垂于身体两侧，中指贴拢裤缝，两手自然放松；或双手虎口交叠于脐下三指处，手指不要外翘。

（5）双腿立直、并拢，脚跟相靠，两脚尖张开约 60°，身体重心落于两脚正中。

图 2－5 标准的站姿

2. 坐姿

坐是人们在生活和工作中最常采用的一种姿势，规范正确的坐姿可以给人一种静态美。正确的坐姿如图 2－6 所示。

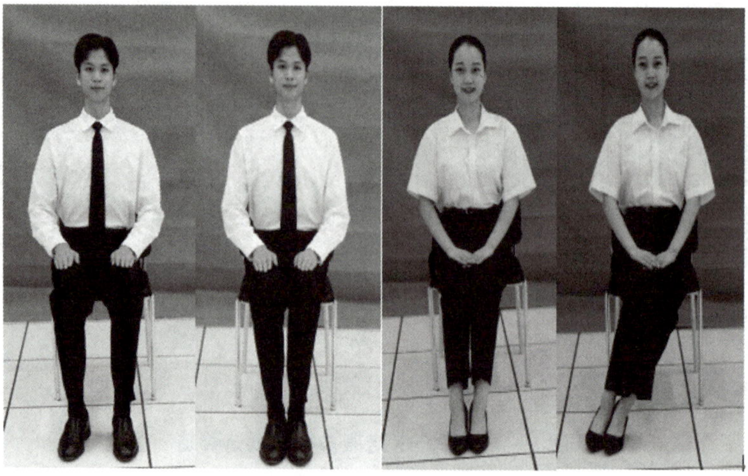

图 2－6 正确的坐姿

（1）入座时讲究轻、稳、缓。女士着裙装时可用手将裙摆稍稍合拢。正式场合一般从椅子的左边入座或离座。如遇到椅子位置不合适，可轻轻地将椅子移至欲就座处再入座。

（2）入座时双肩放平并放松，双臂自然弯曲放在腿上、椅子或沙发的扶手上，掌心向下，整体坐姿以自然得体为宜。

（3）入座时应保持神态从容自如，面容平和自然，立腰，挺胸，上身自然挺直。

（4）女士双膝自然并拢，双腿正放或侧放，双脚并拢或交叠或成小“V”字形。男士两膝间可分开一拳左右的距离或并拢，双脚可呈小“八”字形或稍分开以显自然洒脱之美。

（5）入座时，应坐满椅子的 2/3，若为宽座沙发，则坐 1/2。落座后至少 10 分钟左右时间不要靠椅背。时间久了，可轻靠椅背。

3. 走姿

走姿是人们在行进过程中形成的一种姿势。在日常生活中，不同的人，走路的样子各不相同，有的步伐矫健有力，有的步伐轻盈敏捷，这些姿态给人一种动态美。总之，规范的走姿应该是从容不迫、平稳有力的，如图 2－7 所示。

图 2－7　规范的走姿

（1）重心前落，摆臂自然。当前脚落地、后脚离地时，膝盖不要弯曲，脚踩下时再稍微松弛，使重心始终在前移。双臂一前一后有节奏地自然摆动，摆动幅度以 30° 左右为宜，不宜过大或过小。

（2）全身协调，匀速前进。行走时，双目平视，面朝行进方向，头部端正。在一个阶段的行进过程中，应尽量保持匀速，全身各部位相互协调、配合。

（3）直线行进。男士行走时，脚步应稳重大方，两脚行走轨迹成两条平行线；女士行走时，脚步应从容平稳，步幅适中，两脚行走轨迹成一条直线。

4. 面部表情

“伸手不打笑脸人”，在客服人员提供服务过程中，平和自然的目光、发自内心的微笑能使服务工作事半功倍。

二、沟通礼仪

中国有句古话：“忠言逆耳利于行。”在现代社会，人与人之间的交流越来越密切，“逆耳”的“忠言”似乎很难让人接受。如何让“忠言”不“逆耳”成为客服人员必须掌握的一项技能。

（一）热情主动的服务意识

针对不同的情况，客服人员及时对光临的客户礼貌问候，主动介绍，让客户在愉快的气氛中接受客服人员的推荐，从而促成购买。客服人员在整个销售过程中，要尽量做到热情大方，但不必过于谦卑，用热情的服务来打动客户、感染客户。工作中注意使用礼貌用语，做到彬彬有礼、和蔼可亲。

（二）创造积极、正面的谈话氛围

在客户服务过程中，客服人员应积极创造愉快的谈话氛围，在沟通过程中，应该告诉客户“能做什么”，而不是“不能做什么”。语言表达的过程中尽量少用甚至不用服务禁忌语，如“我不能”“我不会”“我不知道”“这不是我的工作”等。

（三）让客户感受到你的敬意

在沟通过程中，客服人员要注意在语气中把握感情的传递，通过面部表情、神态举止来传达你的“精”、“气”、“神”和感情。

（四）掌握网络沟通语言

新媒体营销在各行各业中悄然兴起，网络沟通显得更加重要。在网络沟通中，客服人员应注意开场白的使用。彬彬有礼、和蔼可亲的开场白不仅能让客户心情愉悦，还能第一时间吸引客户关注本企业的产品。同时，客服人员还要注意及时回答客户的问题，切不可推迟延误。

三、接待礼仪

（一）客户接待的准备

在接待任务开始前，客服人员首先要详细地掌握到访客户的基本情况，一般包括姓名、性别、职务、人数、来访目的、日程安排等，并提前做好接待准备。

（1）接待环境的准备。接待环境一般分要硬件环境和软件环境。硬件环境包括室内通风、采光、色彩、办公设备及接待室的布置等外观环境；软件环境包括接待室所体现出来的氛围、接待人员的个人素养等内在环境。

（2）接待人员的准备。接待人员应注意个人形象及接待心理方面的准备。接待人员在接待过程中，应时刻保持一颗“诚心”，做到谦和有礼、和蔼可亲、举止大方，待人接物有礼、有节、有度。

（3）接待方案的准备。接待方案的准备是为了使本企业的接待工作有章可循，也是为了在接待过程中出色地完成接待任务，提高本企业的社会地位和社会影响力。可见，接待方案是不可或缺的。

（二）会务座位安排

正式会议，一般都应提前安排好座次（如图 2－8、图 2－9 所示），方便与会者入座时井然有序，同时也体现了对客人的尊敬。非正式会议可不必提前安排座次，但入座时也要体现上下之分。安排座位时应考虑几点：

（1）以主人的位置为中心。以靠近主人者为上，依次排列。

（2）把主宾安排在最主要的位置。通常是以右为上，即主人的右手边是最主要的位置。离门最远的、面对着门的位置是上座，离门最近的、背对着门的位置是下座，依次类推。

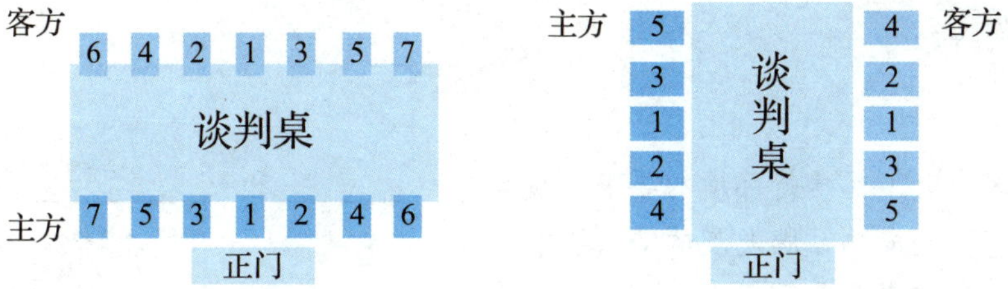

图 2－8 正式会议座位安排（1）

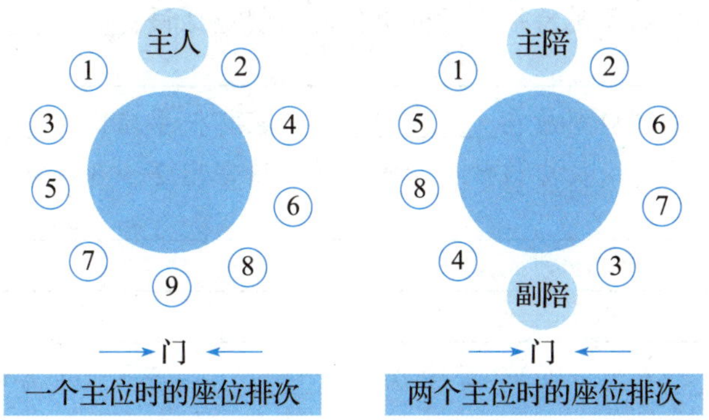

图 2－9 正式会议座位安排（2）

（3）在遵从礼宾次序的前提下，尽可能使相邻者便于交谈。

总之，座次安排要把握的总体原则是“以右为尊”“以远为上”“以面朝大门为尊”。

（三）会务奉茶礼仪

茶文化在我国源远流长，饮茶不仅是一种生活习惯，更是一种文化传统。现代社会，以茶待客成为人们日常社交中普遍的往来礼仪，因此，了解和掌握奉茶礼仪，不仅是对客人、朋友的尊重，也能体现自己的修养。

（1）茶具可以使用精美独特的，也可以使用简单质朴的。

（2）奉茶时不能用单手，尤其不能用左手奉茶。

（3）倒茶时应站在客人右边进行；倒茶时注意不要洒水，若不小心洒了，应及时用抹布擦去。

（4）泡茶时茶叶不要太多或太少，应浓淡适宜；泡第一遍时可只加一点水，待茶叶泡开后再倒八成满。

（5）需要揭开茶盖时，应将杯盖口朝上放在桌子上，以避免弄脏杯盖。

（6）茶杯摆放在客人右前方，茶杯把手向右，便于客人端放。

（7）会务人员要随时关注会场，及时添茶。

（四）会议现场的维护及注意事项

会议进行过程中，客服人员并非无事可做，应注意维护好现场状态。如保持现场周边环境的安静；注意观察会议过程中参会人员的动向，准确领会参会人员的需求，及时提供解决方案；遇到突发状况应采取紧急措施等。

自测练习

填空题

1. 接待客户时，对接待环境的要求一般有__________和__________。
2. ________是成熟品牌发展的必然要求。
3. 请写出三句服务禁忌语：__________、__________、__________。
4. 请写出询问对方姓名时的规范话语：______________________________。
5. 请写出当遇到我们不是特别内行的事情时的规范话语：______________________________。
6. 会务奉茶时，茶杯应摆放在__________，茶杯把手应向__________。
7. 会议过程中，接待人员应该什么时候添茶？请写出2～3种需要添茶的情况。

（1）______________________________

（2）______________________________

（3）______________________________

8. 面门为________（上、下），居中为________（上、下），以离门远、离主位近为________（上、下），同样远近以主位的右为________（上、下）。
9. 主位________（左侧、右侧）为主宾位，若主宾身份高于主人，为表示尊重，也可安排在________（主人、客人）位置上座，而请主人坐在________（主宾、客人）位置上。
10. 近者为________（高、低），远者为________（高、低）。平行者以右桌为________（高、低）、左桌为________（高、低），远离门或居中为________（主桌、次席），其余桌次的高低以离主桌的远近来界定。

任务名称	客户接待方案撰写与实施	教学流程	客户服务技巧
班级		姓名	
工作岗位			

2 学习活动任务二

客户接待方案撰写与实施

任务目标

通过本任务的学习和训练，学生了解客户接待方案的基本框架，掌握客户接待方案的撰写方法，能根据撰写好的方案进行客户接待练习。

工作过程

一、客户接待方案撰写

1. 作为本公司____________(岗位)，试描述客户接待方案应该具备的基本内容。

2. 你认为接待客户前要了解哪些信息、准备哪些物品？

3. 试描述客户接待工作中的操作细节。

实施客户接待方案时的注意事项：
（1）
（2）
（3）
（4）

二、课堂实训

实训一：客户接待方案撰写

实训目的

1. 学生能够区分和掌握客户接待的不同规格。
2. 学生熟记接待客户的基本要求、流程及步骤。

3. 培养学生的独立思考能力和应变能力。

实训准备

形式：每 6 ～ 8 人为一组。

场地：物流客户服务实训中心。

道具：马克笔、白纸、实训背景资料、多媒体设备等。

实训步骤

1. 教师按照学生意愿进行分组，每组 6 ～ 8 人。

2. 学生按照分好的小组讨论以下问题：

（1）我们公司该派出什么级别的人员进行接待呢？

（2）本次活动的议程表（日程安排）是怎样的？

（3）接站时间、接站人员（接站人员职务）、地点、准备的车辆、迎接物品等应怎么安排？

（4）送站时间、送站人员（送站人员职务）、地点、准备的车辆、送站物品等应怎么安排？

（5）是否为客人预订返程机票？

（6）客人在哪个酒店住宿？为什么选择这个酒店？

（7）在这次为期两天的会谈中，客人吃什么？在哪吃？大概多少费用？

（8）会议的议题是什么？（议题可自行设计，但必须完整、合理）如何带客人参观才能体现本公司的实力？在会议中需要准备什么东西？

（9）两天的议程是否包含游乐项目？如包含，请列出来（非必要，如写出，属于加分项）。

（10）是否安排新闻报道？照片收集和新闻稿的撰写由谁负责？

（11）以上工作的经费预算是多少？

在学生讨论的同时，请本组组员每人至少认领一个问题进行思考并策划。

3. 学生讨论完成后，将讨论结果写在白纸上。

4. 教师收集学生的讨论结果，查看、打分，并选取一到两组学生的作品展示。

实训背景资料

资料 1：

柳州市顺通物流有限公司成立客服部后，立即迎来了一个挑战：顺通公司的客户——柳州六菱汽车制造有限公司（以下简称六菱公司）即将到公司进行考察并进行商务洽谈，签订未来十年的战略合作伙伴关系的合同。

本次六菱公司共派来以下人员：

王浩浩，男，六菱公司执行副总裁，负责公司的供应链管理。

郭明，男，六菱公司财务总监，负责公司的财务结算。

秦涛，男，六菱公司柳州总部物流部总监，负责柳州地区物流管理。

胡明婷，女，六菱公司青岛分公司市场部部长，负责青岛地区市场数据分析、销量预测。

以上四人近日在青岛进行考察，从青岛乘坐南方航空航班 CA707 到柳州白莲机场，预计 9 月 15 日下午两点到达。本次商谈共持续两天。

资料 2：

为了更好地了解市场，针对南宁市潜在的消费群体，打出柳州螺蛳粉品牌，将柳州螺蛳粉打入南宁市场，决定召开“首届南宁—柳州经贸洽谈会”。柳州市丽笙大酒店被赋予接待参会人员的重任。

参会人员名单：

南宁市江美食品有限公司：董事长、总经理、经理秘书 2 名、销售主管 4 名、人力资源部人员 5 名、员工代表 5 名（共 18 人）。

南宁市双江食品有限公司：副总裁、秘书 2 名、销售主管 2 名、公关部部长、人力资源部人员 5 名、员工代表 4 名（共 15 人）。

南宁市旺美餐饮有限公司：副总经理、销售主管、秘书 2 名、人力资源部人员 5 名（共 9 人）。

南宁市百盛日用品有限公司：副总裁、外销部长、人力资源部人员 4 名（共 6 人）。

南宁市沃尔玛超市连锁有限公司：总经理、销售部部长、销售部副部长、公关部部长（共 4 人）。

南宁市华联超市连锁有限公司：市场总监、总经理、销售主管、销售部经理、销售部副经理、公关部部长、人力资源部人员 5 名（共 11 人）。

柳州宣武市场：市场总监、总经理、副总经理、销售主管、秘书（共 5 人）。

柳州朝阳市场：市场总监、经理、副经理、销售主管 2 名、秘书 2 名、人力资源部人员 5 名（共 12 人）。

家乐福有限公司：副总经理、销售主管、人力资源部人员 5 名（共 7 人）。

柳州电视台：记者 4 名、摄影师 4 名（共 8 人）。

柳州螺蛳粉商业会会长、产品代言人 2 名（共 3 人）。

资料 3：

柳州市恒星汽车 4S 店为了提升企业知名度及品牌影响力，不仅在销售方面进行多项促销活动，同时还热情邀请社会各界团体对本企业进行参观访问，这就给客户服务提出了极大的挑战。

2021 年 9 月 20 日，客服部门接到消息：某电商集团李冰总经理一行 7 人 3 天后到店进行参观访问并调研。到访人员信息如下：

李冰，总经理。

黄焕星，市场部副总经理。

郑惠，总经理助理。

杨星星、王婉婷、邵烨峰、欧阳正华，市场部员工。

考核评价

姓名			学号		班级	
任务名称	客户接待方案撰写					
考核内容	考核标准	参考分值（分）	学生自评	小组互评	教师评价	
理论知识评价	熟悉客户接待方案的框架内容	15				
	掌握客户接待方案的撰写方法	15				
	理解客户接待方案撰写的原则	10				
技能操作评价	熟悉客户接待的流程	15				
	能够初步撰写简单的客户接待方案	10				
	能够根据客户接待方案有效实施客户接待工作	15				
职业素养评价	具有团队合作意识	10				
	具有自我分析和自我检查的能力	10				
得分		100				

实训二：客户接待方案的实施

实训目的

请你运用所学，并结合所制定的客户接待方案，模拟接待客户的场景，检验所制定的客户接待方案是否周全。

实训准备

形式：每 6 ～ 8 人为一组，学生进行角色扮演。

场地：物流客户服务实训中心，将课桌摆成“U”字形。

道具：正装、水杯、办公桌、A4 纸、多媒体设备、立牌、食物等。

实训步骤

1. 教师鼓励学生进行演示。

2. 学生按照教师的要求上台进行展示，要求如下：

（1）学生从接机开始演示，直到送机结束。

（2）演示必须包含以下几个场景：机场、住所、公司、会议室。

（3）学生在演示过程中注意言谈举止，所涉及的项目必须合理合法。

（4）学生可以适当准备道具，如矿泉水、小礼品等。

（5）每组演示不得超过 15 分钟。

（6）组员必须每人都有分工，并参与演示。

（7）在演示过程中，可以适当加入一些突发因素，如飞机晚点、汽车抛锚等。

3. 教师对演示进行总结和点评，并给出相应的评分。

总结讨论

1. 在刚才的情景模拟中，你认为哪些地方做得比较好？
2. 在刚才的情景模拟中，你认为有哪些地方还需要改善？
3. 在本次演示中，是否安排了所有预设环节，为什么？

考核评价

组别		成员				
考核内容	客户接待方案实施					
考核标准	项目及分值	小组评分1	小组评分2	小组评分3	小组评分4	教师评分
	礼仪规范（15 分）					
	语言流畅（10 分）					
	能落实接待方案，整个接待过程严谨周密，没有差错（20 分）					
	人员分工合理，小组成员对于本次活动的参与度高（20 分）					
	能较好地完成会谈目标，给客人留下一个良好的印象（25 分）					
	团队合作沟通能力较强（10 分）					
合计						

相关资料

客户接待是企业形象的展示，也是客户了解企业的门户。客户接待活动，尤其是大型接待活动，离不开科学合理、周密细致的计划安排，因此，客户接待方案是做好接待服务工作的基本原则和重要依据。

理想的接待效果，取决于规范的接待方案。因此，服务方式的设计、接待行为的确定、接待过程中所涉及的方方面面，都要突出重点，通盘谋划；活动日程、食宿安排、安全警卫、新闻报道、交通保障、考察参观、座谈汇报等内容，务必周全，不能遗漏。

一、客户接待方案撰写的原则

（一）熟悉情况是基础

在撰写客户接待方案前，我们首先要掌握接待对象的基本情况、人数、时间、采用的交通方式以及身体状况、生活习惯和特殊要求等；同时还要了解清楚参与接待的部门、成员和活动内容、路线、场地。其次，我们还要熟悉自己的接待能力和接待条件，充分做好接待的准备工作。

（二）“量体裁衣”是前提

撰写客户接待方案时，我们要以尊重宾客的愿望、符合相关要求、集中各方意见为原则来确定接待规格和接待内容。接待计划的安排，既要方便客人，体现接待方的热情，又要突出特色，展示接待方优秀的服务能力。这既是衡量客户接待方案是否严谨高效的标准，也是检验服务是否全面、周到的依据。

（三）协调部署是保证

接待服务看似琐碎繁杂，实则是一项系统的工程。因为每一项接待活动都会涉及多个部门，投入的时间、精力十分巨大，在具体工作中，每个环节的衔接都离不开协调部署、充分考虑，参与的部门之间、人员之间必须具有统一认识，协同合作。所以，方案的内容宜细不宜粗，需要囊括所有相关的事项；工作的环节则宜粗不宜细，避免过于烦琐和增加不必要的交接。只有计划科学、部署合理，才能使方案的制定切合实际、便于操作，保证接待工作的顺利开展。

（四）明确责任是关键

在接待任务，特别是重大接待任务中，每个接待人员所承担的工作都事关全局，因此，增强接待人员的责任心，调动接待人员的工作积极性，不仅需要日常的培养，还需要制度的约束。在客户接待方案中把任务分解，将责任落实到人，并提出完成时限和质量要求，是制定客户接待方案的核心和关键。这样既可以有针对性地进行落实和检查，还可以有效防止推诿、扯皮，避免接待工作的失误。

二、客户接待的主要内容

（一）接待工作的基本要求

首先，以亲切的态度迎接客户。见到客户的第一面，应该马上做到以下表情与动作：Stand up（站起来）、See（注视对方）、Smile（微笑），简称 3S 服务。

其次，热情接待客户。热情是一种姿态，目的是让客户感受到被重视和关注。如果不够热情，没有展现出应有的态度，就会给客户留下不好的印象。但也不应过度热情，否则会使客户感觉非常不自在。

最后，礼貌送客。“出迎三步，身送七步”是迎送宾客最基本的礼节，一般情况下，送别握手时，地位高者先伸手，客服人员可一边与之握手一边说“请走好”“欢迎下次再来”。

（二）接待工作的规格

接待规格一般分为三种。

第一种是高规格接待，即主要陪同人员比客户（即来宾）的等级、职位更高的接待规格。在上级领导下派工作人员来本企业了解企业经营情况时、兄弟企业来本企业进行商务洽谈或合作经营时，都可用这种接待方式。

第二种是对等接待，即主要陪同人员的等级、职位与来宾或客户的等级、职位对等。这也是最常见、最常用的接待方式和规格。

第三种是低规格接待，即主要陪同人员的等级、职位与来宾或客户的等级、职位相比较低。这主要应用于上级领导或主管部门到基层进行视察，只能用低规格接待。

(三) 接待工作的基本流程

接待工作的基本流程如图 2-10 所示。

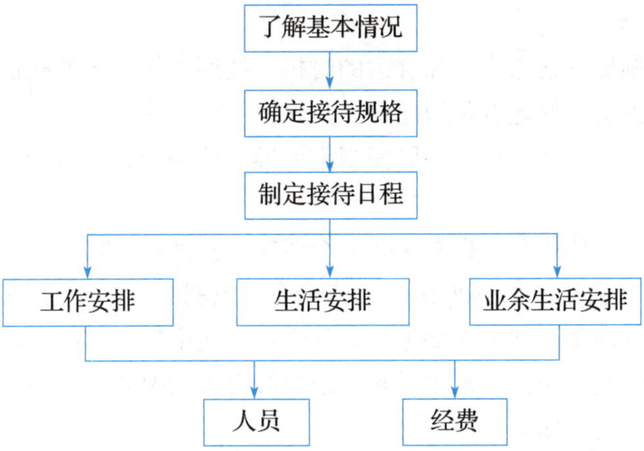

图 2-10　接待工作的基本流程

(四) 接待工作的具体步骤

接待工作的具体步骤如图 2-11 所示。

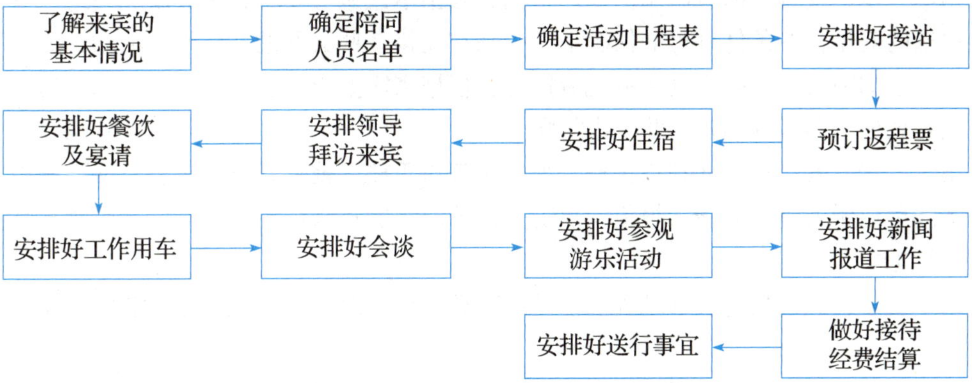

图 2-11　接待工作的具体步骤

其中，每一步的释义如下：

第一步，了解来宾的基本情况。要了解来宾的基本情况，包括所在单位、姓名、性别、职务、级别及一行人数，以及到达的日期和地点；同时填报请示报告卡片，将来宾情况和意图向有关领导报告，并根据对方意图和实际情况，拟订接待计划和日程安排的初步意见，一并报请领导批示。

第二步，确定陪同人员名单。根据来宾的工作内容，事先拟订出各个项目陪同人员名单，报请领导批准后，即通知有关人员不要外出，并做好准备。

第三步，确定活动日程表。与来宾商定具体的活动日程，尽快将日程安排印发有关领导和部门并按此执行。

第四步，安排好接站。根据来宾的身份和抵达的日期、地点，安排有关领导或工作人员到车站、机场、码头迎接。

第五步，预订返程票。事先征询来宾意见，预订、预购返程车船票或飞机票。

第六步，安排好住宿。根据来宾的身份和其他实际情况，通知具体接待部门安排好住宿。

第七步，安排领导拜访来宾。在合适的时机，按照大体对等的礼仪原则，安排有关领导拜访来宾，并事先安排好地点及陪同人员。

第八步，安排好餐饮及宴请。在国家规定标准的范围内，尽可能周到地安排好来宾的饮食。

第九步，安排好工作用车。根据实际工作需要，安排好来宾用车和接待工作用车。

第十步，安排好会谈。根据来宾的工作内容，安排好具体的会谈时间和地点，并通知有关人员事先做好准备。如来宾要进行参观学习，应根据对方的要求，事先安排好参观点，并通知有关部门或单位准备汇报材料，组织好有关情况介绍、现场操作和表演、产品或样品陈列等各项准备工作。

小提示：若在会场，应该做好会议准备工作，具体物品包括样本、纸杯、便笺纸、笔、礼品、横幅（或其他欢迎物品）。在大多数情况下，会谈时间较久，为了防止饥渴也需要准备以下物品：小瓶矿泉水、咖啡、水果（便于食用）、小袋饼干、坚果等。如果气温过高或过低，需要在与会人员进场之前，提前 15 分钟将空调等设备打开。

第十一步，安排好参观游乐活动。根据领导指示或来宾要求，做好游览当地风景区和名胜古迹的安排；在条件许可的情况下，为来宾安排一些必要的文化娱乐活动，如观看地方戏剧，参加晚会、书画活动，参观展览等；根据来宾要求，安排好体育活动，通知体育场馆做好场地、器材等准备，并安排陪同人员。

第十二步，安排好新闻报道工作。如来宾身份重要，或活动具有重要意义，则应通知有关新闻单位派人进行采访、报道，负责介绍情况，安排采访对象谈话，并受领导委托对稿件进行把关。

第十三步，做好接待经费结算。活动结束后，应及时结清有关费用，并完成财务报销手续。

第十四步，安排好送行事宜。来宾离去时，安排有关领导或工作人员到住处或去车站、码头、机场为来宾送行。

（五）接待方案模板

×× 接待工作方案

为做好 2021 年 ×× 接待工作，确保各项工作圆满顺利完成，特制定本接待工作方案。

一、接待安排

（一）确定具体行程

1. 时间：待定。

2. 事宜：与 ×× 负责人联系确认此次工作的具体安排、行程安排、来访人数、性别比例、到达地点、具体时间等。

（二）迎接安排（略）

（三）住宿安排（略）

（四）就餐安排（略）

（五）车辆安排时间（略）

（六）行程安排

1. 座谈会

（1）会议主题：待定。

（2）时间：待定。

（3）会议地点：大会议室。

（4）参加人员：待定。

2. 企业参观

（1）时间：待定。

（2）地点：待定。

（3）陪同人员：待定。

（4）司机（车辆）：待定。

（七）送客时间

1. 时间：待定。

2. 送到地点：待定。

3. 司机（车辆）：待定。

二、任务分工

（一）由 ×× 负责组织此次接待任务，接待通知由 ×× 传达，联系来访单位负责人，确认来访人数、行程安排。

（二）由 ×× 负责联系安排来访人员的酒店预订、饭店预订，车辆安排及司机确定。

（三）由 ×× 负责会议室的安排、会议室的检查（空调、投影仪、线路）、参会人员的签到并负责布置会议室（会议前后的打扫、横幅的悬挂、桌牌的摆放、水果的准备）。

（四）由 ×× 负责会议材料的准备、会议记录、会议后的材料收集及整理工作。

（五）由 ×× 负责安排全程的摄像、录音及整理工作。

落款（企业名称）

日期

三、客户接待实施步骤

根据客户接待方案，接待人员要做好充分的思想准备和完善的物质准备。

（一）人员调配

接待人员在了解会议基本情况后，要明确服务中的要求、注意事项以及分工，根据工作的整体安排，各自进行准备工作。

（二）会场布置

接待人员首先应根据会场的具体情况进行整体布局，按照接待要求调整室内的各种装饰品、宣传用品，做好会场清洁工作等；其次应认真检查照明、空调等设备，也可根据接待要求增添新的设备，注意调整好室温及通风；最后，如有需要，还应通知信息技术部门事先调整好音响、话筒、投影仪等需要使用的设备。

（三）物资准备

1. 茶具、水具的准备

茶具要求：茶具须干净，不得有破损。茶具要按接待人数配放，每人一套，还要准备适量备用杯。

水具要求：检查饮水机、咖啡机、保温瓶是否完好，在接待开始前 30 分钟将饮水机、咖啡机、保温瓶的水灌满备用。

2. 茶叶要求

根据接待要求，放置不同的茶叶。如果是散装茶叶，应先放入杯中，待来宾就座后直接冲泡开水。（也可在嘉宾就坐前 5 分钟冲泡开水）

（四）接待过程中的注意事项

接待过程中，应讲究奉茶礼仪，按照规范的奉茶和续水礼仪为客户服务。续水一般在活动（会议）进行 15 ～ 20 分钟后进行，最长不超过 30 分钟；接待人员要随时观察会场用水情况，遇到天热时就要随时加倒；活动（会议）进行过程中，接待人员应细心观察会议室的动静，如发现客户有事招呼，要随时应承，如客户的要求暂时无法满足，要及时通知上级协助解决，确实无法满足的，应向客户解释。

（五）接待结束后的工作

客户全部离开会场后，接待人员要检查会场有无客户遗忘的物品。如发现客户遗忘的物品，要及时与会务负责人联系，尽快转交失主。接待人员要注意清理会场，不留死角，避免安全隐患。同时将桌椅归位，撤下会议所用之物，分类码放整齐，关闭电源、关好门窗，再巡视一遍，确认无误后撤出关门。

自测练习

一、填空题

1. 撰写接待方案的原则中，________是基础；________是前提；________是保证；________是关键。

2. 接待规格一般分为________、________、________。

二、不定项选择题

1. 客户接待中，待客的工作要点有（　　）。

A. 茶室 / 会议室会客　　B. 参观的陪同（或跟随）
C. 用餐　　D. 车辆安排

2. 关于司机接待礼仪，需要注意的是（　　）。

A. 个人形象　　B. 时间管理　　C. 接待礼仪　　D. 路线选择

3. 下列关于客户接待的投影、视频、音乐准备时间中，正确的是（　　）。

A. 前一天准备　　B. 当天提前 6 小时确认
C. 当天准备　　D. 提前 30 分钟准备

4. 下列关于客户接待环境标准的表述中，错误的是（　　）。

A. 物品摆放整齐，且表面无灰尘　　B. 饮品、水果、备品齐全
C. 地面干净无脏物　　D. 会议室桌椅可以随意摆放

5. 当客户要离开公司的时候，接待人员应（　　）。

A. 礼貌、微笑欢送　　B. 让行政助理安排车辆
C. 前一天初步安排车辆　　D. 提前一小时确认车辆

6. 当会议室洽谈需要端茶送水时，应该（　　）轻敲门询问是否有需求。

A. 每隔 10 分钟左右　　B. 每隔 20 分钟左右
C. 每隔 30 分钟左右　　D. 每隔 40 分钟左右

7. 接待工作中的技巧主要有（　　）。

A. 言辞得体　　B. 动之以情　　C. 因人制宜　　D. 晓之以理

8. 接待规格有（　　）。

A. 高规格接待　　B. 低规格接待　　C. 中规格接待　　D. 对等接待

9. 接待客户的时候需要注意（　　）。

A. 不要迟到　　B. 做好接待场地管理
C. 提前了解客户信息　　D. 提前确定交通方式

三、判断题

1. 正确的走姿是：轻而稳，胸要挺，头要抬，肩放松，两眼平视，面带微笑，自然摆臂。（　　）

2. “出迎三步，身送七步”是迎送宾客最基本的礼仪。（　　）

项目三

客户服务中心业务

情境描述

2021 年 9 月，张笑笑应聘到柳州市利达公司客户服务部门工作。经过一段时间的培训，她对客户服务的重要性及相关知识和业务有了基本的认识，接下来，张笑笑就要在客服的岗位上开始工作。客服部前台由受理员（客户专员）和总机员构成，客服呼叫中心的岗位包括售前座席、查询员、投诉员、总调度。

客服部受理员是首先接触客户的岗位，代表了公司的第一印象，业务受理工作做得好坏关系到公司的整体利益，在公司运行链中处于重要地位，所以客服部受理员要牢记岗位职责，严格要求自己，了解并满足客户需求。

学习活动任务及学时分配

学习活动及学时分配（总学时：6 学时，分专业选修）

活动序号	学习活动任务	学时安排	备注
1	前台订单业务受理	2	物流服务与管理专业选修内容
2	网上业务受理	2	
3	电话接听业务	2	
4	网店客服推荐产品	2	电子商务专业选修内容
5	促成订单	2	
6	处理订单	2	
7	寻找客户	2	汽车服务与营销专业选修内容
8	邀约客户	2	
9	客户信息管理	2	

学习活动任务目标

分类	任务目标
知识目标	了解物流客户中心前台业务岗位作业标准和工作流程
	理解并掌握物流客户中心前台业务受理流程，客户前台接待基本要求、基本礼仪
	理解并掌握物流客户中心网络业务受理流程，了解物流客户服务电话接听时的礼仪和技巧
	熟悉商品知识和交易知识，了解客户消费心理，能与客户建立有效沟通，掌握商品推荐的技巧和话术
	了解促单的流程和催付的技巧，掌握订单处理流程和物流跟踪知识
	理解寻找客户的定义和内涵，掌握寻找客户的方法
	理解并掌握客户邀约的种类、技巧，掌握客户信息管理的流程和制度
技能目标	能够填写客户来访接待信息登记表
	正确回复客户网络咨询，并熟练解决客户网上业务受理问题
	按标准解决客户来电业务的相关问题
	能够根据客户需求推荐产品并正确解答客户的疑问
	能够对未成交的订单进行催付，能够完成订单的确认和商品的发货
	能够建立一套客服销售技巧与话术
	能够正确使用寻找客户的方法并有效地寻找客户
	掌握邀约客户的技巧并能够正确邀约客户
	能够为客户提供优质的客户服务，有效地收集和整理客户档案资料
	熟悉客户分类标准并能够正确填写来电客户登记表
职业素养目标	培养学生责任感、诚信感和职业习惯，了解行业法规
	树立正确的职业观念，认真对待工作，维护公司形象
	具有较强的应变能力和语言表达能力，培养团结合作及良好的沟通能力
	具有独立处理工作能力和对问题的分析解决能力，遵循热情、专业、细心、耐心的服务原则

任务名称	前台订单业务受理	教学流程	客户服务中心业务
班级		姓名	
工作岗位			

1 学习活动任务一

前台订单业务受理

任务目标

通过本任务的学习和训练，学生能够熟悉物流客户服务前台接待的概念、分类及特点，认识物流客户服务前台接待的基本要求、基本礼仪，能够处理客户当面来访、业务洽谈接待工作，培养责任感、诚信感和职业习惯，了解行业法规。

工作过程

一、认识前台接待

1. 你是否了解过物流公司的前台接待职位信息？请列举。

2. 通过上述信息，请你填写前台接待需要具备的岗位技能（至少5个）。

（1）
（2）
（3）
（4）
（5）

3. 作为客服部人员，热情与礼貌有利于拉近与客户之间的距离，请你根据相关知识完成客户来访接待标准业务用语表（见表3-1）。

表 3-1 客户来访接待标准业务用语

接待情景	标准业务用语
迎客	
感谢	
听取客户意见	
不能立即接待客户	
安抚正在等待的客户	
打扰或给客户带来麻烦	
向客户致谢	
向客户道歉	
听不清客户问话	
需要打断客户的谈话	
送客	

二、课堂实训

实训一：制作客户信息登记表

客户接待计划

扫二维码听一段录音，请你完成下列两项任务：

1. 将听到的信息填入方框内，看哪个小组收集的信息最全面。

2. 小组内整理信息内容，并利用关键字完成客户信息登记表的制作。

客户信息登记表

实训二：收集客户来电信息

情境描述

长风公司最近欲从事螺蛳粉网上直播销售项目，目前正在考察负责商品运输的物流公司，该公司产品总经理李雷准备带领团队到柳州市利达公司进行考察，所以打电话联系该公司客服部。假如你是利达公司的客服人员张笑笑，请你认真倾听客户来电，并回根据来电内容完成客户信息登记表的填写。

实训目的

1. 培养学生的服务意识和责任意识。
2. 让学生理解物流客服前台岗位要求和职业技能。

实训准备

形式：每 5 ～ 7 人为一组进行实训。

场地：物流客户服务实训中心。

道具：马克笔、白纸、音频资料、多媒体设备。

实训步骤

1. 教师按照学生意愿进行分组，每组 5 ～ 7 人。
2. 学生按照分好的小组讨论以下问题，并将讨论结果写在白纸上：

（1）听“客户接待计划”音频（可扫“制作客户信息登记表”旁二维码），作为物流客户服务人员，你都收集到了哪些信息？看看哪组信息收集得最多、最全。

（2）接听客户咨询来电时，如果毫无章法进行信息收集，那么一定会给工作带来影响。请结合案例，以小组讨论方式，总结当接听客户来电时，客服人员应该记录下哪些重要信息。

（3）小组整理讨论结果，编制客户信息登记表，派代表上台讲解编制思路。

3. 教师审阅学生讨论结果，并将讨论结果公布。

考核评价

姓名		学号		班级	
任务名称	前台订单业务受理				
考核内容	考核标准	参考分值（分）	学生自评	小组互评	教师评价
理论知识评价	礼仪规范	10			
	语言流畅	10			
	客户信息登记表设计合理，能准确抓取客户信息	30			
	客户信息登记表有新意，能够有效满足客服部信息登记需求	30			
	团队合作沟通能力较强	20			
得分		100			

相关资料

一、物流客户中心前台业务

物流客户中心前台业务如图 3－1 所示。

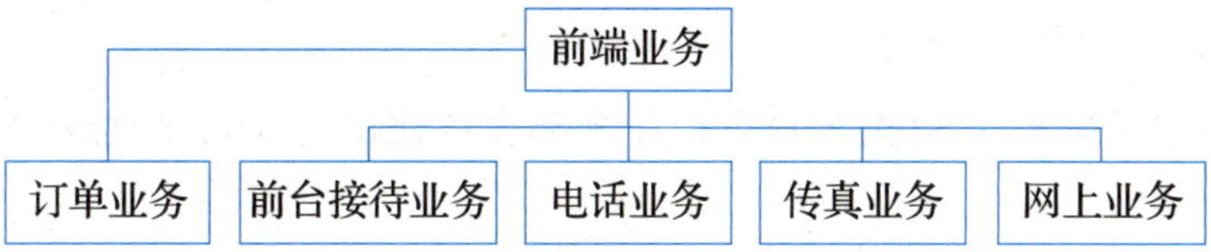

图 3－1　物流客户中心前台业务

二、前台业务受理员的工作内容

（1）了解客户需求，介绍公司业务。
（2）查询服务状态，缓解客户情绪。
（3）处理客户异议，记录客户问题。
（4）受理前台订单，做好订单录入。
（5）完善客户订单，审核订单内容。
（6）掌握订单异动，及时取消或增订。
（7）负责传递订单，跟进订单进度并处理订单状态。
（8）增补客户信息，完善客户管理基础数据。

三、前台工作内容

（1）接听前台总机电话，及时转接相关部门。
（2）做好信息接收，及时进行登记。
（3）熟悉公司业务，处理客户基本咨询。
（4）引导客户参观，配合部门接待。

四、物流客户的分类

（一）按时间分类

（1）过去型客户：曾经接受过产品或服务的人和机构。
（2）现在型客户：正在接受产品或服务的人和机构。
（3）未来型客户：将来有可能接受产品或服务的人和机构。

（二）按所处的地理位置分类

按所处的地理位置，可将物流客户分为内部客户和外部客户，内部客户又可分为水平支持型、上下源流型、小组合作型。

（三）从市场营销角度分类

（1）经济型客户：关注价格，追求实惠。

（2）道德型客户：主动光顾社会责任感强的企业。

（3）个性化客户：追求个性化特征，喜欢与众不同。

（4）便利型客户：注重方便，愿意为便利性买单。

（四）从物流客户角度分类

（1）重要客户（VIP）：这类客户占企业全部客户数量的 5%，但能给企业带来 80% 的利润。

（2）合适客户：这类客户占企业全部客户数量的 15%，并能给企业带来 15% 的利润。

（3）一般客户：也称经济型客户，注重实惠。这类客户占企业全部客户数量的 80%，但给企业带来的利润只有 5%。

自测练习

飞腾物流公司的实习生小张经过一段时间的实习，已经熟悉了公司的前台接待业务。2021 年 8 月，四川杨龙食品公司的杨林总经理打来了电话，希望飞腾物流公司能代为派送一批货物，于是便有了以下对话：

飞腾：您好，这里是飞腾物流公司，我是 123 号客服人员，请问有什么可以帮您？

客户：您好，我是四川杨龙食品公司，需要贵公司帮我公司派送一单货物到河南郑州。

飞腾：好的，请问您需要订哪种车型？我们公司有：××、××、×× 这些货车供您选择。

客户：我要____________货车进行运输。

飞腾：好的，这边给您登记，请问您的货物件数、重量和体积？

客户：____

飞腾：请问您的货物需要几天送达？

客户：____

飞腾：请问您的货物需要送到的具体地址，需要搬运工吗？

客户：____

飞腾：请问货物需要保险吗？您的货物价值多少呢？

客户：____

飞腾：请问您的货物需要等候或回程吗？

客户：____

飞腾：请您稍等。我给您报价，您的货物此次运输费用为 ××× 元（包括车运费、搬运费、保险费、等候费、回程费等），您看可以吗？

客户：____

飞腾：请问您的单位和具体地址？

客户：____

飞腾：请问除了电话号码，您还有其他联系方式吗？

客户：________________

飞腾：请您告知我收货人的姓名、地址和联系方式。

客户：________________

飞腾：好的。再次跟您确认，你的姓名：________，地址：________________，联系电话：__________。

客户：________________

飞腾：客户您好，考虑到最近的台风天气，为保证货物安全运输，请问您的货物是否需要车内固定？

客户：________________

飞腾：好的，您的信息我这边已经帮您登记，如果您下次还需要本公司服务，欢迎您联系我，我的工号是123，×××，再见！

要求：1. 请你根据以上对话，将空白处的对话补上。

2. 根据补齐的对话，设计客户信息登记表并完成表格信息填写。

客户信息登记表

任务名称	网上业务受理	教学流程	客户服务中心业务
班级		姓名	
工作岗位			

2 学习活动任务二

网上业务受理

任务目标

通过本任务的学习和训练，学生熟悉物流客户服务网上业务的概念，认识物流客户服务网上业务的礼仪和技巧，能够正确回复客户网上业务咨询，培养责任感、职业能力和职业习惯。

工作过程

一、认识网上业务受理工作

1. 你处理过哪些网上业务？请你在下列方框中列举出来。

2. 根据上面列举的业务，请你将与物流有关的业务写出来。

3. 请列举物流公司网上业务一般包括的内容。

二、课堂实训

案例情境

客户发来邮件，想了解你所在的物流公司在“双 11”会开展哪些活动。假设你是物流公司的客服代表，收到邮件后，请你对该邮件给予回复。

实训目的

1. 掌握网上业务客户沟通的技巧与常用话语。
2. 掌握正确回复客户邮件的技巧。
3. 熟悉网上业务要求和职业技能。

实训准备

形式：7 ～ 8 人为一组进行实训。
场地：物流客户服务实训中心。
道具：音频资料、多媒体设备。

实训步骤

1. 教师按照学生意愿进行分组，每组 7 ～ 8 人。
2. 学生按照案例情境完成以下练习：

（1）小组讨论案例内容，筛选合适的文字及图片进行编辑。

（2）组内讨论，筛选出最好的方案，并发送至教师指定邮箱。

（3）各小组派代表上台讲解本组的邮件回复内容及特点、亮点。

3. 小组互相评分，教师审阅学生实训结果，进行点评，并给出相应的实训分数。

考核评价

组别		成员				
考核内容	网上业务受理					
考核标准	项目及分值	小组评分1	小组评分2	小组评分3	小组评分4	教师评分
	礼仪规范（10 分）					
	语言流畅（10 分）					
	查阅资料的内容丰富、完整（20 分）					
	邮件回复内容有效（20 分）					
	融入角色，重点突出（10 分）					
	团队合作沟通能力较强（10 分）					
	项目任务完成情况较好（20 分）					
合计						

相关资料

一、物流公司的网上业务内容

物流公司的网上业务内容包括：（1）网上订单查询；（2）网上在线留言处理；（3）信息发布；（4）客户信息反馈处理；（5）邮件处理及回复；（6）网上订单处理。

二、一般网上业务办理流程

（1）客户在物流公司所属页面上找到相应业务受理栏，点击要申请的业务。

（2）客户填写相应的信息，确保填写资料真实无误、详细，并提交。

（3）客服人员接到客户的请求，进行审核后转入内部处理流程。

（4）客服人员对客户请求进行回复及处理。

三、邮件回复注意事项

（一）正确回复客户邮件的注意事项

（1）邮件地址（收件人）：确认准确。

（2）邮件主题：明确、简洁。

（3）邮件内容注意事项：

1）称呼要用尊称。

2）开头进行简单的自我介绍。

3）主体内容文字应力求简明扼要，并达到沟通效果。字体一般用宋体，大小一般为10磅。一行最多不超过30字。

4）落款要清晰明了，注明发信者身份。

（4）附件的使用。给客户的邮件如需要用附件，要确保附件已经添加和上传。

（5）邮件发送。重要邮件要保存，并且给客户发出后要进行电话确认。

（二）邮件回复技巧

（1）及时回复邮件。收到他人的重要电子邮件后，应及时回复，这是对他人的尊重，理想的回复时间是2小时内，特别是对一些紧急、重要的邮件。

（2）进行有针对性的回复。当解答问题的时候，最好把相关的问题抄到回复邮件中，然后附上答案，并进行必要的解释，让对方一次性理解，避免反复交流，浪费资源。

（3）回复不得少于10个字。对方给你发来一封邮件，如果只回复“是的”“对”“谢谢”“已知道”等，这是非常不礼貌的。因此，应尽量将问题解答清楚，回复字数不宜过少，显示出对对方的尊重。

（4）不要就同一问题多次讨论。如果收发双方就同一问题的交流回复超过3次，就说明交流不畅。此时，应采用电话沟通等其他方式进行交流后再做判断。

（5）要区分单独回复和回复全体。只需要一个人知道的事，单独回复给他一个人就行了。如果你要对发件人提出的要求做出结论响应，应该回复全体，让大家都知道。

（6）主动控制邮件的往来。为避免无谓的回复、浪费资源，可在邮件中指定部分收件人给出回复，或在文末添上以下语句：“全部办妥”“无须行动”“仅供参考，无须回复”。

（7）正确使用邮件的发送、抄送、密送。

四、网上客户信息回复

（一）网上客户信息回复的含义

为了方便客户，大多数物流公司的网上业务都开通了客户信息反馈一栏。客服人员每天要负责及时回复用户发过来的信息，这一业务即网上客户信息回复业务。

（二）网上客户信息回复的注意事项

（1）判断客户的问题类别，根据公司提供的信息模板进行回复。

（2）信息回复要及时。

（3）遇到重要客户及突出问题，要及时上报上级领导。

（4）汇总客户信息。

自测练习

假设你是利川物流公司线上客户服务人员，某天客户发来邮件，想了解你所在物流公司的业务范围及服务内容的信息，请你予以回复。

任务名称	电话接听业务	教学流程	客户服务中心业务
班级		姓名	
工作岗位			

3 学习活动任务三

电话接听业务

任务目标

通过本任务的学习和训练，学生能够熟悉物流客户服务电话业务受理流程，认识物流客户服务电话接听时的礼仪和技巧，能够正确处理客户电话业务，培养责任感、职业能力和职业习惯。

工作过程

一、认识电话接听业务

1. 作为公司的电话业务员，请你根据下列内容写出电话订单业务处理流程。

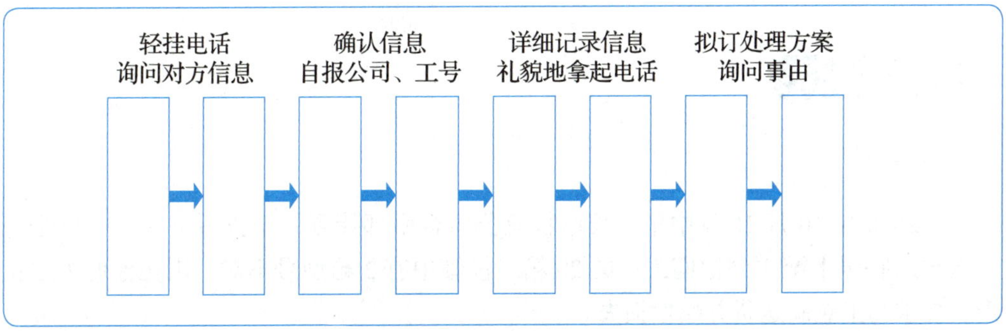

2. 请扫二维码听录音和观看图片，根据客服人员的电话礼仪，说明客服人员存在的问题。

电话接听业务

3. 假设你是电话客服人员，某天你接到了客户打来的投诉电话，请你运用所学知识，合理地填写对话信息，以便安抚客户情绪。（见下述“二、课堂实训”案例情境 1）

客服人员：________________

客　　户：我是四川东方红工厂的张锋经理，你们怎么回事，寄给我的货物怎么不对？你让我怎么生产？

客服人员：________________

客　　户：2020 年 10 月 10 日中午发的货，20 箱二极管，其中有 2 箱型号不对，现在导致我们无法生产！

客服人员：________________

客　　户：我要求马上给我重新发一批货到工厂，并且赔偿我们的损失！

客服人员：________________

客　　户：快点发货，我们工厂生产线不能等。

客服人员：________________

客　　户：好，我等你们的回复！

4. 假设你是电话客服人员，某天你接听了客户打来的咨询快递业务的电话，请你运用所学知识，与小组成员模拟一段客服对话内容，并填写下列单据（见表 3－2）。（见下述“二、课堂实训”案例情境 2）

表 3－2　快递业务受理申请书

受理编号：________　　　　申请日期：____年____月____日

预约上门收件时间：____月____日____时			
寄件人		联络电话	
收货地址			
寄送物品名称			

经办人：

二、课堂实训

案例情境

1. 2020 年 10 月 10 日中午，长风物流公司客服部接到一个投诉电话，客户张峰非常生气地反映早上配送到他们工厂的 20 箱二极管中有 2 箱型号不对，现在他们无法正常生产，要求马上重新送货并赔偿损失。

假如你是该客服部的客服人员，接到这个电话你会怎样回复客户？

2. 客户需要物流公司运送一批服装（价值 5 万元，共 5 千克）到广州市白马批发市场 201 门面。客户信息如下：

姓名：李峰　　住址：杭州西城区下关路 86 号　　联系电话：137580020××

实训目的

1. 掌握电话业务受理流程。
2. 掌握客服电话业务员与客户沟通的技巧与常用话语。
3. 掌握物流行业电话接听业务的要求和职业技能。

实训准备

形式：两人为一组，进行实训。

场地：物流客户服务实训中心

道具：音频资料、多媒体设备。

实训步骤

1. 教师按照学生意愿进行分组，6 ～ 8 人为一大组，大组内两两分组。

2. 学生根据案例情境完成以下练习：

（1）听音频和观察案例图片，作为物流客户服务人员，请你用严谨、简洁的语言描述客服人员出现了哪些问题，小组进行讨论并给出答案。

（2）对于案例情境 1，小组内讨论应答方案，全小组进行评比，选出最优方案并进行汇报讲解。

（3）根据案例情境 2，小组内两人为一组模拟客服接听对话，并完成快递业务受理申请书的填写，小组内进行评比，选出最优方案并进行汇报讲解。

3. 小组互相评分，教师审阅学生实训结果，进行点评，并给出相应的实训分数。

考核评价

组别		成员				
考核内容	电话接听业务					
考核标准	项目及分值	小组评分 1	小组评分 2	小组评分 3	小组评分 4	教师评分
	仪表着装（10 分）					
	礼仪规范（10 分）					
	语言流畅（10 分）					
	表达沟通（10 分）					
	电话接听业务——客户投诉处理的完整性和有效性（20 分）					
	电话接听业务——客户来电咨询快递业务，熟练使用相应的业务流程（20 分）					
	团队合作沟通能力较强（20 分）					
合计						

相关资料

一、电话业务受理流程

电话业务受理流程如图 3－2 所示。

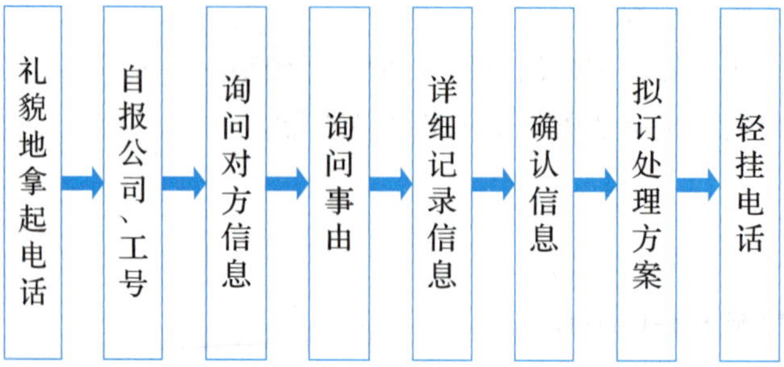

图 3－2　电话业务受理流程

二、电话业务受理客服人员的电话礼仪

（一）接打电话的礼仪

1. 怀有喜悦的心情

客服人员打电话时要保持良好的心情，即使对方看不见你，但是从欢快的语调中也会被你感染，留下极佳的印象。由于面部表情会影响声音的变化，因此即使在接打电话中，也要抱着“对方看着”的心态去应对。

2. 清晰明朗的声音

客服人员在打电话过程中绝对不能吸烟、喝茶、吃零食，即使是懒散的姿势，对方也能够“听”得出来。

如果你打电话的时候是躺在椅子上，那么对方听到的你的声音就是懒散的、无精打采的；如果你坐姿端正，那么所发出的声音会亲切悦耳、充满活力。

3. 迅速准确地接听

客服人员业务繁忙，桌上往往会有两三部电话，听到电话铃声，应准确迅速地拿起听筒，最好在三声之内接听。超过三声后接听就应道歉：“对不起，让您久等了。”

4. 认真清楚地记录

记录的内容有：（1）When——何时；（2）Who——何人；（3）Where——何地；（4）What——何事；（5）Why——为什么；（6）How——如何进行。

在工作中，以上这些信息都是十分重要的。电话记录既要简洁又要完备。客服人员可用左手接听电话，右手边准备纸笔以便于随时记录有用信息。

5. 了解来电话的目的

上班时间打来的电话几乎都与工作有关，公司的每个电话都十分重要，客服人员不可敷衍。接电话时，要尽可能问清事由，避免误事。客服人员应了解对方来电的目的，如自己无法处理，则应认真记录下来，委婉地探求对方来电的目的。

6. 挂电话前的礼貌

要结束电话交谈时，一般应当由打电话的一方提出，然后彼此客气地道别，说一声“再见”后再挂电话。

（二）接打电话的礼貌用语

接打电话时的不当用语和礼貌用语如表 3－3 所示。

表 3－3　接打电话时的不当用语和礼貌用语

情景	不当用语	礼貌用语
向人问好	喂！	您好！
自报家门	我是 ×× 公司的。	这里是 ×× 公司。
问对方身份	你是谁？	请问您是？
问姓名	你叫什么名字？	能否告诉我您的姓名？
问姓氏	你姓什么？	请问您贵姓？
问电话号码	你电话号码多少？	能留下您的联系方式吗？
需要等待	你等着！	请您稍等一会儿。
结束谈话	直接挂电话	请问您还有其他吩咐吗？
做不到	不可能！	很抱歉，这个我们可能办不到。
没听清楚	再说一遍！	对不起，请您再说一遍，好吗？

（三）电话业务服务

1. 基本功能

电话业务服务能使客户服务人员在最短的时间内处理尽可能多的用户呼叫，包括业务受理、咨询、投诉、查询等。其基本功能包括录音、智能转换、文本与语音合成、自动呼叫分配、来电排队功能以及来电号码显示等。

2. 分类

按照使用的功能主要分为接入和外呼两种。

（1）接入即接听电话，接受客户下单、进行电话咨询、处理客户投诉和建议等。

（2）外呼是通过系统主动拨打客户电话，进行电话营销或客户回访。这样做可以提升企业形象，提高营销效率等。

（四）电话下单的处理

1. 电话下单的处理流程

电话下单的处理流程如图 3－3 所示。

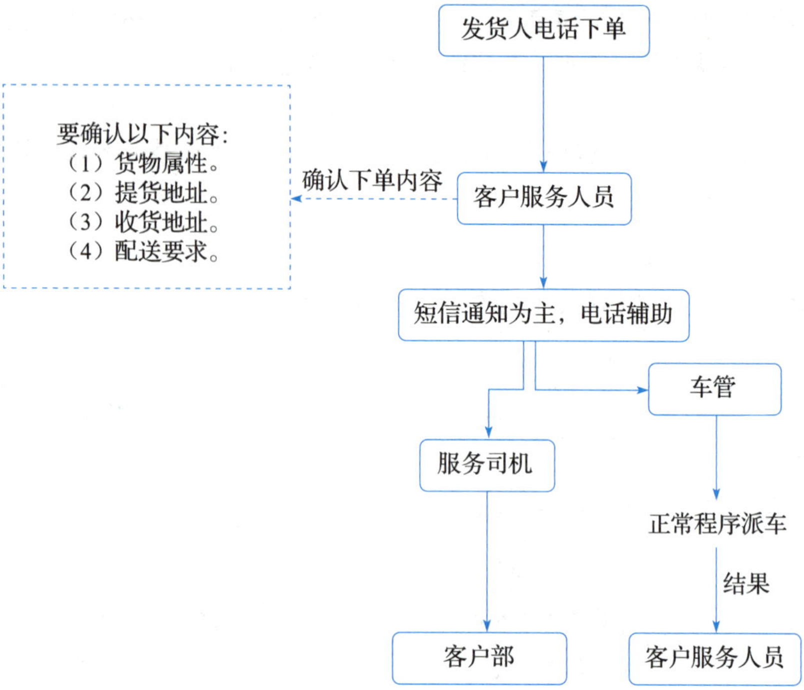

图 3-3 电话下单的处理流程

2. 电话下单操作流程要点

(1) 发货人电话下单。客户服务人员在接到客户电话下单时首先应当了解并核实的内容如表 3-4 所示。

表 3-4 接到客户电话下单时需要核实的内容

要素	说明
提货联系人	用于司机提货。如果客户能报上姓名最好，如客户只报了姓氏也可以，可以称呼其某先生或某小姐，不必非要客户报全名。如客户不报姓氏或姓名，则知会客户方便提货时使用
提货电话	很重要，用于提货时联系
货物属性	包括货物名称、数量、体积、重量 在询问货物名称时，要辨别客户所报货物是否是违禁品，如果是违禁品，则直接告诉客户不能运输 明确特殊配送需求
提货地址	很重要，用于提货
目的地	很重要，用于送货
运费结算方式	很重要，关系到提货时是否需要收取运费
提送货费	很重要，关系到提货时是否需要收取费用
客户下单时间	以最终下单信息发出时间为准

在接听客户电话下单的同时，客户服务人员需要将包含以上各要素的下单信息在客户服务下单系统中逐一记录。

（2）传递业务单。确认客户所下业务单无问题后，客户服务人员以短信方式将客户的下单信息发送给业务所属地区的司机或调度人员。

1）业务单传递的时间要求：当确认客户下单后，客户服务人员要在3分钟之内将所下业务单发送出去。

2）业务单接收对象：或发送给业务所属地服务司机负责提货，此时短信要一并发送给所属区域市场开拓人员，由其监督提货的执行；或发送给车管人员，由其安排车辆提货。具体接收对象最终由公司根据实际情况确定。

3）业务单传递的方式：以短信方式为主，电话方式为辅；当短信传达后，客户服务人员必须立即拨打所属地区司机或车管的电话，进行电话口头通知，保证能及时安排车辆。

短信格式如下：

> ［110310221］
> 客户王先生　138230332××　配件15件，200千克，2.2平方米　汽配城往火车站
> 收货马先生　0571-258526××　现付，加装卸费100元，15:00前送达［8011］

短信内容以70个字为限，包括以下内容：短信流水号＋发货人名称＋发货人电话＋货物名称＋数量＋重量＋方数＋目的地＋收货人名称＋收货人电话＋付款方式＋有无额外收费＋提示＋客户服务人员工号。

（五）平台、网上下单的处理

1. 如何获取平台、网站的下单

客户在公司网站直接下单后，所下的业务单会自动转至客户服务系统，客户服务人员只要登录客户服务系统就会看到来自平台、网站的下单。

2. 下单的处理流程

下单的处理流程参见图3－4，此处不再赘述。

3. 处理流程要点

（1）发货人网上下单。客户在网上下单的时候，网站会要求客户填写以下信息：发货联系人、发货人电话、货物属性（重量、体积等）、提货地址、收货人姓名、收货地址、收货人电话、运费结算方式等。

（2）客户服务人员核单。

1）核单的时间规定。

客户晚上下单：第二天一上班必须第一时间进行审核并与客户联系。

客户白天下单：下单后半小时内必须进行审核并与客户联系。

2）核单内容。客户下单后，客户服务人员会在客户服务系统看到客户所下业务单。看到有来自平台、网站的下单后，客户服务人员需要对收到的业务单做相应的审核（审核流程和内容见图3－4）。

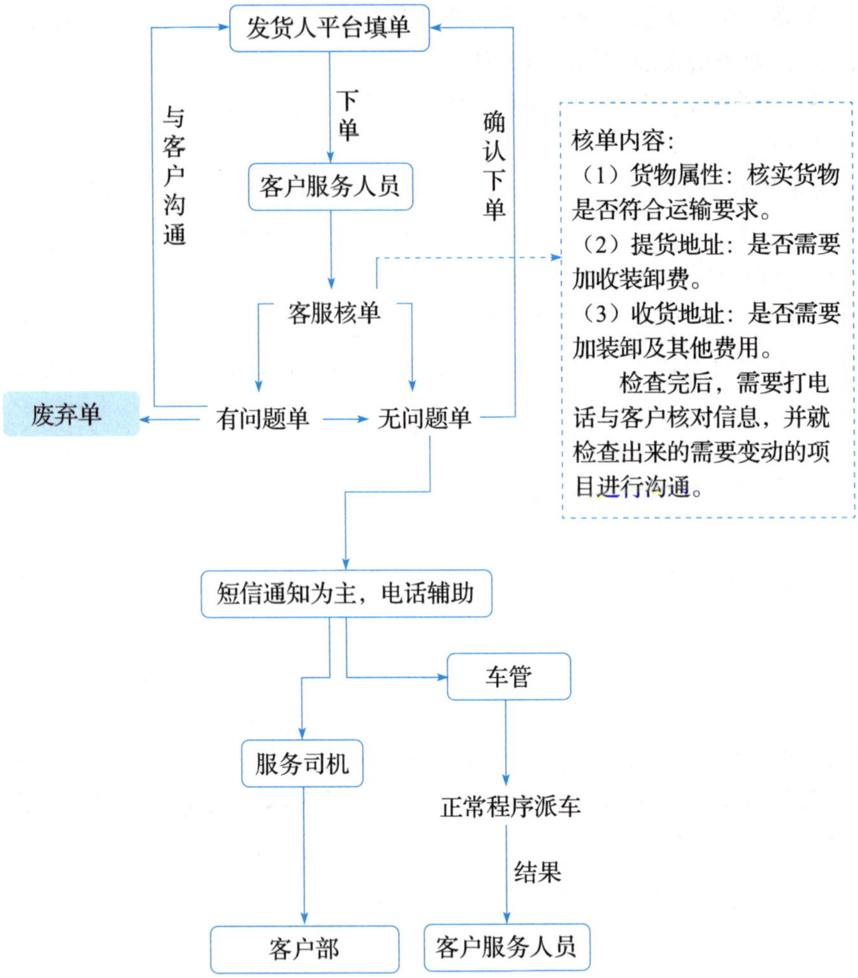

图 3-4　下单审核流程和内容

（3）与客户沟通。与客户沟通的目的是更正有问题的业务单以及最终确认下单。审核业务单后，不论有无问题，客户服务人员都要打电话和客户沟通。如业务单有问题，则就问题进行沟通，如业务单无问题，则和客户确认安排提货。如沟通后由于客户原因不能安排提货，则此订单作废。

【示例】客服代表：王先生您好！我是滴客客服代表，我的工号是8011。感谢您选择滴客为您服务。您在我们公司平台、网站下的订单我们已经收到。为确认信息准确，再次与您核对一下相关信息，可以吗？

客户：没问题！

客服代表：您的提货地址是……

客户：没错。

客服代表：谢谢您的配合。我们的提货人员会尽快和您联系，请保持电话畅通。谢谢！

（4）传递业务单。

1）业务单传递方式。以短信通知为主，电话辅助下单。

与客户沟通后，无误的订单就可以作为最终确认的业务单交由车管部门处理。客户服务人员主要以短信方式将客户下的业务单发送给司机或车管人员，并电话提醒。短信内容和格式如下：

> [110310221]
> 客户王先生 138230332×× 配件15件，200千克，2.2平方米，汽配城往火车站
> 收货马先生 0571-258526×× 现付，加装卸费100元，15：00前送达[8011]

短信内容以70个字为限，包括以下内容：短信流水号+发货人名称+发货人电话+货物名称+数量+重量+方数+目的地+收货人名称+收货人电话+付款方式+有无额外收费+提示+客户服务人员工号。

2）业务单接收对象：或发送给业务所属地服务司机负责提货，此时短信要一并发给所属业务人员，由其监督提货的执行；或发送给车管人员，由其安排司机提货。具体接收对象最终由公司根据实际情况决定。

三、货物跟踪与客户查询处理

（一）货物跟踪

按照规定，客户服务人员发送给司机或车管人员业务单后，司机或车管人员必须在规定的时间内提货或配送。具体的时间要求如下：

（1）提货时效要求：系统发出下单成功提醒，在工作时间，下单半个小时内安排车辆提货。

（2）派送时效要求：严格按照客户要求进行派送。

（3）跟踪对象：接收下单短信的司机。

（4）跟踪方式：实时监控。

（5）跟踪要求，具体为：

提货跟踪：对于已用短信传递给提货人员或负责安排提货人员的业务单，要在半小时后再进行跟踪。

配送跟踪：对于已超过配送时效的业务单，每天上午、下午各跟踪一次。

（6）跟踪结果处理，具体为：

提货跟踪：如果已下的业务单在跟踪后没有按时效要求及时处理，则客户服务人员需要发短信或打电话给司机，催促其处理解决，并记录跟踪结果。

配送跟踪：如果配送业务在跟踪后仍没有及时处理，则发短信或打电话给车管经理，由其解决，并将跟踪结果填写在业务单跟踪记录处。

每次跟踪完后，客户服务人员都要将跟踪内容填写在该业务单的跟踪记录中。

【示例】托运业务单已超过配送时效，此时，客户服务人员可以通过短信反映给经理。

此跟踪短信的内容和格式：

> [110310284]
> 单号 755××××××××，货物已超过配送时效 2 小时，请速处理 [8011]

（二）客户查询受理

1. 客户查询的来源

一般来讲，查询来自客户电话查询、在线平台查询以及网站留言查询三个地方。

（1）客户电话查询：客户直接拨打客户服务人员电话查询。

（2）在线平台查询：客户通过在线交流平台进行查询。

（3）网站留言查询：客户通过网站留言进行查询。

以上三种来源中，客户电话查询和在线平台查询属于实时查询，即客户即问即可知道结果。网站留言查询则属于滞后查询，即客户留言后并不能实时得到答复，得到答复的时间取决于客户服务人员是否及时处理网站留言。

2. 客户查询的内容

客户查询一般包括以下内容：

（1）运输时效：客户未发货或已发货但需要知道多久可以到达。

（2）运输价格：客户在发货前需要知晓运输价格。

（3）到货时间：客户已发货，急于知道收货人什么时间可以收到货物。

（4）货物状态：客户想了解货物目前处于什么地方、什么状态。

（5）其他查询：其他与运输或业务咨询有关的查询。

3. 客户查询的处理

不论来自哪一个渠道的查询，客户服务人员都要耐心地解释与回应，并根据不同的查询类型给予不同的处理，具体为：

（1）运输时效、运输价格的查询：需要客户服务人员根据公司关于时效、价格等方面的规定给予客户回复。

（2）到货时间、货物状态的查询：需要客户服务人员根据客户需求引导客户在物流系统查询模块进行有针对性的查询。

如果客户查询的是已发货的货物，不论查询结果如何，都要将查询内容在相应业务单中做记录。

4. 受理查询应注意的事项

客户服务人员在接受客户实时查询时，要留意客户查询的内容并进行有针对性的查询，能当场回复的尽量当场回复，不能当场回复的，要与客户讲清楚需要待核实后再做回复。

【示例】客户王先生：你好！我 3 月 15 日发了一票货去 ××，我想知道什么时候可以到，我的客人很着急！

客服人员：好的，请稍等。不好意思，让您久等了。您的货现在正在配送过程中，大

概在 ×× 会送到。(引导客户自主实时跟踪配送情况)

四、投诉与建议处理

(一) 投诉与建议的来源

客户的投诉与建议一般有三种来源，即客户分别通过电话、网站投诉，以及在线平台投诉与建议。

(二) 投诉与建议的类型

一般来讲，客户的投诉与建议有以下几种类型：

(1) 运输时效的投诉与建议，如货物没有按照客户要求的时效到达。

(2) 运费或其他费用的投诉与建议，如多收运费或其他费用。

(3) 服务态度的投诉与建议，如提送货司机或客户服务人员服务态度不好。

(4) 其他投诉，即其他关于运输及服务方面的投诉。

(三) 客户投诉的处理

1. 了解客户投诉的类型

不论客户是通过何种方式投诉，客户服务人员首先要了解客户投诉的原因和类型，这样才可以有针对性地解决客户投诉问题。

2. 分析客户投诉与建议

客户服务人员要根据不同的客户投诉与建议来源用不同的方法进行处理。

(1) 客户来电话投诉。如果客户直接打电话投诉，不论客户说话的用语、声音大小、生气与否，客户服务人员都要耐心地、平心静气地听完客户所讲内容，根据内容分析和查询结果告知客户是否当场可以解决。如果不能当场解决，则要告知客户需要查询核实后再给予回复。

(2) 客户在线投诉。处理方法与客户来电话投诉相同。

(3) 客户留言投诉。如果客户在网站留言投诉，则要根据客户提供的内容进行核实，然后在网站回复。

3. 投诉与建议的处理

不论客户采用哪种方式进行投诉与建议，客户服务人员都需要按单记录。根据客户的投诉与建议类型给出最终的处理结果。

(1) 如果客户是进行投诉，且投诉的内容是关于货物运输方面的，则客户服务人员要根据客户投诉的内容进行查询，还需要与被投诉人核实。最后，将处理结果告知客户，并按单记录。

【示例】客户王先生已在上午 10：00 通过电话下单，要求我司在 14：30 分之前提货。可时间已到 15:00，司机还未去提货。客户打来电话投诉，要求马上提货。

此时，客户服务人员可通过短信、电话通知给司机，将抄送此信息车管，并记录投诉内容。短信内容和格式如下：

> [110310284]
> 王先生的 15 件配件尚未提货，已超时效。客已来电催提货，请速处理 [8011]

（2）如果客户是提出建议，则客户服务人员应客观记录建议。

4. 生成客户投诉与建议报表

客户服务人员将客户所有的投诉与建议记录后，系统会生成客户投诉与建议报表，由客户服务人员按月提交管理层，以便管理层及时调整经营活动。

自测练习

判断题

1. 客服人员常用的向客户问好的开场白是：喂！（　　）
2. 快递业务单不需要填写日期。（　　）
3. 接听电话完毕，一般由对方先挂断电话。（　　）
4. 客服人员情绪非常不好时，可以接听客户电话。（　　）
5. 接听电话时铃响五声之内接起电话。（　　）

任务名称	网店客服推荐产品	教学流程	客户服务中心业务
班级		姓名	
工作岗位			

4 学习活动任务四

网店客服推荐产品

任务目标

通过本任务的学习和训练，学生能够熟悉商品知识和交易知识，掌握商品推荐的技巧和话术，能够根据客户需求推荐商品，正确解答客户的疑问，提高应变能力和语言表达能力。

工作过程

假如你是淘宝“柳州螺蛳粉专营店”的售前客服，你要接待客户，并努力提高成交率，为公司带来收益。请你根据以下场景开展工作。

商品信息

商品名称：柳州螺蛳粉。

商品类型：水煮型、冲泡型。

净含量：430g（米粉包 160g、调料包 270g）。

螺蛳粉包含：干米粉包、酸笋包、螺蛳汤料包、辣椒油包、花生腐竹包、酸豆角木耳萝卜干包、香醋包。

保质期：180 天。

口味：鲜香爽辣。

特征：正宗，原料都产自柳州本地，汤底味道香浓，米粉爽滑弹牙，配料丰富。加量 30%，分量比其他品牌多，走低价路线。

款式：经典款、加辣加臭款、微辣款、加卤蛋款。

实训一：挖掘客户需求

1. 近年来，螺蛳粉产业快速发展，使得这个市场同质化现象越发严重。要想让顾客了解自己的产品，客服人员就需要对同类产品进行全方位的比较，突出自己的优势，明白自己的劣势，这样才能客观、公正地回答客户的疑问。请你根据表 3－5，打开淘宝网，开展一次竞品分析。

表 3－5　竞品分析表

品牌	月销量	价格	优点	缺点	促销手段	客户群体
李子柒						
好欢螺						
螺霸王						
柳江人家						

2. 并非所有客户都有明确的购买意向，因此，客服人员在挖掘顾客需求时，可以从询问和判断两方面入手。询问一般分为开放式询问和封闭式询问。下面，请你根据公司产品信息，运用话术，向顾客进行询问和回复。

顾客：多次浏览贵店产品，但未下单。

你会问他：____

顾客：我从来没吃过螺蛳粉，听说很臭，会把房间变臭吗？

你的回复：____

顾客：我不是很能吃辣，你家的螺蛳粉适合我吗？

你的回复：____

顾客：我看你店铺里有好几种螺蛳粉，有什么区别？

你的回复：____

顾客：查看顾客基本信息，该顾客淘宝信誉度为三颗钻石，注册时间为 8 年，你认为他属于：________________

A. 优质顾客　　B. 风险顾客　　C. 新顾客　　D. 成熟顾客
E. 冲动购物型　　F. 价格敏感型

实训二：推荐产品

1. 推荐产品是指客服人员根据顾客需求将网店销售的产品通过一定方式推送给顾客的过程。通过产品推荐，可以帮助顾客快速锁定所需商品，提高服务效率，促成交易。面对顾客以下咨询，请用你的技巧和话术完成推荐。

（1）寻求建议时。

顾客：我第一次买你家的产品，哪一款螺蛳粉好吃？

回复：________________

顾客：我的口味比较重，应该选哪一款螺蛳粉？

回复：________________

（2）犹豫不决时。

顾客：我之前一直都是吃 ××× 品牌的螺蛳粉，你家的正宗吗？

回复：________________

顾客：感觉有点贵，有没有什么优惠？

回复：________________

（3）缺货时。

顾客看中了某款螺蛳粉，想要下单时，却发现没货了。这时，你应该对他说：

____

2. 打开淘宝网，以消费者的身份搜索以下螺蛳粉品牌的网店，就以上问题咨询这些网店的客服，并在表 3－6 中记录客服人员的回复，然后对比不同网店客服人员的回复有什么区别，和自己的答案相比哪个更好。

表 3－6　客服人员回复记录表

品牌	回复一	回复二	回复三	回复四
好欢螺				
螺霸王				
柳江人家				

实训三：打消客户疑虑

1. 顾客在网购过程中经常会心存疑虑，此时客服人员应该主动发现客户的疑虑，并用恰当的回复来打消客户疑虑。面对以下类型的疑虑，你要怎么回复？

（1）顾客对价格的疑虑。

顾客针对价格提出的问题及客服人员的回复如表 3-7 所示。

表 3-7 顾客对价格提出的问题及客服人员回复表

顾客类型	顾客提出的问题	客服人员的回复
允诺型	太贵了，第一次买便宜点，下次带朋友来	
对比型	×× 家的东西比你这个便宜，便宜点吧	
威逼利诱型	能便宜就买，不能我就去别家了	
博取同情型	我还是学生，掌柜你就便宜点吧	

（2）顾客对质量的疑虑。

顾客：没听说过这个牌子，你家螺蛳粉的质量有保障吗？

回复：____________________

顾客：为什么你家的螺蛳粉价格这么低？是不是原料很差？

回复：____________________

2. 打开淘宝网，对比好欢螺、螺霸王、柳江人家螺蛳粉品牌的网店，通过浏览详情页、询问客服人员等方式，收集不同网店对常见问题的解答。

（1）价格问题：____________________

（2）质量问题：____________________

（3）发货时效：____________________

（4）其他问题：____________________

考核评价

姓名		学号		班级	
任务名称	网店客服推荐产品				
考核内容	考核标准	参考分值（分）	学生自评	小组互评	教师评价
理论知识评价	熟悉商品知识和交易知识	15			
	掌握商品推荐的技巧和话术	15			
	了解客户消费心理，沟通顺畅	10			
技能操作评价	能够挖掘客户需求	15			
	能够推荐合适的产品	10			
	能够对客户提出的问题进行解答	15			
职业素养评价	应变能力和语言表达能力强	10			
	具有对问题的分析解决能力	10			
得分		100			

相关资料

市场是有限的，顾客也是有限的，如何在有限的顾客群中更好地跟进目标顾客，从而最终促成订单的生成？这就需要客服人员在沟通过程中不断挖掘顾客的需求，然后引导顾客，并借助相应的销售技巧来帮助顾客下决心拍下商品并付款。那么，售前客服人员应掌握的商品推荐技巧和话术有哪些呢？

一、商品推荐技巧

在与顾客聊天的过程中，客服人员总是想方设法地寻找合适的时机来推销自己的商品，但面对逐渐理性消费而又百般挑剔的顾客，客服人员需要通过一定的商品推荐技巧，并把握住合适的时机对顾客进行推荐。

（一）咨询时主动推荐

客服人员在与顾客沟通过程中会遇到各种类型的顾客。当遇到一些漫无目的或购买意愿不是很强烈的顾客时，客服人员要充分分析并定位顾客的需求，通过专业、认真、热情的服务来打动顾客，然后主动推荐符合顾客需求的商品。

（二）缺货时主动推荐

众所周知，商家有时会出现缺货现象，在此情况下，客服人员对顾客说得最多的一句话就是："抱歉！货已售罄。"但这样是万万不可的。

遇到这种情况，如果顾客仍处于犹豫之中，客服人员可以主动向顾客介绍其他替代品，甚至可以通过减少利润的方式（如商品打折）来吸引潜在的顾客。

（三）主动推荐常用话术

要想提升网店的成交量和转化率，客服人员需要主动出击、巧妙推荐，这样既能给顾客带来舒适的购物体验，也能让网店的销售量节节攀升。客服人员常用的主动推荐话术如表 3－8 所示。

表 3－8 客服人员常用的主动推荐话术

主动推荐时机	主动推荐话术
寻求建议时	客户：我喜欢这两双鞋子，但是不知道该选哪一款，你能给我一些建议吗？ 客服：好的，亲。这两双鞋子从款式上来讲都不错，但是从材质上来看，我推荐您选择下面这款。 客户：为什么呢？ 客服：上面那款是牛皮材质的，皮质较结实，时间久了没有下面这款羊皮的穿着柔软舒适。从销量来看，下面这款销量更高，所以我推荐您选择下面这款。 客户：我就喜欢穿起来舒服一点的，听你这么一说，我更喜欢下面这款了。但是有两个颜色，哪个颜色更适合我？ 客服：这两种颜色，从销量来看比较平均，说明这两款颜色都很不错，大部分人都能接受。但我建议您选择浅色的，夏天到了，浅色会显得清爽，而且更好搭配衣服。

续表

主动推荐时机	主动推荐话术
缺货时	客户：请问这款裙子黄色的还有货吗? 客服：亲，这款裙子黄色的没有现货了，我推荐您考虑下同款的红色哦! 客户：但我只喜欢黄色。 客服：这款红色的是我们现在同系列中销量最高的，而且红色属于暖色系，会给人一种热情大方的感觉，很容易抓住别人的眼球，我建议您可以考虑一下哦! 客户：收到不喜欢怎么办? 客服：这个请您放心，我们店铺支持 7 天无理由退货。我建议您收到货以后先试一下上身效果，看看是否喜欢，再考虑要不要留下，您觉得呢? 客户：既然你都这么说了，那我就买下试一下吧。 客服：好的，亲，我相信您一定会满意的。
犹豫不决时	客户：我看上了这款包，你跟我讲实话，这款包究竟怎么样? 客服：亲，您的眼光真是非常好，这款包目前是我们店铺的爆款，顾客的评价和反馈都很不错呢。 客户：我看购买这款包的客户都很年轻，这款包是不是主要适合年轻的女孩啊，对于我这种 30 多岁的女性，这款会不会不太合适呢? 客服：这点您不必担心，买我们这款包的年龄 20 多岁的姑娘确实多一些，但也不乏 30 ～ 40 岁的女性哦，不同年龄有不同的韵味，背起来的感觉也会不一样哦。 客户：是吗，有没有做工或者质量方面的问题呢? 客服：亲，我们有完善的售后服务保障，我不能承诺您购买的包百分之百没有问题，但我可以承诺，出现问题，我们百分之百地解决，直到您满意为止。

二、售前客服话术分类整理

客服日常接待顾客的咨询时，顾客关心与咨询的问题有很大的重复性。基于这个特点，客服可以使用统一的销售话术来减少工作量，提高工作效率。售前客服常用话术如表 3－9 所示。

表 3－9　售前客服常用话术

咨询类型	客服常用话术
问候型	亲，您好，欢迎光临 ×× 食品，我是客服小月，很高兴为您服务。 亲爱的，您知道本店的购物机密吗？本月 10—15 日全场包邮，并有神秘小礼物赠送，部分商品还有半价优惠哦，私聊客服，还有优惠券送上!
推荐型	亲的眼光真好，我个人也非常喜欢您挑选的这款呢。 亲选购的这款可是我们店里的爆款哦，很多妹子都来咨询这款商品，实物比照片看起来更好看呢。
议价型	亲，我们家的商品质量是有保障的哦，俗话说“一分钱一分货”，您也可以对比一下其他家的商品，我们家是非常实惠的，希望您多多理解。 亲，咱们是小店，薄利多销，我们做过市场价格调研，这个价格，像我们这样质量的衣服在淘宝上不多呢，我们的面料跟别人是不一样的哦。 亲，很抱歉，您说的折扣真的很难申请，要不我给您抹个零，××× 元可以吗?

续表

咨询类型	客服常用话术
催付型	亲，在下午三点之前拍下付款，我们可以当天发货，您的包裹将以最快的速度送达。 亲，您拍下的这款商品今天正在搞促销，赶紧买下吧，错过今天就要恢复原价了哦。 亲，我看您拍下后一直没有付款，请问您有什么疑问吗？我可以帮您解答呢。
确认订单型	亲，我看到您付款成功啦。这是您的收件人和地址，确认无误吧？ 亲，麻烦确认一下订单信息是否正确，确认无误后立即为您安排发货。
转接型	亲，现在的咨询量很大，我请您先逛逛我们店，我们会尽快回复哦。 很抱歉给您带来麻烦了，您的问题将会转到售后客服那里进行处理，请稍等。

自测练习

一、不定项选择题

1. 以下（　　）不属于客服主动推荐商品的时机。
   A. 寻求建议时　　B. 缺货时
   C. 犹豫不决时　　D. 下单时
2. 售前客服的岗位职责是（　　）。
   A. 后台操作　　B. 销售产品
   C. 解决客户问题　　D. 客户信息收集
3. 以下（　　）属于客服禁语。
   A. 感谢您　　B. 不行
   C. 很抱歉　　D. 是的
4. 作为售前客服，你缩短与客户交流时间的技巧是（　　）。
   A. 只用一两个字回答
   B. 精准回复，高质量地推荐商品
   C. 回答尽量长一些，多推荐商品
   D. 不急着回复，等客户多问几个问题
5. 顾客对商品有疑问，应该从（　　）方面打消其疑虑。
   A. 对价格的疑虑　　B. 对质量的疑虑
   C. 对包装的疑虑　　D. 对物流的疑虑

二、判断题

1. 客服正确推荐产品，可以降低顾客的流失率。（　　）
2. 客服岗位会直接影响店铺的信誉。（　　）
3. 合理的搭配销售可以提高客单价。（　　）
4. 客服不能拒绝顾客，应该满足顾客的一切要求。（　　）
5. 顾客犹豫不决时应该多与其交流，防止流失。（　　）

任务名称	促成订单	教学流程	客户服务中心业务
班级		姓名	
工作岗位			

5 学习活动任务五

促成订单

任务目标

通过本任务的学习和训练，学生能够了解促成订单的流程和催付的技巧，能够使用商品关联销售的技巧，能够对未成交的订单进行催付，培养学生独立处理问题的能力和抗压能力。

工作过程

实训一：分组促销产品

1. 学生自行分为 4 ～ 6 人一组，每个小组成立一家网店，讨论后决定本店的主营产品，并决定各自在网店经营中扮演的角色。

2. 每组派出 2 名代表，各自扮演顾客和客服的角色，并针对店铺中的华为 P50 手机产品，由客服向顾客推荐产品，用语言来打动顾客，促进成交。其他组员记录两者之间的对话。

客服：
顾客：
客服：
顾客：

3. 由教师对各组的场景模拟进行打分评价，并指出存在的问题。

实训二：促单话术

1. 顾客 A 跟你聊了很多，但迟迟没有下单，此时是促单的好时机。作为客服，请你尝试用促单技巧组织话术，完成一次华为 P50 手机促单。

亲，

2. 请分组在网上查找资料，收集客服常用的华为手机促单话术，选出你认为比较实用的填在表 3－10 中。

表 3－10　促单话术记录表

序号	类型	促单话术
1		
2		
3		
4		
5		

实训三：催付技巧

1. 一次完整的网店购物分为两个步骤：下单和付款。你在后台发现，有几位顾客下单后一直没有付款，请你分析这几位顾客未付款的原因并填入表 3－11。

表 3－11　顾客未付款原因记录表

顾客	特点	未付款原因
顾客 A	年龄较大	
顾客 B	年龄小，消费能力差	
顾客 C	价格敏感型，询问过是否有优惠	
顾客 D	多次浏览商品，犹豫不决	

2. 有顾客昨天 23：30 在你的店里下单了一台华为 Mate30 手机，一直没有付款，你第二天早上 9 点上班后发现这一订单，需要对顾客进行催付。请你选择合适的催付工具，并尝试撰写催付语。

催付工具：

催付语：

考核评价

姓名		学号		班级	
任务名称	促成订单				
考核内容	考核标准	参考分值（分）	学生自评	小组互评	教师评价
理论知识评价	熟悉促成订单的技巧	15			
	掌握催付的手段和工具	15			
	了解促单的原则和禁忌	10			
技能操作评价	能够对未付款的订单进行催付	15			
	能够对犹豫不决的顾客进行促单	10			
	能够正确使用催付工具	15			
职业素养评价	应变能力和语言表达能力强	10			
	具有良好的心理素质，懂得礼节礼貌	10			
得分		100			

相关资料

一、促成订单技巧

促成订单技巧如表 3－12 所示。

表 3－12　促成订单技巧

编号	技巧	例子
1	有条理地回答顾客问题	有利于促成订单的先说。
		强项多说。
		将 FAB 原则应用于聊天。
2	多说强项，少说弱势	顾客：请问这款纸尿裤有尿湿显示吗？ 客服：亲，没有尿显哦，这款纸尿裤是超薄型的，妈妈很容易判断宝宝是否尿过了，不需要尿显的哦。
3	增加下单紧迫感	活动现在要结束了。
		现在订购可以享受优惠。
		马上要发货了。
4	暗示引导顾客	拍下后帮您改价备注。
		拍下后帮您申请优惠。
5	引导收藏、加入购物车	亲，收藏网店可以领取优惠券哦。
		您好，先加入购物车，“双十一”自动改价哦。

FAB 是英文单词 Feature、Advantage 和 Benefit 的缩写，即属性、作用、益处。按照这样的顺序来介绍商品，达到的效果就是让顾客相信你的商品是最好的。例如，按 FAB 原则介绍一件 T 恤时可以这样说："这款 T 恤是纯棉质地（属性），具有吸水性强、不产生静电的优点（作用），而且它很柔软，不会刺激皮肤，易清洗，耐用（益处）。"

二、催付的技巧

客服与顾客经过长时间的沟通之后，顾客终于拍下了商品，但却迟迟不付款的情况时有发生。为了顺利完成订单，提高销售量，网店客服需要采取一定的方法进行催付。催付工作是提高询单转化率最直接、最有效的方法。

不过，在进行催付之前，客服要先分析顾客不付款的原因，找到原因后再对症下药，从容应对顾客拍下商品不付款的情况。另外，用怎样的方式进行催付、催付时用怎样的语言和工具、催付时间的选择等，这些知识都是客服在进行催付前应该掌握的。

收集了订单信息后，客服首先应该分析顾客在拍下商品后是什么原因导致其迟迟没有付款，然后采取相应的对策。如果只是盲目地催促顾客付款，往往会适得其反。客服要把未付款的原因看作顾客遇到的问题，然后带着这些问题去思考，最后帮助顾客解决问题，自然订单就完成了。

顾客未付款时所遇到的问题，一般可以分为主观原因和客观原因两大类。

（一）主观原因

主观原因又可以分为三类：议价不成功、有所疑虑和另寻商家。针对这三种原因，我们总结了如下相应的解决办法。

（1）议价不成功：顾客进行议价，一般是出于占便宜的心理和心理价位的问题，此时，客服可以采用赠送小礼品或升级为网店 VIP 等方式来满足顾客占便宜的心理，也可以试探顾客的心理价位，以便提高催付成功率。

（2）有所疑虑：如果顾客未付款的原因是心里有疑虑，那么，客服就要努力为顾客排除疑虑，促使其尽快付款。如顾客有商品质量的疑虑，客服就要在交流时准确地描述商品的工艺、材质、使用技术等，甚至可以为顾客提供相关的质检报告和顾客评价；如果是支持 7 天无理由退货的网店，客服还可以向顾客说明这一保障，让其放心购买。

（3）另寻商家：如果是货比三家的顾客，客服可以从商品本身及服务去寻找差异，将这些卖点及差异展示给顾客，为本网店商品加分，吸引顾客付款。

（二）客观原因

除了主观原因外，顾客迟迟未付款也可能是一些客观原因引起的，如新手对购物流程不熟悉、忘记支付密码、支付宝余额不足等。对于这些客观原因，我们可采取以下应对措施。

（1）新手对购物流程不熟悉：客服在接单过程中，难免会遇到一些新手顾客，这类顾客对购物流程不太熟悉，在第一次支付时可能会遇到插件下载、密码混淆等问题，最终导致订单支付失败。此时，客服要积极、主动地询问原因，慢慢引导顾客一步一步地完成支付操作。

（2）忘记支付密码：有些顾客可能会忘记支付密码，并且不知道如何找回支付密码，此时，客服需要熟悉重置密码的方法，并指导顾客找回支付密码，最终完成付款操作。

（3）支付宝余额不足：当顾客说支付宝余额不足不能付款时，客服可以建议顾客使用其他支付方式进行付款，即在付款页面中单击“其他付款方式”按钮，然后根据需要选择相应的支付方式来完成付款。

三、催付禁忌

在催付过程中，有两点禁忌需要客服特别注意：时间和频率。

（一）时间

客服需要了解合理的催单时间为早上 9:30 开始，下午是 14:30 开始，也就是说，不要在顾客休息或赶时间的时候催付，节假日还需延后。例如，客服早上查看订单时发现有顾客凌晨 1：00 拍下了一件商品，如果早上 8：00 客服打电话催付，那时顾客很可能还在睡觉，打扰顾客休息对接下来的催付是很不利的。

需要注意的是，购买两次以上的顾客通常对网店有信任感，并且了解商品，所以客服不必太着急去催付。如果是日常交易，最好是在交易关闭前 24 小时内进行催付。在进行催付之前，可以先询问一下顾客对商品的使用感受，再次提高顾客的黏度。

（二）频率

不要使用同一种方法重复催付，并且催付频率不要太高，要把握好分寸。如果顾客实在不想购买，千万不要强迫，选择退让可以给顾客留下一个好的印象。

四、使用工具催付

当客服与顾客进行沟通了解未付款原因时，或者知道未付款原因后对顾客进行催付时，都需要选择好相应的催付工具，以达到事半功倍的效果。以淘宝客服为例，一般常用的催付工具有千牛、短信、电话三种。

（一）千牛

千牛是在线客服最常用的工具，商家使用千牛与顾客沟通是完全免费的。使用千牛与顾客沟通不但成本低，而且操作也很方便。最重要的一点是，顾客可以在另一端即时付款。

千牛的不足之处在于，顾客不在线时，通过千牛所发送的信息不能保证顾客及时查看到。因此，当顾客不在线时，客服可以选择给顾客留言，也可以使用短信或电话。

（二）短信

现在几乎每个人都有手机，因此短信的及时阅读率比较高。短信通常是网店客服发送给顾客的，顾客很少会回复，因此，客服在编辑短信内容时一定要全面，让顾客一看就懂。另外，短信字数有限制，因此要在少量的文字里面包含大量的信息。最好的催付短信内容应包含以下四个要素。

（1）网店：首先应该让顾客知道是谁在找他，顾客不一定只在一家网店买东西，如果连网店名称都没有，很难保证顾客看到消息后知道是哪一家网店在提醒他，有可能会替他人作了嫁衣。此外，加入网店名称还可以起到宣传网店的作用。

（2）商品：有时即使说了网店名称也不一定能让顾客想起自己在网上所购的商品，此时应在短信内容中加入顾客所购商品的名称。当然，私人、隐私类等特殊商品另做考虑。

（3）时间：让顾客知道自己是在什么时候购买的商品，进一步加深顾客购买时的记忆。

（4）技巧：话术技巧最为重要，它包括紧迫感、享受特权、信息核对等。

（三）电话

除了千牛和短信外，电话也是不可缺少的催付工具。对于订单总额较大的顾客，推荐使用电话催付方式，因为电话沟通效果比较好，且顾客的体验度也较高。但采用这种方式的缺点是，电话催付的时间成本比较高，因此一般建议选择在大额订单和老顾客订单中使用。

催付电话内容同样需要催付短信内容中的四要素。除此之外，电话催付还应注意以下几点：

（1）自我介绍：即自报家门，让顾客知道你是谁、为什么打这个电话，让顾客接受你，愿意接听这通电话。

（2）礼貌、亲切：在电话交谈中，要以顾客为中心，不能一味地催促顾客付款，并且要保证打电话不会影响顾客的日常生活。

（3）口齿清晰：控制语速，让顾客能够清楚地听到你说的内容。如果顾客听不清，就会影响通话质量。

自测练习

一、不定项选择题

1. 以下各项中，（　　）项不属于促单技巧。

A. 多说强项，少说弱势　　B. 增加下单紧迫感

C. 引导收藏，加入购物车　　D. 花言巧语

2. 催付时可以使用的工具有（　　）。

A. 千牛　　B. 短信

C. 电话　　D. 邮箱

3. 卖家未付款的主观原因主要有（　　）。

A. 顾客与客服就商品价格无法达成一致

B. 顾客对商品持怀疑态度

C. 顾客想另寻商家

D. 顾客余额不足

4. 顾客议价时，可以应对顾客的手段有（　　）。

A. 赠送礼品　　B. 抹去零头

C. 赠送优惠券　　D. 打折

5. 催付短信内容应包含的要素有（　　）。

A. 网店　　B. 商品

C. 时间　　D. 技巧

二、判断题

1. FAB 即属性、作用、益处。促单时可以用 FAB 原则来介绍商品。（　　）

2. 凌晨时可以给客户发短信催付。（　　）

3. 客户迟迟未付款也可能是一些客观原因引起的，如一些新手对于购物流程不熟悉、忘记了支付密码、支付宝余额不足等。（　　）

4. 客服应该多说强项，少说弱势。（　　）

5. 客服促单时应该尽量夸大商品的好处。（　　）

任务名称	处理订单	教学流程	客户服务中心业务
班级		姓名	
工作岗位			

6 学习活动任务六

处理订单

任务目标

通过本任务的学习和训练，学生能够了解订单确认及核实的方法，熟悉商品打包的原则，能够根据情况对订单进行修改，能够按步骤进行发货和物流跟踪，培养学生工作标准化能力。

工作过程

实训一：掌握订单信息

现给出一个订单（见图 3－5），请你根据订单信息完成实训任务。

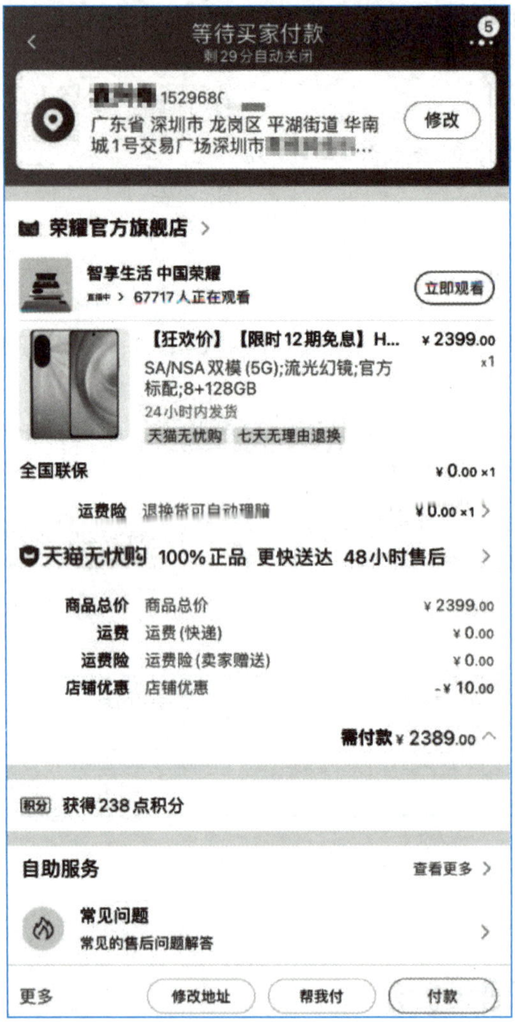

图 3-5 订单信息

1. 核对订单信息内容及话术，了解核对订单信息包括哪些项目和具体内容，并设计核对信息的客服话术，填入表 3-13。

表 3-13 核对订单信息话术

订单信息项目	具体内容	客服话术
收货信息		
订单形态		
订单价格		
包装方式		

2. 作为客服，应该熟知商品发货的流程，请对以下流程进行补充。

批量打印订单____________________________________

配货____

3. 分组查找资料并讨论，回答下列问题。

网店是如何向顾客确认订单信息的？

____

下单以后，还可以更改商品尺码、颜色、收货地址等信息吗？

____

网店是如何实现批量打印快递单的？

____

实训二：掌握物流信息

1. 客服经常需要帮顾客查询订单物流情况，现给出一个快递单号：4317052531361，请使用各种方式和途径，汇总快递查询结果，填入表 3-14 中。

表 3-14　快递物流信息查询结果

快递信息	查询结果
快递公司	
发货时间	
快递状态	
目前位置	
送达时间	

2. 你的店铺在广西柳州，主要经营螺蛳粉，月单量为 300 单。目前，快递行业竞争十分激烈，不同快递公司具有不同的服务和价格，也具有自身的优势与劣势。请你查找资料，完成物流公司综合评估表（见表 3-15），并选出最适合你的快递公司。

表 3-15　物流公司综合评估表

公司名称	服务优势	价格特点	优势区域	综合评价
EMS				
顺丰速递				
京东物流				
申通				
中通				
圆通				
韵达				

考核评价

姓名		学号		班级	
任务名称	处理订单				
考核内容	考核标准	参考分值（分）	学生自评	小组互评	教师评价
理论知识评价	了解订单处理流程	15			
	熟悉商品发货的原则	15			
	熟悉物流公司特点	10			
技能操作评价	能够正确处理订单	15			
	能够按步骤进行发货	10			
	能够对物流进行跟踪并提醒客户	15			
职业素养评价	具有独立处理业务的能力	10			
	具有工作标准化能力	10			
得分		100			

相关资料

一、订单处理的内容

（1）未付款订单：与客户进行沟通，了解未付款的原因，进行催付；当因邮费或其他原因需要修改价格时，客服人员修改价格后要做好备注。

（2）已付款订单：客服人员要与客户核对订单信息，然后礼貌地告别。

（3）确认订单后：发货，一般大型公司的发货由仓库工作人员完成，小公司要由客服人员在网上单击“发货”，填写、打印快递单，输入相应的快递单号。

（4）快递查询：在客户确认收货前，可能会对快递情况进行询问，一般物流跟踪系统会清晰显示物流状态，大部分客服人员会自己查看，少数新手买家会进行咨询，客服人员查看告知即可。若遇特殊情况，客服人员需要进官方网站进行查询，或打电话到快递公司询问具体情况，然后告知客户。

二、订单处理的流程

订单处理流程如图 3－6 所示。

（1）订单处理流程是指订单接受与处理的全过程，也是物流配送的重要流程。在提高客服水平的同时，改善订单处理过程，缩短订单处理周期，提高订单满足率与供货正确率，可以大大降低物流总成本，以确保企业竞争优势。

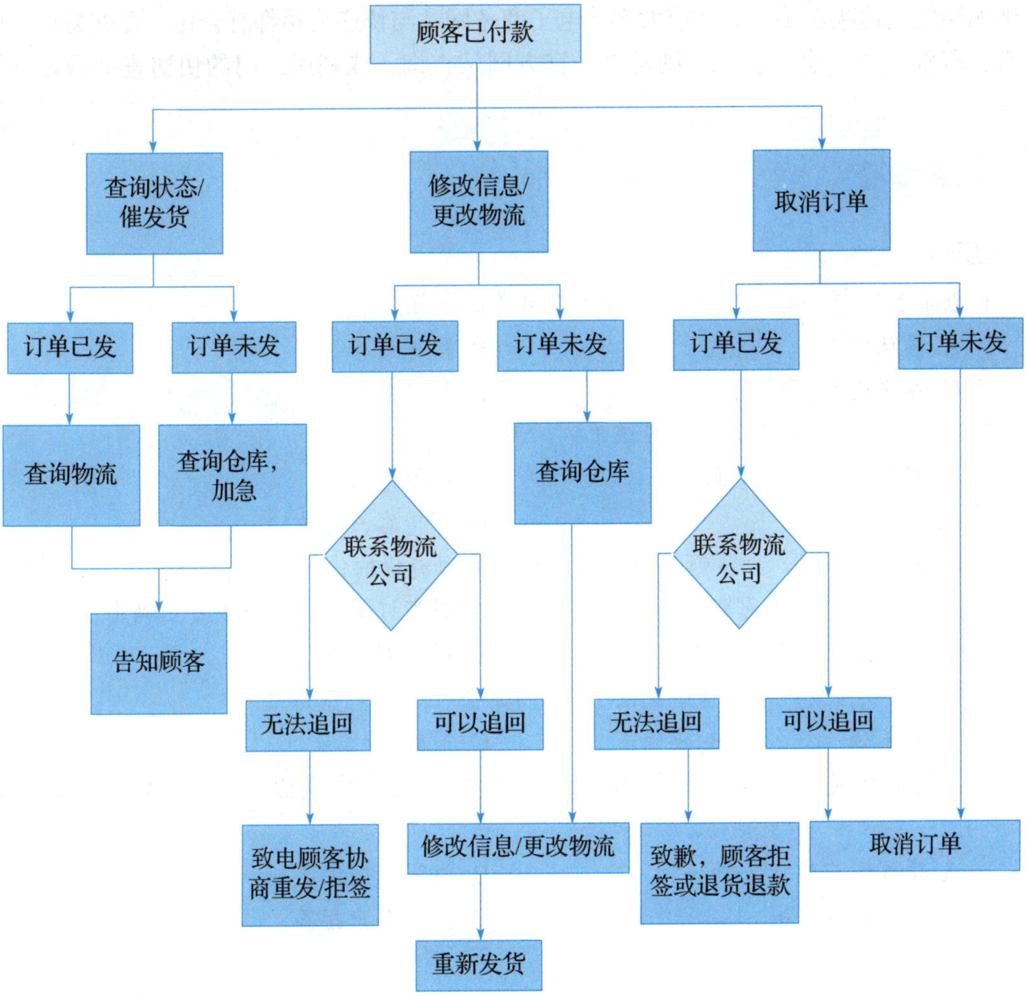

图 3－6 订单处理流程

（2）订单确认。此举可降低差错率，并提醒客户。在确认订单时，客服人员要确认客户填写的信息是否正确，特别是收货地址、联系人姓名、联系方式、订购的商品信息等项，避免因这些错误引起纠纷。客服也可以利用确认订单的机会，对买家进行一些催付的工作，也可以通过与顾客确认收货地址，做一些网店其他商品或者活动的推荐等。

（3）修改订单流程。如果顾客付款完才发现信息错误，客服人员首先要查看订单是否已读，如果未读订单则尽快修改，修改后还需要与顾客再次核对，以避免错误。如果订单显示已读，在未发货之前可以在网店管家“订单审核”中进行修改。订单被系统抓取后已读为打印内容，再次修改要进入“订单审核”中操作，同时修改订单备注。如果已打单发货，就无法修改了。

（4）下单发货流程。下单发货可以作为一个工作流程的交接，一般是把已经成交付款的有效订单录入 ERP 订单管理系统里，库房的工作人员通过 ERP 订单管理系统就可以下载打印发货单，对已经确认登记过的、无异常的订单就可以给顾客发货。

（5）快递查询流程。发货之后，客服人员还需要帮助顾客跟踪快递行踪，保证快递准确无误地到达顾客手上。目前大部分电子商务网站与快递公司都有合作，在交易记录里可直接跟踪物流信息。若无，则可进入官方网站查询，或利用专门的快递查询网站进行查询。

自测练习

选择题

1. 以下各项中，(　　) 项不属于处理订单的流程。
   A. 确认订单　　B. 跟踪订单
   C. 签收提醒　　D. 退货处理
2. 客户申请取消订单，我们应该 (　　)。
   A. 联系物流公司追回　　B. 拒绝请求
   C. 直接退款　　D. 等待客户签收
3. 以下各项中，(　　) 项不属于改善订单处理流程的优势。
   A. 缩短订单处理周期　　B. 提高订单满足率与供货正确率
   C. 可以降低物流总成本　　D. 提高好评率
4. 客服无权修改订单，这个说法 (　　)。
   A. 不正确　　B. 正确　　C. 不确定
5. 签收提醒是指在客户签收快递后，通过短信的方式提醒客户。这样做的好处是 (　　)。
   A. 提醒客户确认收货　　B. 为客户提供便利
   C. 提升服务水平　　D. 防止客户拒签

任务名称	寻找客户	教学流程	客户服务中心业务
班级		姓名	
工作岗位			

7 学习活动任务七

寻找客户

任务目标

通过本任务的学习和训练，学生能够理解寻找客户的方法，掌握回访话术，把握客户的需求，树立为客户服务的理念。

工作过程

一、感知寻找客户

1. 寻找客户，就是寻找________的全部过程。潜在客户，又称________、________，就是对推销人员的________确实存在需求并具有________的个人或组织。

2. 潜在客户的寻找是从寻找销售线索开始的。所谓线索，就是某一个人或组织，通过对线索的资格审查后，才可能入选潜在客户名单。线索要成为潜在客户，需要具备以下三个基本条件：

（1）____。

（2）____。

（3）____。

3. 简要描述一下寻找客户的必要性。

4. 作为汽车销售人员，请简要描述一下寻找客户的好方法。

二、课堂实训

情境描述

某企业的一位推销员老张干推销工作多年，经验丰富，关系户较多，加之他积极肯干，在过去的几年中，推销量在公司始终名列前茅。谁知自从一位新推销员小刘参加推销员培训回来后，不到半年，其推销量直线上升，当年就超过了老张。对此老张百思不得其解，问小刘："你出门比较少，关系户没我多，为什么推销量比我大呢？"小刘指着手中的资料说："我在拜访客户前都会仔细分析这些资料，有针对性地进行拜访，比如，我分析了 124 个老客户后，感到有购买可能的只有 94 个，这 94 个老客户中有 21 个的订货量不大，所以我只拜访了订货量较大的 73 个，最终有 57 个老客户订货。尽管老客户中只有不到 50% 的人订货，但订货量可观。另外，有选择地拜访老客户可以使我节省出大量时间去拜访新客户。当然，拜访的这些新客户也是我经过挑选的，尽管目前这些新客户的订货概率不高，但我们彼此建立了关系，有利于以后开展工作，所以这些拜访还是值得的。”老张终于明白了，小刘的成功之处，就在于他十分重视对目标顾客的选择。

实训一：寻找客户名单

实训目的

1. 培养学生寻找客户的意识。
2. 让学生通过简单的活动找出客户名单。

实训准备

1. 形式：课前进行分组，5～8 人为一组开展实训。
2. 场地：教室或实训中心。
3. 实训道具：马克笔、白纸、多媒体设备。

实训步骤

1. 教师按照学生意愿进行分组，每组不少于 5 人，不多于 8 人。

2. 学生按照分好的小组讨论以下问题：

（1）你的手机“联系人”中有多少人的联系方式，请从里面找出 10 个人列入客户名单。

（2）请从你的同学、朋友、亲人、老乡中列出 10 个人形成客户名单。

（3）采用联想法找出 10 个客户，形成客户名单，如：班上最淘气的是谁？班上最听话的是谁？学习最好的是谁？我的同桌是谁？和我最要好的是谁？

3. 学生进行讨论，并将讨论结果写在白纸上。

4. 教师审阅学生讨论结果，并将各小组的讨论结果以小组为单位进行展示，各小组挑选 1 名同学上讲台进行论述和展示。

总结讨论

1. 客户名单从何而来？
2. 你列出的名单里的人员能否成为你的客户？
3. 还有哪些方法可以列出客户名单？

实训二：寻找客户技巧训练

实训内容

请你想出一段话术，用于对老客户进行拜访，并从这个老客户身上获得 5 个新客户。

实训准备

1. 角色分配：两人一组，根据具体任务进行分工，一个担任销售顾问，一个担任老客户，设计话术并演示。

2. 教学环境和用具：在客服中心实训室实训，用具包括教具、课件、油性笔若干支、书写白纸、手机。

实训步骤

1. 教师下达实训任务。

2. 学生分小组讨论，运用头脑风暴法回忆总结话术，完成寻找客户的任务。

（1）学生分组开展讨论。

（2）小组成果展示：两人一组上台演示话术。

考核评价

姓名		学号		班级	
任务名称	寻找客户				
考核内容	考核标准	参考分值（分）	学生自评	小组互评	教师评价
理论知识评价	熟悉寻找客户的相关内容	15			
	掌握寻找客户的作用	15			
	理解寻找客户的方法	10			
技能操作评价	熟悉寻找客户的技巧	15			
	能够使用正确的寻找客户话术	15			
	能够有效地收集和整理资料	10			
职业素养评价	具有团队合作的意识	10			
	具有自我分析和自我检查的能力	10			
得分		100			

相关资料

一、寻找客户

寻找客户，就是寻找潜在客户的全部过程。潜在客户，又称准客户、可能买主，就是对推销人员的产品或服务确实存在需求并具有购买能力的个人或组织。

潜在客户的寻找是从寻找销售线索开始的。所谓线索，就是某一个人或组织。线索通过资格审查后，才可能入选潜在客户名单。线索要成为潜在客户，需具备以下三个基本条件：第一，该个人或组织确实需要某种产品或服务，并能从产品的消费中受益；第二，该个人或组织具备购买某种产品或服务的货币支付能力；第三，潜在客户必须拥有购买权或得到授权，具有在产品生产者（服务提供者）、种类和具体型号等方面的选择权。

二、寻找客户的必要性

（1）寻找客户是维持和提高营业额的需要。客户多，商品需要量就大；客户新，他们对商品的需求也复杂。要提高推销业绩，就要不断地、更多地去寻找客户。一位大公司的经理曾精辟地指出：没有足够的客户资源，企业的生存与发展就无从谈起。

（2）寻找客户是保证基本客户队伍稳定的需要。竞争、人口流动、新产品的不断出现、企业产品结构的改变、分销方式或方法的变化，使大多数企业都不可能保持住所有的老客户。老客户的流失是必然的，这就要求有大量的新客户补充到客户队伍中来。

（3）寻找客户是提高推销成功率的保证。寻找客户的过程，也就是收集客户资料，并进行详细分析的过程，通过分析对客户进行选择。如果不经过选择，盲目地去推销，只能浪费时间和精力。通过客户选择，推销人员可以充分利用有限的时间和费用，集中精力说服那些有着强烈购买欲望、购买潜力大的客户，从而大大减少说服的盲目性，提高推销的效率。

三、寻找客户的方法

（一）从您认识的人中发掘

您的日常活动不会处于与世隔绝的状态，即便您是一个社交活动很少的人，也会有一群朋友、同学和老师，还有家人和亲戚，这些都是您的资源。一个人带一圈，这是销售人员结交人的最快速的办法。您的某一个朋友不需要您的商品，但是朋友的朋友您能肯定不需要吗？去认识他们，您会结识更多的人。告诉您身边的人您在干什么、您的目标是什么，获得他们的理解，您会很快找到您的潜在顾客，因为您身边的人都会帮您，愿意帮您。与最亲密的朋友联系之后，再转向熟人。如果方法正确，多数人将不仅能给您提出恰当的问题，他们还有可能谈到一个优质客户。

（二）获得专业人士的帮助

刚刚迈入一个新的行业，很多事情您根本无法下手，您需要能够给予您经验的人，从他们那里获得建议，这对您的帮助非常大。我们不妨叫他为导师吧。导师就是这样一种人：他比您有经验，对您所做的感兴趣，并愿意指导您的行动。导师愿意帮助面临困难的人，帮助别人从自己的经验中获得知识。导师可以从行业协会、权威人士、有影响力的人或者本地一些以营销见长的企业中去寻找。多数企业将新手与富有经验的老手安排在一起共同工作，让老手培训新手一段时期。通过这种制度，企业的老手的知识和经验获得承认，同时有助于培训新手。

（三）企业提供的名单

许多企业向销售人员提供业绩名单，为了成为优秀的业务高手，您需要从中找到自己的潜在顾客。检查一下过去顾客的名单，您不但能获得将来的生意，而且还将获得他们推荐的生意。

（四）展开商业联系

商业联系比社会联系更容易。借助于私人交往，您将更快地进行商业联系。您不但要考虑在生意中认识的人，还要考虑政府职能管理部门、行业协会、驾驶员培训学校、车友俱乐部等组织，这些组织带给您的是其背后庞大的潜在顾客群体。

（五）结识像您一样的销售人员

您接触过很多的人，当然包括像您一样的销售人员。其他企业派出来的训练有素的销售人员比较熟悉顾客的特性，只要他们不是您的竞争对手，他们一般都会和您结交，即便是竞争对手，他们也可以成为您的朋友，和他们搞好关系，您会收获很多经验，在对方拜访顾客的时候他还会记着您，您有适合他们的顾客您也一定会记着他，这样您就有了一个非常得力的商业伙伴。

（六）从用车顾客中寻找潜在顾客

在顾客的旧车辆快要淘汰时，在恰当的时间接触这些顾客，您往往会有所收获。及早规划，您将取得丰硕成果。记住，尽早介入。

（七）阅读报纸

寻找潜在顾客最有效的工具可能就是每天投到您那里的报纸了。阅读的时候要勾画出发现的所有机会。学会阅读报纸只需练习几天时间，一旦您开始了，您将惊讶地看到许多有价值的信息。应注意随手勾画并进行记录。

（八）了解车辆服务及技术人员

企业里的其他人在听到有价值的信息时会想到您。比如财务部的某人知道银行可能买车的消息，这是销售中有价值的信息。形成定期检查企业服务和维修记录的习惯。询问顾客服务部门您的顾客打过几次咨询电话。努力提供超过普通销售人员提供的服务，这将有助于您建立长期的关系、建立信誉以及获得推荐业务。

（九）直接拜访

直接拜访能迅速地掌握顾客的状况，效率极高，同时也能提高销售人员的销售技能及培养选择潜在顾客的能力。

（十）连锁介绍法

您可从前任销售人员手中接收有用的顾客资料，详细地掌握各项资料的细节。

（十一）销售信函

每个月针对潜在顾客都寄出一封别出心裁的卡片，卡片上不提及购车的事情，只祝贺每月的代表节庆，例如一月元旦、二月春节……每个月的卡片颜色都不一样，潜在顾客接到第四、第五封卡片时必然会对您的热情心存感激，就算是自己不立刻购车，当有人提到购车时他都会主动地介绍您这位汽车销售员。

（十二）电话

电话最能突破时间与空间的限制，是最经济、最有效率的接触顾客的工具，您若能规定自己找出时间每天至少打 5 个电话给新顾客，一年下来能增加 1 500 个与潜在顾客接触的机会。

（十三）车展

车展是获取潜在顾客的重要途径之一，您需要在车展前专门收集顾客的资料、顾客的兴趣点，并现场解答顾客的问题。

（十四）扩大交际圈

汽车销售人员必须具备的几个重要因素，如车辆知识、销售技巧、意愿、耐力、销售顾客基数等。交际圈是汽车销售人员的另一项重要的资本，汽车销售人员的人际关系越广，其所接触潜在顾客的机会就越多。如何扩大您的人际关系呢？（1）准备一张有吸引力的名片。您要让您接触的人知道您是谁，您能提供什么样的服务，名片能让您接触的人记得您。（2）参加各种社团活动。（3）参加一项公益活动。（4）参加同学会。

（十五）结识您周围的陌生人

建议实践“五步原则”。在电梯里，在公共汽车上，在餐厅里，您有没有尝试着和您身边的人交谈过？无论是做什么生意，您会发现和您身边的人进行交谈都是一件非常有趣的事情。如何结识您周围的陌生人，这是专业销售人员必须掌握的技巧。

（十六）更广阔的范围

如果您销售的车辆针对的是企业，您就应该从 114 电话查询、天眼查开始。如果您的车辆或服务能带给该企业更多的生意或者让该企业的工作更有效率，您就应该和该企业取得联系。如果您希望扩大潜在顾客的范围，就应该查找至少含有 800 个具体姓名和地址的目录。

自测练习

一、不定项选择题

1. 寻找顾客的必要性包括（　　）。

   A. 寻找客户是维持和提高营业额的需要

   B. 寻找客户是保证基本客户队伍稳定的需要

   C. 寻找客户是提高推销成功率的保证

   D. 寻找客户是领导布置的任务

2. 寻找顾客的方法有（　　）。

   A. 从您认识的人中发掘　　B. 寻求专业人士的帮助

   C. 企业提供的名单　　D. 展示会

3. 扩大交际圈的方法有（　　）。

   A. 准备一张有吸引力的名片　　B. 参加各种社团活动

C. 参加一项公益活动　　　　　　　D. 参加同学会

4. (　　) 是最能突破时间与空间的限制，是最经济、最有效率的接触顾客的工具。

A. 报纸　　　　　B. 电话　　　　　C. 销售信函　　　　　D. 展示会

5. 线索要成为潜在客户，需具备的基本条件有（　　）。

A. 该个人或组织确实需要某种产品，并能从产品的消费中受益

B. 该个人或组织具备购买某种产品或服务的货币支付能力

C. 潜在客户必须拥有购买权或得到授权，具有在产品生产者、种类和具体型号等方面的选择权

D. 该个人或组织需要某种产品，但是不具备购买某种产品或服务的货币支付能力

二、问答题

优秀销售人员都是怎样寻找顾客的？

任务名称	邀约客户	教学流程	客户服务中心业务
班级		姓名	
工作岗位			

8 学习活动任务八

邀约客户

任务目标

通过本任务的学习和训练，学生能够理解邀约客户的技巧，掌握回访话术，把握客户的需求，树立为客户服务的理念。

工作过程

一、感知邀约客户

情境描述

王先生之前到威佳日产 4S 店看车，向销售顾问李新咨询了轩逸车，当时并没有决定购买，李新给王先生发过关于轩逸车的资料短信，现在李新想邀约王先生到店以便促成交易。

销售顾问：“王先生，本周末我们公司举办促销活动，我想邀请您过来参加。”

客户："我没空。"

销售顾问："因为有特别的优惠方案及来店礼，我想当面给您做个说明。"

客户："什么方案？"

销售顾问："促销活动刚好是针对您想购买的车型，我们提供来店礼。"

客户："什么礼品？"

销售顾问："一份精美的神秘礼物，顺便您来店我可以给您详细介绍一下优惠方案。"

1. 客户为什么不在第一次参观展厅的时候购买？他什么时候再次回到展厅？他为什么要再次回到展厅？

2. 邀约客户的理由有哪些？

3. 你认为在邀约客户时应该注意些什么？

二、课堂实训

实训一：邀约的基本话术训练

实训目的

掌握邀约的基本话术。

实训内容

王先生之前到威佳日产 4S 店看车，向销售顾问李新咨询了轩逸车，当时并没有决定购买，李新给王先生发过关于轩逸车的资料短信，现在李新想通过邀约王先生到店以便促成交易。

请问，除了开篇情景之外，销售顾问李新还可以通过哪些方法对王先生进行邀约，并设计一段邀约话术打动王先生到店。

实训准备

1. 角色分配：两人为一组，根据具体任务分工让学生担任不同的角色，一个担任客户服务顾问，一个担任顾客，两人一组设计话术并演示。

2. 教学环境和用具：在客服中心实训室实训，用具包括教具、课件、油性笔若干支、书写白纸、手机。

实训步骤

1. 教师下达实训任务。

2. 学生分小组讨论，运用头脑风暴法回忆总结邀约话术，完成任务书中的内容。

（1）学生分组开展讨论。

（2）将讨论的结果写在白纸上。

（3）小组成果展示：派几组同学上讲台展示邀约话术。

实训二：客户邀约技巧训练

实训内容

“看您最近挺忙的嘛，都没来我们店看看车了，上次您看的我们那款×××，您不是说很喜欢吗？近期有没有计划买车呢？

“跟您说个好消息，在×月×日我们店要在×××（地址）举办大型的团购活动，价格厂家那边有支持，非常优惠，当天不但订车有特别奖品，看车也都有礼品送哦。您看到时候您是上午来还是下午来展场呢？”

针对以下客户提出的问题进行话术应对：

（1）“你们活动优惠多少？”

（2）“我忙，没时间去。”

（3）“你们有没有现车？”

（4）“我肯定要买，你帮我把礼品和价格留着。”

（5）“你们的车会不会以后更优惠？”

（6）“以前优惠还多一些，等以后再说。”

实训准备

1. 角色分配：两人为一组，根据具体任务分工让学生担任不同的角色，一个担任客户服务顾问，一个担任顾客，设计话术并演示。

2. 教学环境和用具：在客服中心实训室实训，用具包括教具、课件、油性笔若干支、书写白纸、手机。

实训步骤

1. 教师下达实训任务。

2. 学生分小组讨论，运用头脑风暴法回忆总结回访话术，完成任务书中的内容。

（1）学生分组开展讨论。

（2）将讨论的结果写在白纸上。

（3）小组成果展示：派几组同学上讲台展示应对话术。

考核评价

姓名		学号		班级	
任务名称	邀约客户				
考核内容	考核标准	参考分值（分）	学生自评	小组互评	教师评价
理论知识评价	熟悉客户邀约的种类	15			
	掌握客户邀约的技巧	15			
	理解客户邀约的原则	10			
技能操作评价	熟悉客户邀约的技巧	15			
	能够使用正确的邀约话术	15			
	能够有效地收集和整理资料	10			
职业素养评价	具有团队合作的意识	10			
	具有自我分析和自我检查的能力	10			
得分		100			

相关资料

一、客户邀约

（一）邀约的三大种类

（1）电话邀约：这是最常用的邀约方式。

（2）面对面邀约：也称自然邀约。

（3）电子邮件、微信、短信邀约。

（二）邀约的三个原则

（1）高姿态。你要让顾客明显地感到，你正在为他介绍一个好的、难得的机会。高姿态来自你确实是在关心别人，而不是你自己，你要让对方强烈地感受到这一点。通常情况下约人花一两分钟，邀约电话不要超过五分钟。

（2）三不谈。电话中不谈产品、不谈具体方案、不谈价格。邀约就是邀约，不是讲计划，因为过早谈得太多，对方的心门就会关闭。你与对方在电话中一旦约好了会面时间，要及早挂断电话结束谈话。例如：你要引起对方好奇，最行之有效的办法就是邀约时少讲为妙。要讲，你也只能让他感到你要给他提供一些信息或提供一个机会。

（3）专业化。在开始邀约你的客户时，专业化邀约和联络对你而言至关重要，你要参加这方面的培训，并要向资深顾问咨询，最好看他们怎样邀约。不要强迫别人来。例如，不能说“你必须来，不来不行。”不能乞求别人来。例如，不能说“给我个面子，您一定要来。”

二、电话邀约

（一）电话邀约目的

（1）告知客户我们店的位置。

（2）告知客户我们的品牌。

（3）告知客户我们的优惠活动。

（4）告知客户我们的服务质量。

（5）告知客户我们能够满足其需求。

（二）电话邀约准备工作

（1）镜子：打电话时学会微笑。

（2）笔和纸：打电话时方便记录。

（3）计算器：打电话时能及时算出数字。

（4）报价单：包括车价报价单、保险报价单和分期测算单。

（5）心态平和，语气亲切、温柔。

（三）电话邀约流程

（1）电话拨通后第一时间自报家门，询问客户是否方便接听电话。

（2）需求分析，如车型、颜色、分期 / 全款等。

（3）客户一再询问低价，将所有除车价以外的优惠全部告知客户。

（4）问询客户的需求，帮客户测算分期。

（5）有现车，来展厅当天就能提车；无现车，谈优惠也是没有必要的。

（6）祝客户生活愉快，请客户先挂机。

（四）电话邀约需求分析

（1）待购是因为价格还是因为资源。

（2）车型的转换，分期有活动自然先推荐客户考虑分期。

（3）礼包有客户需要的部分自然先推礼包。

（4）目标要明确：购买时间、购买车型、购买颜色、购买方式、保险挂牌。

（5）客户问询过程中发现客户已购车，要了解客户所购车型及购买原因。

（6）借助 DOSS 助手卡再次分析意向客户的需求。

（五）意向客户如何跟进

（1）按级别筛选。

（2）按车型筛选。

（3）按购车时间筛选。

（4）为自己制作一个潜客池表格，主要用来管理 C 级客户。

（5）H 级和 A 级客户存在手机电话簿里，每日跟进，告知客户资源。

（六）遗留潜客管理

（1）H 级和 A 级客户是否能应邀到店，到店是否能订车或现提。

（2）B 级客户 3 天回访一次，问询待购原因。

（3）C 级客户放入潜客池。

（七）怎么判断客户是否会来店

（1）问询客户什么时间能到店，问询具体时间。

（2）给客户发送信息，短信内容编辑“来店有惊喜”“凭短信送好礼”等。

（3）3 天内能到店客户每日回访一次，一周内能到店客户每 2 天回访一次。

（八）如何做到成功邀约

（1）要知道客户的需求：我们是否能满足或降低客户的需求。

（2）进店有好礼：现金优惠、赠送装饰、保险挂牌补贴。

（3）有资源为客户预留，无资源为客户协调，一切的服务都是来到店里才能体验到的。

（4）帮客户选车，问客户有什么问题、是否需要解决、能否解决。

（5）客户的最终想法是什么，我们能给予客户什么。

（九）邀约的技巧

（1）通话时间，能短不长。通话时间需根据通话内容灵活掌握，但原则是能短千万不要长！因为通话时间过长，客户和电话营销员之间会产生较多的话题和情感，对邀约客户到店有利，但对销售员订单的顺利成交会产生负面影响。

（2）通话内容，能少不多。能用一句话解决客户问题的绝不用两句话，所谓“言多必失”。话说多了就容易话题多，话题多了就容易内容杂，内容杂了就容易没有谈话重点，容易受到客户的引导。即使说的每句话、每个答案客户都认同，而且把客户的问题都解决了，说话过多也容易降低客户来店的欲望！

（3）邀约客户到店，能现在不以后。电话营销员应该具备“见缝插针”的职业敏感，能现在邀约到店的就绝不要拖到明天，更不要放在以后，能在这句话尝试邀约客户到店就绝不等到下句话！

（4）贯穿整个通话，能自信不平淡。大量实践表明：把向客户传递的各种信息进行包装，可以提高客户到店欲望；电话营销员的自信更能激发客户的到店欲望。

（5）能产品不服务。无论客户在电话中问什么样的问题，首先应转移到产品上（产品类型、汽车优势、保养保修等），即使公司或团队有更好的服务也不要去提及！因为现在以了解、感受产品为邀约客户到店理由，客户到店后才有可能与销售员聊产品。

（6）能服务不活动。邀约客户到店时，如果可以让客户感受及体验公司或团队的任何相关服务，就不要去提及公司的相关促销活动，原因很简单，你和客户在邀约时聊了什么就决定了客户来店后会关注什么。

（十）我们的目标该如何实现

（1）每天是否能接待至少两批客户。

（2）每天是否有 1 批客户应邀到店。

（3）每天打邀约电话至少 10 个。

（4）每天发信息（车型优惠及资源）至少 10 条（包括微信）。

（5）每天筛选 DOSS 意向客户，标准不多于 30 批意向客户信息。

（6）每天带 10 张名片在身上，将自己推荐给客户和朋友。

自测练习

一、不定项选择题

1. 电话邀约的目的是（　　）。
   A. 告知客户我们店的位置
   B. 告知客户我们的品牌
   C. 告知客户我们的优惠活动
   D. 告知客户我们的服务质量
2. 电话邀约准备工作需要准备（　　）。
   A. 镜子：打电话时学会微笑
   B. 笔和纸：打电话时方便记录
   C. 计算器：方便打电话时及时算出数字
   D. 报价单：包括车价报价单、保险报价单和分期测算单
3. 邀约的技巧包括（　　）。
   A. 通话时间，能长不短
   B. 通话内容，能少不多
   C. 邀约客户到店，能现在不以后
   D. 贯穿整个通话，能自信不平淡

二、问答题

1. 邀约客户时不能说哪些话？
2. 请写出电话邀约客户的流程。

任务名称	客户信息管理	教学流程	客户服务中心业务
班级		姓名	
工作岗位			

9 学习活动任务九

客户信息管理

任务目标

通过本任务的学习和训练，学生能够理解客户信息管理的流程，掌握客户信息相关表格的填写，树立为客户服务的理念。

工作过程

一、感知客户信息管理

1. 在日常接待工作中，我们会遇到很多情况，比如有些客户的购车需求较急，有些客户的需求不是很急，那么我们应该怎么对他们做好分类登记呢？

2. 完整的客户档案应该包含哪些内容？

3. 你认为客户信息应该如何保密？

二、课堂实训

情境描述

上汽大众汽车有限公司的客户关系管理项目于2001年开始筹划，2002年年初正式启动实施。该公司客户关系管理战略通过各种触点与目标客户群进行沟通，建立品牌知名度，激发客户购买意愿。同时，该公司在各个触点建立信息反馈机制，了解客户意向，收集客户信息，并根据客户在购买过程中所处的不同阶段，提供相应的产品、市场信息，开展相应的市场活动，进而有针对性地进行沟通和提供销售服务。所有的客户信息都反馈到同一个数据库中，每一个客户都有唯一的客户档案。随着沟通的逐渐深入，所收集到的客户信息也更为详尽，经过汇总分析、数据挖掘，从而形成对市场、对产品、对顾客需求以及对营销活动和销售体系的充分洞察，进而指导上海大众制定产品规划和市场推广策略。

实训一：填写来店顾客登记表

实训内容

登记不同来店顾客的信息，并判断客户等级。

实训准备

1. 角色分配（6人为一组）：根据具体内容让学生担任不同客户的角色，一组内5人为顾客，一人为销售顾问。

2. 教学环境和用具：在客服中心实训室实训，用具包括教具、课件、油性笔若干支、书写白纸、手机。

实训步骤

1. 教师下达实训任务。

2. 学生分小组讨论，每组5人扮演客户，并使用不同内容的对话，1人扮演销售顾问负责填表记录，填写到表3－16中。

表3－16 来店顾客登记表

顾客姓名	电话	地址	拟购车型	顾客等级	进店—离店时间	销售顾问	注释	现场订购

（1）学生分组开展对话。

（2）将记录结果写在白纸上。

（3）小组成果展示：派几组同学上讲台展示填表成果。

实训二：填写来店顾客登记表

实训内容

登记顾客的详细信息。

实训准备

1. 6人为一大组，2人为一小组，小组中一人为顾客，一人为销售顾问，顾客信息由顾客拟定。

2. 教学环境和用具：在客服中心实训室实训，用具包括教具、课件、油性笔若干支、书写白纸、手机。

实训步骤

1. 教师下达实训任务。

2. 学生分小组讨论。角色分配：2人为一小组，一人为顾客，一人为销售顾问，顾客信息由顾客拟定。

（1）学生分组开展对话。

（2）将记录结果填写在表3－17和表3－18所示的客户管理卡上。

（3）小组成果展示：派几组同学上讲台展示填表成果。

表3－17 客户管理卡（正面）

客户信息表	
客户姓名：	客户性质：
性别：	出生日期：
证件类型：	证件号码：
联系人：	联系电话：
联系地址：	手机：
邮政编码：	工作或职位：
E-mail：	兴趣、爱好：
车型：	购车日期：
颜色：	发动机号：
车架号：	车价：
代缴代收费：	精品选装费：
运费：	其他费用：
精品名称：	购车性质：
牌照：	注册日期： 附件：
推荐顾客情况：	变更记录：

表 3－18　客户管理卡（背面）

客户跟踪资料表															
年份	跟踪内容	月份	1	2	3	4	5	6	7	8	9	10	11	12	备注
	打感谢电话	计划日期													
		完成日期													
	致感谢信	计划日期													
		完成日期													
	打督促电话	计划日期													
		完成日期													
	新产品资料发放	计划日期													
		完成日期													
	活动邀请	计划日期													
		完成日期													
	节日问候	计划日期													
		完成日期													
	生日贺卡	计划日期													
		完成日期													
	拜访	计划日期													
		完成日期													
	其他	计划日期													
		完成日期													

考核评价

姓名		学号		班级	
任务名称	客户信息管理				
考核内容	考核标准	参考分值（分）	学生自评	小组互评	教师评价
理论知识评价	熟悉客户分类管理	15			
	掌握客户信息管理的流程	15			
	理解客户信息管理的制度	10			
技能操作评价	熟悉客户分类标准	15			
	能够正确填写来店顾客登记表	15			
	能够有效地收集和整理顾客档案资料的能力	10			
职业素养评价	具有团队合作的意识	10			
	具有自我分析和自我检查的能力	10			
得分		100			

相关资料

一、客户分类管理

（一）按不同内容分类

（1）我们可以从客户是否已经和我们成交的状态把客户分为：已成交客户、正在谈判客户以及潜在客户。

（2）我们可以根据客户的重要程度（一般用可成交额度或者业务潜在量来衡量）将客户划分为重要客户和非重要客户。

（3）我们可以从需要处理客户信息的时间段把客户分为以下四类：

1）紧急客户（一般需要在一周内作出处理）。

2）缓急客户（一般一周到 1 个月内需要对该客户作出处理）。

3）不紧急客户（1 个月以上 3 个月以内必须处理的客户）。

4）可慢反应客户（3 个月以后才可能发生关系的客户）。

（4）我们可以根据客户的需求状况把客户分为目标客户（现在就有需求）、潜在客户（未来有需求）和“死亡”客户（不会有任何需求）。

（二）客户等级划分

客户可划分为 H、A、B、C、D、E 五个等级。

H 级客户：有明显的业务需求，并且预计能够在 7 日内成交。

A 级客户：有明显的业务需求，并且预计能够在 1 个月内成交。

B 级客户：有明显的业务需求，并且预计能够在 3 个月内成交。

C 级客户：有明显的业务需求，并且预计能够在半年内成交。

D 级客户：有潜在的业务需求或者有明显需求但需要在至少半年后才可能成交。

E 级客户：没有需求或者没有任何成交机会，也称“战败”客户。

（三）客户的追踪志

（1）客户追踪日志：每天将客户的信息重新跟踪处理，并刷新信息记录。

（2）客户追踪周志：每周对客户的信息处理一次，并刷新信息记录。

（3）客户追踪半月志：每 15 天对客户的信息处理一次，并刷新信息记录。

（4）客户追踪月志：每 30 天对客户的信息处理一次，并刷新信息记录。

（5）客户追踪年志：每年对客户的信息处理一次，并刷新信息记录。

对于 H、A 级客户，我们需要用客户追踪日志；对于 B 级客户，我们使用客户追踪周志；对于 C 级客户，我们使用客户追踪半月志；对于 D 级的客户，我们使用客户追踪月志；而对于 E 级的客户，我们使用客户追踪年志。每次客户追踪以后就对客户信息重新划分等级，并且用新的等级所对应的管理方法来处理客户信息。

二、客户信息管理流程

（1）制定《客户信息管理制度》。客户服务部根据公司对客户信息管理的要求，编制《客户信息管理制度》，经客户服务总监审核通过，报送总经理审批。

（2）确定客户信息收集的内容。客户服务部经理根据审批通过的《客户信息管理制度》，确定客户信息收集内容。

（3）收集客户信息。客户服务部人员及销售人员采用一定的收集信息方法收集客户信息，并按照具体的要求填写客户信息调查表。

（4）更新客户信息库。客户服务人员与销售人员将收集的客户信息汇总到客户服务部信息管理人员那里，同时更新客户信息库。

（5）客户信息整合与分析。客户服务部信息管理人员对客户的具体信息进行整合、分析。

（6）建立相关的客户指标。客户服务部信息管理人员根据对过往资料的统计分析和经验，并且在与其他部门充分讨论的基础上，建立相关的客户指标。

（7）编制《客户信息分析报告》。客户服务部信息管理人员根据其他部门的要求，编制不同的《客户信息分析报告》。

（8）资料归档。客户服务部信息管理人员将客户信息资料及相关分析报告按时归档。

三、客户信息管理制度

（一）客户信息归档

（1）客户开发专员每发展或接触一个新客户，均应及时在客户信息专员处建立客户档案。客户档案应标准化、规范化。

（2）客户服务部负责企业所有客户信息、客户信息报表的汇总、整理。

（3）为方便查找，应为客户档案设置索引。

（4）客户档案按客户服务部的要求分类摆放，按从左至右、自上而下的顺序排列。

（5）客户信息的载体（包括纸张、磁盘等）应选用质量好、便于长期保管的材料。信息书写应选用黑色碳素墨水的签字笔，避免使用圆珠笔、铅笔等。

（二）客户信息统计报表

（1）客户服务部信息管理人员对客户信息进行分析、整理，编制客户信息统计报表。

（2）其他部门若因工作需要，要求客户服务部提供有关客户信息资料的定期统计报表的，须经客户服务部经理审查同意，并经总经理批准。

（3）客户信息统计报表如有个别项需要修改时，应报总经理批准，由客户服务部备案，不必再办理审批手续。

（4）客户服务部编制的各种客户信息资料定期统计报表必须根据实际业务工作需要统一印刷、保管及发放。

（5）为确保客户信息统计报表中数据资料的准确性，客户信息主管、客户服务部经理应对上报或分发的报表进行认真审查后方可上报或分发。

（三）客户档案的检查

（1）每半年对客户档案的保管状况进行一次全面检查，做好检查记录。

（2）发现客户档案字迹变色或材料破损的，要及时修复。

（3）定期检查客户档案的保管环境，防潮、防霉等工作一定要做好。

（四）客户信息的使用

（1）建立客户档案查阅权限制度，未经许可，任何人不得随意查阅客户档案。

（2）查阅客户档案的具体规定如下：

1）由申请查阅者提交查阅申请，在申请中写明查阅的对象、目的、理由、查阅人概况等情况。

2）由申请查阅者所在单位（部门）盖章，负责人签字。

3）由客户服务部对查阅申请进行审核，若理由充分、手续齐全，则予以批准。

4）非本企业人员查阅客户档案，必须持介绍信或工作证进行登记和审核，查阅密级文件须经客户服务部经理批准。

（3）客户资料外借的具体规定如下：

1）任何部门和个人不得以任何借口分散保管客户资料或将客户资料据为己有。

2）借阅者提交借阅申请，申请内容与查阅申请相似。

3）借阅申请由借阅者所在单位（部门）盖章，负责人签字。

4）信息管理专员对借阅申请进行审核、批准。

5）借阅者把借阅的资料的名称、份数、借阅时间、理由等在客户资料外借登记册上填写清楚，并签字确认，客户资料借阅时间不得超过 3 天。

6）借阅者归还客户资料时，及时在客户资料外借登记册上注销。

（五）客户信息的保密

（1）客户服务部各级管理人员和信息管理人员要相互配合，自觉遵守客户信息保密制度。

（2）凡属“机密”“绝密”的客户资料，登记造册时，必须在检索工具备注栏写上“机密”“绝密”字样，必须单独存放、专人管理，其他人员未经许可不得查阅。

（3）各类重要的文件、资料必须采取以下保密措施：

1）非经总经理或客户信息主管批准，不得复制和摘抄。

2）其收发、传递和外出携带由指定人员负责，并采取必要的安全措施。

（4）企业相关人员在对外交往与合作中如果需要提供客户资料时，应事先获得客户信息主管和客户服务部经理的批准。

（5）对保管期满，失去保存价值的客户资料要按规定销毁，不得当作废纸出售。

（6）客户信息管理遵循“三不准”原则，其具体内容如下：

1）不准在私人交往中泄露客户信息。

2）不准在公共场所谈论客户信息。

3）不准在普通电话、明码电报和私人通信中泄露客户信息。

（7）企业工作人员发现客户信息已经泄露或者可能泄露时，应当立即采取补救措施，并及时报告客户信息主管及客户服务部经理。相关人员接到报告后，应立即处理。

考核评价

组别		成员				
考核内容	客户信息管理					
考核标准	项目及分值	小组评分 1	小组评分 2	小组评分 3	小组评分 4	教师评分
	客户信息收集（25 分）					
	客户分类（25 分）					
	客户档案填写（25 分）					
	客户追踪（25 分）					
得分						

自测练习

一、请写出客户信息管理的流程

二、填表题

收集 10 个客户信息并划分客户等级，填入表 3－19。

表 3－19　客户信息表

序号	客户姓名	车型	电话	客户维护	客户推进		潜在开发	客户等级		拜访方式	备注
					上月留存	本月新增		原来	现在		
1											
2											
3											
4											
5											

续表

<table>
<tr><th rowspan="2">序号</th><th rowspan="2">客户姓名</th><th rowspan="2">车型</th><th rowspan="2">电话</th><th rowspan="2">客户维护</th><th colspan="2">客户推进</th><th rowspan="2">潜在开发</th><th colspan="2">客户等级</th><th rowspan="2">拜访方式</th><th rowspan="2">备注</th></tr>
<tr><th>上月留存</th><th>本月新增</th><th>原来</th><th>现在</th></tr>
<tr><td>6</td><td></td><td></td><td></td><td></td><td></td><td></td><td></td><td></td><td></td><td></td><td></td></tr>
<tr><td>7</td><td></td><td></td><td></td><td></td><td></td><td></td><td></td><td></td><td></td><td></td><td></td></tr>
<tr><td>8</td><td></td><td></td><td></td><td></td><td></td><td></td><td></td><td></td><td></td><td></td><td></td></tr>
<tr><td>9</td><td></td><td></td><td></td><td></td><td></td><td></td><td></td><td></td><td></td><td></td><td></td></tr>
<tr><td>10</td><td></td><td></td><td></td><td></td><td></td><td></td><td></td><td></td><td></td><td></td><td></td></tr>
<tr><td colspan="2">本月止潜在客户等级</td><td>本月止销售额</td><td>本月访问客户等级</td><td></td><td></td><td></td><td></td><td colspan="2" rowspan="4">请求支援事项或级别情况描述</td><td colspan="2" rowspan="4"></td></tr>
<tr><td>H 级</td><td></td><td rowspan="3"></td><td>合计</td><td colspan="4"></td></tr>
<tr><td>A 级</td><td></td><td>本月访问累计</td><td></td><td></td><td></td><td></td></tr>
<tr><td>B 级</td><td></td><td>合计</td><td colspan="4"></td></tr>
</table>

项目四

客户投诉处理

情境描述

1. 物流企业客户

杭州海迅物流公司接到客户刘先生的电话投诉，称其于 3 月 16 日上午委托该物流公司的庄严严上门揽货邮寄，将一台惠普笔记本电脑寄至上海，当时工作人员承诺 3 ～ 4 天即可送货上门，运单编号为 7900635012。但是经过数十次的查询，终于在 3 月 26 日才通知到货，却被告知要自提货物。货物自提时发现货物包装破损，笔记本电脑的显示屏也摔坏了。刘先生当时就表达不满并要求赔偿，却被告知无法处理且态度强硬。刘先生于是电话投诉杭州海迅物流公司，并要求公司给予其经济赔偿。

2. 网店客户

2022 年 1 月，王女士在网上购买了一款保温醒发箱，这款保温醒发箱冬天可以发面做馒头或包子，还可以制作酸奶和甜酒，发面只需 1 小时。王女士收货后给了售后服务差评。原来，王女士使用这款保温醒发箱并没有成功发酵面团，她在不同时段分别咨询了客服香香和客服甜甜，客服都没能解答她的问题，也没有及时回复王女士，最终王女士自己研究发现是使用方法错误导致面团没有发酵。

3. 汽车 4S 店客户

张先生在某汽车 4S 店购买了一辆新轿车，但是买回去不久就发现刹车系统有问题。于是，张先生将轿车开回 4S 店做保修。经过反复几次维修后，仍然不能解决刹车故障，而且由于是保修，每次在厂维修时间都很长，4S 店的服务态度也让张先生不太满意。最后，张先生选择了拨打厂家的售后服务电话投诉该 4S 店，并要求厂家解决自己所购轿车的问题。

学习活动任务及学时分配

学习活动任务及学时分配（总学时：12 学时）

活动序号	学习活动任务	学时安排	备注
1	客户投诉登记表的填写	2	
2	受理客户电话投诉	4	学生分组实训
3	受理客户网络（信函）投诉	2	
4	受理客户当面（现场）投诉	2	学生分组实训
5	客户投诉处理通知与反馈	2	

学习活动任务目标

分类	任务目标
知识目标	理解客户投诉的含义和类型
	理解并掌握投诉的主要方式
	熟悉处理客户投诉的原则
	熟悉客户投诉的处理流程
	理解投诉登记表的内容
技能目标	能够有效安抚客户的投诉情绪
	能够正确分析客户投诉的原因
	掌握如何接待客户投诉及登记客户投诉
	针对不同投诉方式的投诉处理技巧
	能够撰写客户投诉处理信函
	灵活掌握客户投诉后的服务跟进
职业素养目标	培养良好的为客户服务的服务态度和意识
	培养团结合作及良好的沟通能力
	培养较好的与客户共情的能力
	树立企业良好形象，最终能为企业赢得客户忠诚度

任务名称	客户投诉登记表的填写	教学流程	客户投诉处理
班级		姓名	
工作岗位			

1 学习活动任务一

客户投诉登记表的填写

任务目标

通过本任务的学习和训练，学生能够理解投诉受理人员应具备的基本素质和态度，掌握客户投诉处理的原则和一般处理流程，掌握客户投诉登记表的填写。

工作过程

一、投诉受理人员应具备的基本素质和态度

1. ________________是处理客户投诉的第一步，也是重要的一步，在受理客户投诉中能否为客户树立良好的第一印象直接影响到后续工作的顺利进行。

2. 作为本公司____________(岗位)，请你描述投诉受理人员应具备的基本素质和态度。

应具备的基本素质：   应具备的态度：

3. 作为本公司____________(岗位)，你认为正确处理客户投诉的意义何在？

正确处理客户投诉的意义：

二、客户投诉处理的原则和一般处理流程

1. 你作为一名客户服务人员，试描述客户投诉处理的原则。

客户投诉处理的原则：

2. 处理投诉要做到________，就是要有专门的制度和人员来管理客户投诉问题。另外，要做好各种预防客户投诉的工作，防患于未然。

3. 处理客户投诉的原则是：开始时必须________，避免与客户发生争辩，先听客户讲，然后对客户表达歉意。

4. 试制作客户投诉的处理流程图。

客户投诉处理流程图：

三、客户投诉登记表的填写

实训一：物流客户投诉

2022 年 3 月 18 日，上海储运公司客户投诉管理部门接到一位老客户打来的投诉电话，称其于 3 月 16 日从该储运公司运送来的货物中存在货物毁损问题，该批货物价值总额为 30 万元，货物完好率 70%，缺损货物价值为 9 万元，客户要求经济赔偿。

据调查，该客户在物流公司的账号为 SM0033，这批货物的运输单号为 CY201203130008；运输的货物共有 5 件，内装水晶器皿，单件重量为 150kg，体积为 1 200mm×800mm×1 000mm；收件人：李铁；收件地址：上海美丰商贸有限公司（上海普陀区 65 号）；联系电话：021－609252××、137002100××。

你作为客服人员，请受理客户的投诉，并填写物流客户投诉登记表（见表 4－1）。

表 4－1　物流客户投诉登记表

投诉编号：

运单编号		寄件日期	
投诉客户姓名		投诉客户公司名称	
投诉客户在本物流公司的账号			
办公电话		移动电话	
其他联系方式			
联系地址			
客户投诉的内容			
客户要求			
货物描述	品名： 箱数：　　重量：　　尺寸： 外包装：　　内包装：		
责任部门			
客户投诉的严重程度			

客服代表：　　　　　　　　　　　　　　受理时间：　　年　　月　　日　　时

实训二：网店客户投诉

韦先生于 2021 年 4 月 29 日在某网店 5 折购买了一件卫衣，他下单后一直无法联系上客服人员，客服人员也不回复阿里旺旺信息。五一假期之后，韦先生再次联系客服人员，客服人员回复卖家标错价格，让韦先生取消订单，并赔偿韦先生 20 元。韦先生不同意，他多次联系客服都没有给出其他解决方案。5 月 9 日，该网店在未经韦先生同意的情况下私自取消了他的订单，韦先生不满该网店的处理方式，遂进行投诉，要求该网店正常发货。

经查，韦先生 ID 为韦 ******6，订单号为 20210429008，下单卫衣 ID 为 162720794264，韦先生联系电话为 13912345678。你作为客服人员，请受理韦先生的投诉，并填写网店客户投诉登记表（见表 4－2）。

表 4－2　网店客户投诉登记表

客户 ID		客户联系电话	
商品 ID		订单号	
投诉原因			

客户要求			
处理技巧			
处理结果			
经办人		主管签字	

实训三：汽车 4S 店客户投诉

2022 年 3 月 20 日，王先生想在夏季到来之前到 4S 店给自己的爱车做空调系统清洗。前几天服务顾问张华联系过王先生，建议他做空调系统清洗，并在电话里说费用只要 80 元，王先生到店之后找了张华，但是张华说空调系统清洗要 150 元，王先生说之前在电话里说只要 80 元，为什么到店后却坐地起价，明显是骗人的。两人越说越激动，最后争吵了起来，王先生还说了粗话，张华急了，说以后再也不接待王先生了。王先生也很生气，最后拨打了总经理的电话投诉张华，要求张华正式道歉，并要求 4S 店免费做空调系统清洗当作赔偿。

车主信息：王三强，男，职员

联系电话：138777700××

联系地址：江苏省东台市宝莲大道 ××－× 号

车型：桑塔纳 SVW7182CQ1

车辆识别代码：LSVJN1399721511××

发动机号：1600××

车牌号：苏 JX56××

行驶里程：1 万千米

投保公司：中国人民财产保险公司

购车发票日期：2019 年 3 月 15 日

作为客服人员，请你受理客户的投诉，并填写汽车 4S 店客户投诉登记表（见表 4－3）。

表 4－3 汽车 4S 店客户投诉登记表

<table>
<tr><td rowspan="4">标题：×× 车辆 ×× 问题</td><td>编号</td><td>开始日期</td><td>完成日期</td></tr>
<tr><td></td><td></td><td></td></tr>
<tr><td rowspan="2">案件类型</td><td>一般投诉</td><td>□销售 □服务 □品质</td></tr>
<tr><td>重要投诉</td><td>□火烧车 □气囊 □断轴 □其他（ ）</td></tr>
</table>

<table>
<tr><td rowspan="3">车主
信息</td><td>姓名</td><td></td><td>性别</td><td>□男　□女</td><td>职业</td><td colspan="3"></td></tr>
<tr><td>联系地址</td><td colspan="7"></td></tr>
<tr><td>手机号</td><td colspan="2"></td><td>车辆所属</td><td colspan="4">□个人　□公司　□政府　□军警　□其他</td></tr>
<tr><td rowspan="3">投诉人
信息</td><td>姓名</td><td></td><td>性别</td><td>□男　□女</td><td>职业</td><td colspan="3"></td></tr>
<tr><td>联系地址</td><td colspan="7"></td></tr>
<tr><td>手机号</td><td colspan="2"></td><td colspan="2">与用户关系</td><td colspan="3"></td></tr>
<tr><td colspan="2">车名</td><td>车型号</td><td>牌照号码</td><td colspan="2">车架号码</td><td>发票日期</td><td colspan="2">销售方式</td></tr>
<tr><td colspan="2"></td><td></td><td></td><td colspan="2"></td><td></td><td colspan="2">□ 4S 店　□一般经销商
□其他</td></tr>
<tr><td colspan="9">情况概述：</td></tr>
<tr><td colspan="9">车辆损伤情况：</td></tr>
<tr><td colspan="9">技术判断：</td></tr>
<tr><td colspan="9">厂家处理意见：</td></tr>
<tr><td colspan="2">客户要求</td><td colspan="4"></td><td>店内要求</td><td colspan="2"></td></tr>
<tr><td colspan="9">初期应对情况：</td></tr>
<tr><td colspan="2">时间
（精确到分）</td><td colspan="2">负责人 /
顾客</td><td colspan="2">详细内容
（说话的详细内容）</td><td>售后 / 销售经理</td><td>投诉
负责人</td><td>总经理</td></tr>
<tr><td colspan="2"></td><td colspan="2"></td><td colspan="2"></td><td></td><td></td><td></td></tr>
<tr><td colspan="2"></td><td colspan="2"></td><td colspan="2"></td><td></td><td></td><td></td></tr>
<tr><td colspan="2"></td><td colspan="2"></td><td colspan="2"></td><td></td><td></td><td></td></tr>
<tr><td colspan="2"></td><td colspan="2"></td><td colspan="2"></td><td></td><td></td><td></td></tr>
<tr><td colspan="2"></td><td colspan="2"></td><td colspan="2"></td><td></td><td></td><td></td></tr>
</table>

考核评价

姓名		学号		班级	
任务名称	客户投诉登记表的填写				
考核内容	考核标准	参考分值（分）	学生自评	小组互评	教师评价
理论知识评价	熟悉投诉登记表的相关内容	15			
	掌握投诉事件的严重程度	15			
	理解投诉的原则	10			
技能操作评价	熟练填写投诉登记表	15			
	能够识别投诉事件的等级	10			
	能够快速有效地受理投诉	15			
职业素养评价	树立维护企业形象的意识	10			
	具有认真负责的工作态度	10			
得分		100			

相关资料

现代市场竞争的实质就是一场争夺客户资源的竞争，但由于种种原因，企业提供的产品或服务有时会低于客户期望，造成客户不满意，进而引发客户投诉。相关研究进一步发现，对于 50% ～ 70% 的投诉客户而言，投诉如果能够得到迅速、圆满的解决，客户的满意度就会大幅提高，客户会比投诉之前具有更高的忠诚度。不仅如此，有些满意而归的投诉者还会成为企业的义务宣传员，即这些客户会鼓动其他客户也购买企业的产品。

一、正确认识客户投诉

（一）客户投诉的含义

客户投诉是指客户对企业产品质量或服务不满意，提出书面或口头上的异议、抗议、索赔和要求解决问题等行为。客户投诉是每一个企业都可能遇到的问题，它是客户对企业管理和服务不满的表达方式，也是企业有价值的信息来源，它为企业创造了许多机会。因此，如何利用处理客户投诉的时机赢得客户的信任，把客户的不满转化为客户满意，锁定他们对企业和产品的忠诚，获得竞争优势，已成为企业经营管理的重要内容之一。

（二）正确处理客户投诉的意义

1. 投诉能体现客户的忠诚度

客户投诉的目的是想解决问题。此外，客户还希望得到企业的关注和重视。有时客户不投诉，是因为他不相信问题可以得到解决或者说他觉得他的投入和产出会不成比例；而投诉的客户往往是忠诚度很高的客户。总之，有效地处理客户投诉，能够为企业赢得客户的高度忠诚。

2. 客户满意度的检测指标

客户满意度的检测指标是客户的期望值和服务感知之间的差距。客户满意度的另外一个检测指标是服务质量的五大要素：有形度、同理度、专业度、反映度、信赖度。客户投诉在很多时候是基于服务质量的上述五大要素进行的，因此，对客户投诉进行分类，很多投诉都可以归入这“五度”中，即对有形度、同理度、专业度、反映度、信赖度等“五度”的投诉。

3. 妥善处理客户投诉对企业的好处

（1）有效地维护企业自身的形象。

（2）挽回客户对企业的信任。

（3）及时发现问题并留住客户。

二、投诉受理人员应该具备的基本素质和态度

（一）投诉受理人员应该具备的基本素质

（1）个人修养：尊重为本、谦虚诚实、宽容、诚信、勇于承担责任、强烈的集体荣誉感。

（2）心理素质：心态积极、应变力强、挫折承受力强、能很好地进行自我情绪控制。

（3）专业素质：熟练的专业技能、优雅的沟通表达技巧、思维敏捷、具备对客户的洞察力。

（4）综合素质：独立处理问题的能力、对各种问题分析解决的能力、协调人际关系的能力。

（二）投诉受理人员应该具备的态度

（1）微笑服务：投诉受理人员应该让客户感受到自己的微笑，让自己的服务给客户带来愉悦感。

（2）客户平等：无论客户大小，投诉受理人员应该用同样的热情，给客户以满意的服务。

（3）客户至上：客户是企业的朋友，投诉受理人员应该真诚地为客户解决服务中出现的问题。

（4）换位思考：投诉受理人员应该站在客户的角度考虑问题，尊重和理解客户，努力提高企业的服务质量。

（5）重视细节：细节决定成败，投诉受理人员应该洞察客户所关注的细节，以提升客户满意度。

三、客户投诉处理原则

一般来说，处理客户的投诉应遵循以下几个原则：

（1）预防原则。处理投诉做到有章可循，要有专门的制度和人员来管理客户投诉问题。另外，要做好各种预防工作。为此，需要不断提高全体员工的素质和业务能力，树立全心全意为客户服务的思想，加强企业内外部的信息交流。

（2）倾听原则。耐心倾听客户的陈述，不得随意打断或表示不满。只有认真听取客户抱怨，才能发现问题所在。投诉客户多数是发泄性的，情绪都不稳定，一旦产生争论，只会火上浇油，适得其反。处理客户投诉时，从一开始就必须耐心倾听客户的抱怨，避免与其发生争辩，先听客户讲，然后对客户表示歉意。

（3）及时原则。一旦出现客户投诉，企业就必须采取行动，因为每个投诉者都希望他们的投诉信息发出之后能得到及时快速的处理。为此，在接到客户投诉以后，企业一定要急事急办，能当时解决的就当时解决，不能当时解决的，要在弄清原因后，给出客户投诉处理的时间承诺。承诺之后，要尽快组织人员收集信息、分析问题、解决问题，做到能快则快，切不可在接到客户投诉后以各种理由拖延或推卸责任，这会进一步激怒投诉客户，使事情进一步复杂化。

（4）责任原则。处理客户投诉时，不仅要分清造成客户投诉的责任部门和责任人，而且需要明确被投诉的部门、人员的具体责任和处理意见。

（5）记录原则。对每一起客户投诉及其处理要进行详细记录，包括投诉内容、处理过程、处理结果、客户满意程度等。通过记录可以总结经验，为以后更好地处理客户投诉提供参考。

四、客户投诉处理工作流程

一般情况下，客户投诉处理流程包括以下几个步骤（见图 4－1）：

（1）记录投诉内容。根据客户投诉登记表中列举的项目详细记录客户投诉的全部内容，如投诉人、投诉时间、投诉对象、投诉要求等。

（2）判断投诉是否成立。在了解客户投诉的内容后，要确定客户投诉的理由是否充分、投诉要求是否合理。如果投诉不成立，可以委婉地答复客户，以取得客户的谅解，消除误会。

（3）确定投诉处理部门。依据客户投诉的内容，确定相关的具体受理单位和受理负责人。如果是运输问题，交储运部处理；如果是质量问题，交质量管理部处理。

（4）分析投诉原因。要查明客户投诉的具体原因及造成客户投诉的具体责任人。

（5）提出处理方案。依据实际情况，参照客户的投诉要求，提出解决投诉的具体方案，如退货、换货、维修、折价、赔偿等。

（6）提交主管领导批示。针对客户投诉问题，主管领导应对投诉的处理方案一一过目，并及时批示。根据实际情况，采取一切可能的措施，尽力挽回已经出现的损失。

（7）实施处理方案。处罚直接责任者，通知客户，并尽快收集客户的反馈意见。对直接责任者和部门主管要根据有关规定作出处罚，依照投诉所造成的损失大小，扣罚责任人一定比例的绩效工资或资金。对不及时处理问题而造成延误的责任人，也要追究其相关责任。

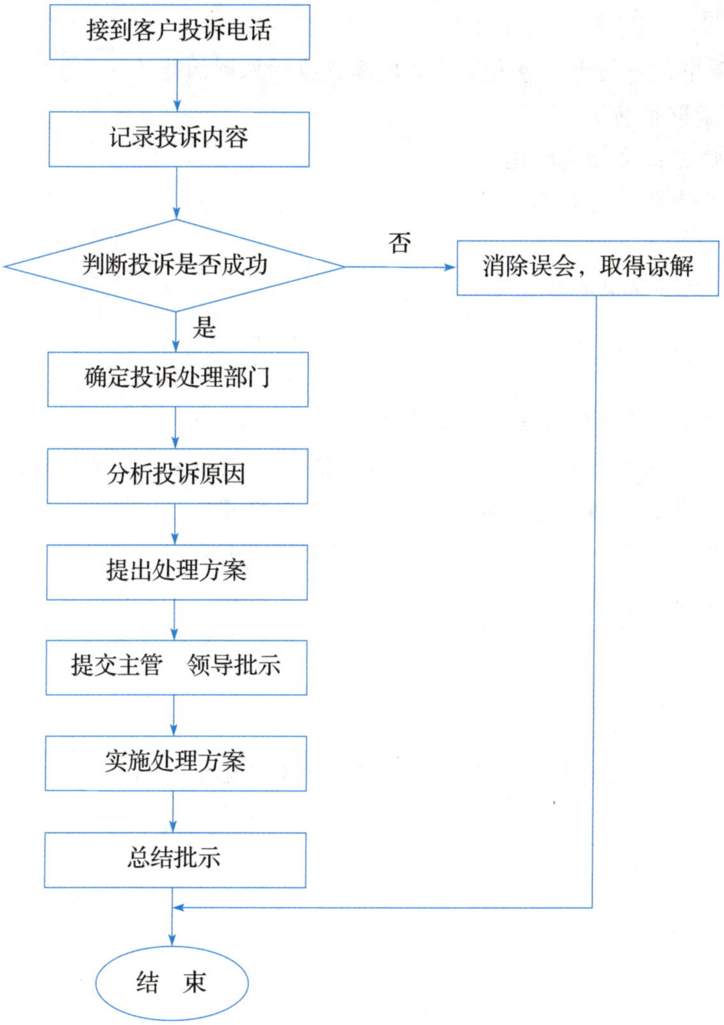

图 4－1　客户投诉处理工作流程

（8）总结评价。对投诉处理过程进行总结与评价，吸取经验教训并提出改善对策，从而不断完善企业的经营管理和业务运作，提升客户服务质量和服务水平，降低投诉率。

自测练习

一、填空题

1. 有效处理客户投诉，预防和减少客户投诉，应把握的原则包括：预防原则、________、________、________、________。

2. 投诉受理人员应该具备的态度包括：微笑服务、________、客户至上、换位思考、________。

3. ________是解决问题的前提，要成功处理客户投诉，就要先处理客户的________，改变客户的心态。

4. 要做详细的投诉记录，并翔实填写________登记表，以便于提出解决问题的方案。

二、选择题

1. 下列选项中，不属于客服人正确处理客户投诉原则的是（　　）。

A. 迅速采取行动

B. 站在客户的立场将心比心

C. 先处理事件，后处理情感

D. 耐心倾听客户的抱怨

2. 不投诉的客户的留存率是（　　）。

A. 9%　　B. 19%

C. 54%　　D. 82%

3. 以下对于投诉处理的说法，不正确的是（　　）。

A. 以解决问题为目的　　B. 先处理心情，再处理事情

C. 信守承诺，积极反馈沟通　　D. 避免考核

4. 关于客户投诉对企业的意义，以下表述中不正确的是（　　）。

A. 可以挽留住客户　　B. 挽回客户对企业的信任

C. 增加企业知名度　　D. 帮助企业及时发现问题

任务名称	受理客户电话投诉	教学流程	客户投诉处理
班级		姓名	
工作岗位			

2 学习活动任务二

受理客户电话投诉

任务目标

通过本任务的学习和训练，学生能够掌握电话投诉受理人员受理客户电话投诉时应具备的技巧，掌握电话投诉受理的流程和一般处理方法。

工作过程

一、客户不满意的表达：投诉

1. 结合日常生活中的所见所闻，谈谈你所知道的电话投诉号码有哪些。

2. 据你所知，一般会有哪些方面的投诉？

3. 大多数时候你会选择哪一种投诉方式？你选择这种投诉方式的原因是什么？

你所选择的投诉方式：

你选择这种投诉方式的原因：

4. 客户购买产品或服务后感到不满意时，通常会有哪些反应？

二、情景表演

两位同学分别充当客户服务人员和客户，要求他们尽可能地融入角色之中，然后给同学们 3 分钟的时间对此案例进行思考：

1. 你认为客户服务人员表现得如何？
2. 如果存在问题，有哪些？
3. 如何你是此客户服务人员，你会如何去做？

下面是一位电信行业客户服务热线电话接线员与一位客户的对话：

客户：“喂，你好。”

客服：“你好。”

客户：“我是 ××× 用户。”

客服：“我知道，请讲。”
客户：“我的手机最近总掉线。”
客服：“你是不是在地下室？”
客户：“不是，在大街上。”
客服：“是不是你的手机有问题？”
客户：“不可能，我的手机才买了三个月。”
客服：“那怎么不可能？！有的杂牌手机刚买就出问题。”
客户：“我的手机是爱立信的。”
客服：“那你在哪里买的就到哪里去问问，肯定是手机的问题。”
客户：“不可能，如果是手机的问题，为什么我用别的卡就没有问题？”
客服：“是吗，那我就不清楚了。”
客户：“那我的手机怎么办？天天掉线，你给我交费呀！”
客服：“你这叫什么话，凭什么我给你交费呀？你有问题，在哪里买的就上哪里去修呗！”
客户：“你这叫什么服务态度呀，我要投诉你！”
客服挂断了电话。

三、客户电话投诉的受理

客服人员受理电话投诉的步骤如下：

1. 问候，致欢迎词（自我介绍）。
2. 询问打电话的事由。
3. 安抚投诉客户，核实其信息。
4. 信息沟通，了解投诉内容及要求。
5. 信息确认，承诺跟进。
6. 结束语。

实训一：物流客户投诉

2022 年 3 月 18 日，柳州市瑞泽商贸有限公司接到客户上汽通用物流公司刘先生的电话投诉，称其于 3 月 16 日委托瑞泽商贸公司运送到上海的货物包装破损，致使货物损坏严重。该批货物价值总额为 50 万元，货物完好率 70%，缺损货物价值为 15 万元，刘先生要求瑞泽商贸有限公司给予经济赔偿。

据查，该客户在物流公司的账号为 SM0023，货物的运输单号为 CY202203130018；运输的货物共 200 件，内装汽车散热器，单件重量为 15kg，体积为 1 200mm×800mm×100mm；收件人：刘中铁；收件地址：上海通用物流公司（上海普陀区 ×× 号）；联系电话：021－6092××××，1380021××××。

请根据客户投诉电话的内容填写物流客户电话投诉登记表（见表 4－4）。

表 4-4　物流客户电话投诉登记表

受理编号：

运单编号			
投诉客户姓名		联系电话	
客户投诉的内容			
客户要求			

客服代表：　　　　　　　　　　　　　　　　受理日期：

实训二：网店客户投诉

黄岛区市场监督管理局收到电话投诉，投诉人王女士称，2022 年 1 月 12 日，其通过某农业（青岛）有限公司在电商平台开设的旗舰店购买的蓝莓干产品条形码已注销，蓝莓干产品价值 258 元。因与电商平台开设的旗舰店客服人员沟通未果，所以选择向黄岛区市场监督管理局电话投诉，要求退货并且给予经济赔偿。

经查，王女士 ID 为美食 ******4，订单号为 202001127432，下单蓝莓干 ID 为 109776221023，王女士联系电话为 1887789××××。

请你根据客户投诉电话的内容填写网店客户投诉登记表（见表 4-5）。

表 4-5　网店客户电话投诉登记表

受理编号：

客户 ID		客户联系电话	
商品 ID		订单号	
投诉原因			
客户要求			

经办人：　　　　　　　　　　　　　　　　受理日期：

实训三：汽车 4S 店客户投诉

一位客户在离开 4S 店后大约 10 分钟打电话给 4S 店，客服李新接听了这位客户的电话。在电话里，客户非常激动地说要投诉，李新安慰客户说别着急，慢慢说。客户反映说在刚才维修结束之后，4S 店没有认真清洗车辆，只清洗了车外，车内完全没有清洗。李新询问这位客户的姓名及电话，客户没有回答，仍然非常气愤地描述车辆的状况，并说自己正在开车，如果不是有急事的话一定要把车开回 4S 店给客服人员和服务顾问看，以确认自己没有说谎。该客户还表示：如果不给她一个满意的答复，就要投诉 4S 店，并且以后都不会再来这家店了。

经查，本次投诉客户为王婉贞女士，电话号码为 13012345678。

请你根据客户投诉电话的内容填写汽车 4S 店客户投诉登记表（见表 4－6）。

表 4－6　汽车 4S 店客户电话投诉登记表

受理编号：　　　　　　　　　　　　　　　　登记日期：　　年　　月　　日

事项类别	□产品质量　□售后服务　□其他方面________		
投诉日期	年　　月　　日		
客户名称		联系方式	
反馈渠道	□官网　□公众号　□商城　□门店　□其他________		
事项内容			
跟进处理			
跟进负责人		联系方式	
处理方案			
处理结果			
解决时间	年　　月　　日		
备注			

实训准备

1. 角色分配。根据具体情况让不同的学生担任不同的角色。由两位同学分别扮演经办这起投诉的客服人员及客户，完成电话投诉的整个流程。

2. 教学环境和用具。在客服中心实训室实训，用具包括语音对话系统、教具、课件、张贴板（一块）、油性笔（若干支）、书写卡片（不同形状若干）、电话、耳机、电脑。

3. 学生阅读相关知识并上网或利用其他工具查找相关理论知识。

实训步骤

1. 教师下达实训任务。

2. 学生分小组讨论，分角色扮演投诉客户和受理投诉的客服人员，完成任务书中的内容。

（1）学生认真研究案例资料内容，在实训演练前完成电话投诉的对话稿。

（2）学生操作训练。两人为一组，保证每一位学生都有担任客服人员的机会；利用语音对话系统进行录音，方便学生课后再次揣摩学习。

（3）小组成果展示。角色表演、展示填写完成的投诉登记表。

（4）教师总结。

考核评价

组　别		成　员				
考核内容	电话投诉训练					
考核标准	项目及分值	小组评分1	小组评分2	小组评分3	小组评分4	教师评分
	礼仪规范（10 分）					
	语言流畅（10 分）					
	投诉处理得当（20 分）					
	电话投诉对话稿的完整性和有效性（20 分）					
	融入角色，突出重点（10 分）					
	电话投诉业务流程的掌握（20 分）					
	团队合作沟通能力（10 分）					
得分						

相关资料

一、电话投诉的优劣势及服务技巧

客户向企业的呼叫中心或者投诉热线等进行投诉，投诉受理人员进行现场解答或事后处理客户投诉。这是一种便捷的方式，体现了快捷、高效、经济的特点。电话投诉的途径包括热线电话、投诉电话、800 免费电话、自动语音电话等。

（一）电话投诉的优劣势

（1）优势：快速、方便、联系广泛。

（2）劣势：客户多在气头上投诉，误解较多，解决难度大。

（二）受理投诉电话时的服务技巧

（1）同情客户的不满。

（2）以恭敬有礼的态度对待客户，使对方产生信赖的感觉。

（3）采取客观的立场，防止主观武断。

（4）尽量保持低沉的声音，给对方以沉着的印象，但要注意声音不要压得过低，使对方觉得疏远。

（5）注意以简洁的词句认真填写客户投诉处理卡。

（6）在电话里听到对方姓名、地址、电话号码、商品名称等重要信息时要予以确认，并以文字形式记录下来或录入计算机。

（7）尽可能地把客户的话记录下来，这样不仅在将来有必要时可以用得上，而且也可作为业务人员岗前培训资料。

二、处理客户投诉的技巧

（一）基本技巧

（1）道谢。

（2）说明很高兴获知投诉的原因。

（3）为失误向客户致歉。

（4）承诺立即解决问题。

（5）寻求所需信息。

（6）及时纠正错误。

（7）核查客户满意度。

（8）防患于未然。

（二）与投诉客户沟通的技巧

与投诉客户沟通的几个技巧如表 4－7 所示。

表 4－7 与投诉客户沟通的几个技巧

技巧	目的	所用语言
一般性引导	让对方讨论他想谈的问题	“您说一下这件事的经过好吗？”
重复	检验你听清并已理解了对方的意思	“您的意思是不是……”
针对性提问	掌握更多容易被忽略和不明确的重要信息	“受理人员有没有承诺说……”
探讨	探知对方真正的需求	“您有什么要求呢？”
归纳	对所谈话题进行总结归纳	“这件事是不是这样的……”

（三）处理投诉的十大禁语

（1）“这个问题很容易解决。”

（2）“一分钱，一分货。”

（3）“绝对是你搞错了”“绝对不会有这种事。”

（4）“这是 ××× 的事，与我无关。”

（5）“我不知道。”

（6）“我绝对没说过这种话。”

（7）“我不懂”“我不会”“我管不了。”

（8）“这是我们公司的规定”“这是我们领导说的。”

（9）“这不是写了吗？你自己看！”

（10）“改天再说。”

（四）引导客户思绪、化解客户愤怒的方法

1. “何时”法提问

一个在气头上的发怒者无法进入解决问题的状态，我们要做的首先是逐渐使对方的火

气降下来。对于那些非常难听的抱怨的话，应当用一些“何时”问题来冲淡其中的负面成分。例如：

客户：“你们根本是瞎胡闹，不负责任才导致了今天的烂摊子！”

客服人员：“您是什么时候开始感到我们的服务没能及时替您解决这个问题的？”

而不当的反应是：“我们怎么瞎胡搞了？这个烂摊子跟我们有什么关系？”

2. 转移话题

当对方按照他的思路不断地发火、指责时，客服人员可以抓住其中一些略微有关的内容扭转方向，缓和气氛。例如：

客户：“你们这么搞把我的生活彻底搅乱了，你们的日子当然好过，可我还上有老下有小啊！”

客服经理：“我理解您，您的孩子多大啦？”

客户：“嗯……6 岁半。”

3. 间隙转折

暂时停止对话，特别是当你需要找有决定权的人做些决定时。此时，客服人员可以说：“请您稍等，让我向领导请示一下，看看我们还可以怎样来解决这个问题。”

4. 给定限制

有时你虽然做了很多尝试，但对方依然出言不逊，甚至不尊重你的人格，这时你可以转而采用较为坚定的态度给对方形成一定限制。比如，你可以说：“汪先生，我非常想帮助您，但您如果一直这样情绪激动，我只能和您另外约时间了，您看呢？”

三、电话投诉的受理

电话投诉的受理流程如图 4－2 所示。

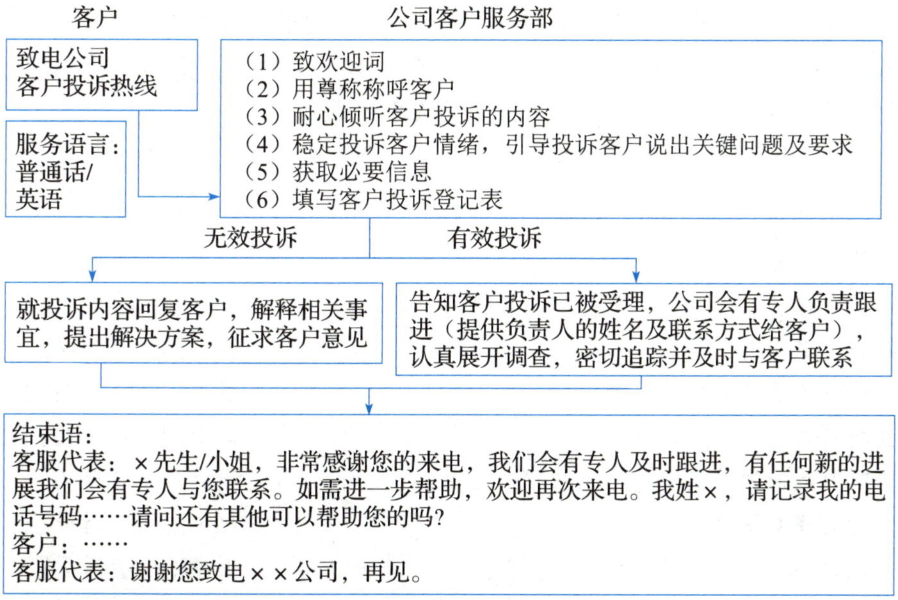

图 4－2　电话投诉受理流程

自测练习

一、判断题

1. 在接到客户投诉以后，我们一定要急事急办，对能当时解决的问题当时就解决。(　　)

2. 职业化的客服代表要有良好的心理素质，要能有效控制自己的情绪。(　　)

3. 在处理投诉时，不需要分清投诉的责任部门和责任人，也不需要明确处理客户投诉的各部门、各类人员的具体责任与权限。(　　)

二、不定项选择题

1. 下列客户处理的步骤排序，正确的是(　　)。

①询问客户的要求　②达成协议　③认同并理解客户的心情　④聆听客户的倾诉　⑤做出具体的处理方案　⑥感谢客户

A. ④③①⑤②⑥　　B. ③④①⑤②⑥

C. ③④⑤①②⑥　　D. ④③⑤①②⑥

2. 感谢客户时，应(　　)。

A. 感谢顾客指出我们工作中的不足

B. 表示今后一定改进工作

C. 对于因我方失误而造成顾客的不便表示歉意

D. 对不满意的顾客，表现出厌恶的态度

3. 作为客服人员，处理客户投诉的大忌是(　　)。

A. 耐心倾听客户的抱怨　　B. 表示同情

C. 站在客户立场　　D. 漠视客户的抱怨

4. 客户服务代表满足客户心理需求的主要方式是(　　)。

A. 赔偿　　B. 同情　　C. 道歉　　D. 感谢

5. 对于企业来说，投诉的客户类型一般是(　　)度很高的客户。

A. 专业　　B. 忠诚　　C. 反映　　D. 同理

6. 为了更好地解决投诉，企业需要重点解决的问题是(　　)。

A. 服务技巧　　B. 专业技术　　C. 环境　　D. 价格

三、聆听素质测试(结合自己平时表现)

1. 我让说话的人把话说完　　很少□　有时候□　总是□

2. 我确定自己了解对方的观点之后再回答　　很少□　有时候□　总是□

3. 我聆听重要的论点　　很少□　有时候□　总是□

4. 我试着去了解对方的感受　　很少□　有时候□　总是□

5. 我想到解决方法后再发言　　很少□　有时候□　总是□

6. 聆听时我能够控制自己，很放松、冷静　　很少□　有时候□　总是□

7. 聆听时我会适时发出附和声　　很少□　有时候□　总是□

8. 别人说话时，我会做笔记　　很少□　有时候□　总是□

9. 我以坦荡的心聆听　　很少□　有时候□　总是□

10. 即使对方是个无趣的人，我也会听他说话　很少□　有时候□　总是□
11. 我注视着说话的人　很少□　有时候□　总是□
12. 我耐心聆听　很少□　有时候□　总是□
13. 我问问题以确定自己了解情况　很少□　有时候□　总是□
14. 聆听时我不会分心　很少□　有时候□　总是□

很少 =-1，有时候 =0，总是 =1。

你的得分是__________。

评价自己：12 ~ 14 分 = 优秀的聆听者；8 ~ 11= 不错；5 ~ 7= 马马虎虎（以为自己很好，需要接受聆听训练）；4 ~ 6= 差，根本没有在听；0 ~ 3= 不合格的聆听者。

任务名称	受理客户网络（信函）投诉	教学流程	客户投诉处理
班级		姓名	
工作岗位			

3 学习活动任务三

受理客户网络（信函）投诉

任务目标

通过本任务的学习和训练，学生能够掌握网络（信函）投诉受理人员应具备的技巧，掌握网络（信函）投诉受理的流程，并能够撰写客户投诉处理信函和客户投诉致歉信函。

工作过程

一、知识巩固

1. 受理客户投诉的主要方式有______________________________。
2. ______________是一种便捷的方式，体现了快捷、高效、经济的特点。
3. ______________要花费更多的人力费用、制作和邮寄费用，成本较高。

二、客户网络（信函）投诉的受理

企业客服人员在处理网络（信函）投诉时应该注意以下要点：

1. 及时反馈。
2. 提供方便。
3. 表达清晰、准确。
4. 充分讨论。
5. 正式回复。
6. 存档归类。

实训一：客服人员在线处理客户投诉

赵先生称，自己 3 月 5 日通过某电商平台购买了 3 瓶红酒送给家人，该电商平台承诺可以当天送货上门。但是 3 月 6 日赵先生咨询该平台的快递公司时被告知，其中有一瓶红酒被打碎，但公司只负责赔偿 20 元。赵先生觉得不合理，于是找到该电商平台的客服人员在线进行了投诉，要求赔偿打碎的红酒和延误送达费用共计 200 元。客服人员应该如何在线应答处理呢?

实训二：客户写给 ×× 物流公司的投诉信

×× 物流公司领导：

你好！我是一个淘宝卖家，长期使用国内快递。众所周知，×× 物流公司与其他快递公司比较起来还是有很大的优势的，比如网点较多，服务也比较稳定。但是在广州白云区的 ×× 区域出现了一个现象，那就是这一片的淘宝店不到万不得已绝对不会选择 ×× 物流，这是因为仅有的一个业务员服务态度极差，乱收费不说，不管是派件还是收件态度都非常恶劣，谁也不愿意与打电话都像要吵架一样的业务员打交道（他的联系方式是 159××××××××）。

这个现象不是短期存在的，迟迟得不到任何改善。虽然这看似只是一封很普通的投诉业务员服务态度的信件，但是我仍然希望贵公司能够引起重视。因为如果这只是个例倒也无关痛痒，但是如果各个地方普遍存在这种现象，贵公司的网点无数，客户也有千千万，长期这样下去，客户流失也不是个小数目了。期待得到贵公司的回复。

祝生意兴隆！

王志强

2022 年 5 月 6 日

实训准备

1. 提前准备好案例资料。

2. 教学环境和用具：在客服中心实训室实训，用具包括语音对话系统、教具、课件、张贴板（1 块）、油性笔（若干支）、书写卡片（不同形状若干）、电话、耳机、电脑。

3. 学生阅读相关知识并上网或利用其他工具查找相关理论知识。

实训步骤

1. 教师下达实训任务。

2. 学生根据案例情况充分讨论分析，完成网络和信函投诉的整个流程。

（1）学生认真研究案例资料内容，完成网络投诉对话稿的撰写。

（2）学生实景操作训练：两人为一组，保证每一名学生都有担任客服人员的机会。利用语音对话系统进行录音，方便学生课后再次揣摩学习。

（3）学生认真研究案例资料内容，完成信函投诉处理函和致歉信的书写。

（4）小组成果展示。角色表演、展示填写完成的投诉登记表。

（5）教师评估总结。

考核评价

组别		成员				
考核内容	受理客户网络（信函）投诉					
考核标准	项目及分值	小组评分 1	小组评分 2	小组评分 3	小组评分 4	教师评分
	礼仪规范（10 分）					
	语言流畅（10 分）					
	投诉处理技巧（10 分）					
	网络（信函）处理函的合理性和有效性（25 分）					
	融入角色，突出重点（15 分）					
	网络投诉相应的业务流程的熟练使用（20 分）					
	团队合作沟通能力（10 分）					
得分						

相关资料

网络客服人员要比门店客服人员更懂得察言观色才行。即使对着计算机，隔着屏幕与客户沟通，也要学会察言观色，揣摩客户的真实心理。要从客户的文字语气、网络表情去用心了解客户不满意的问题是什么、目前气愤到什么程度。客户看不到你，不知道你说话时候的表情是和蔼可亲还是冷淡沉闷，这时候，就需要多用些轻松活泼的文字，再加上一些愉悦可爱的表情（客服平时可在计算机里多储存一些表情），让客户知道客服在很诚恳地为他服务。

一、网络（信函）投诉的优劣势

（一）网络受理客户投诉

客户通过公司或企业的网络平台直接向企业投诉。这是一种便捷的投诉方式，也是受理客户投诉的一个发展趋势。

优势：更方便、更快捷、更高效；降低了维权成本，节约了社会资源；打破了地域限制。

劣势：客户的真实性不确定，无法查证其所反映问题的真实性；没有明确的诉求。

（二）信函受理客户投诉

客户利用写信的方式向公司陈述投诉原因的一种投诉方式。信函投诉是一种传统的投诉方式，它通常针对的是不易口头解释而必须以书面形式表达的投诉事件。

优势：客户较理性，很少感情用事。

劣势：要花费更多的人力费用、制作和邮寄费用，成本较高；需要花时间处理，投诉周期长。

二、网络（信函）客户投诉处理流程

（一）网络投诉的受理

网络投诉的受理流程如图 4－7 所示。

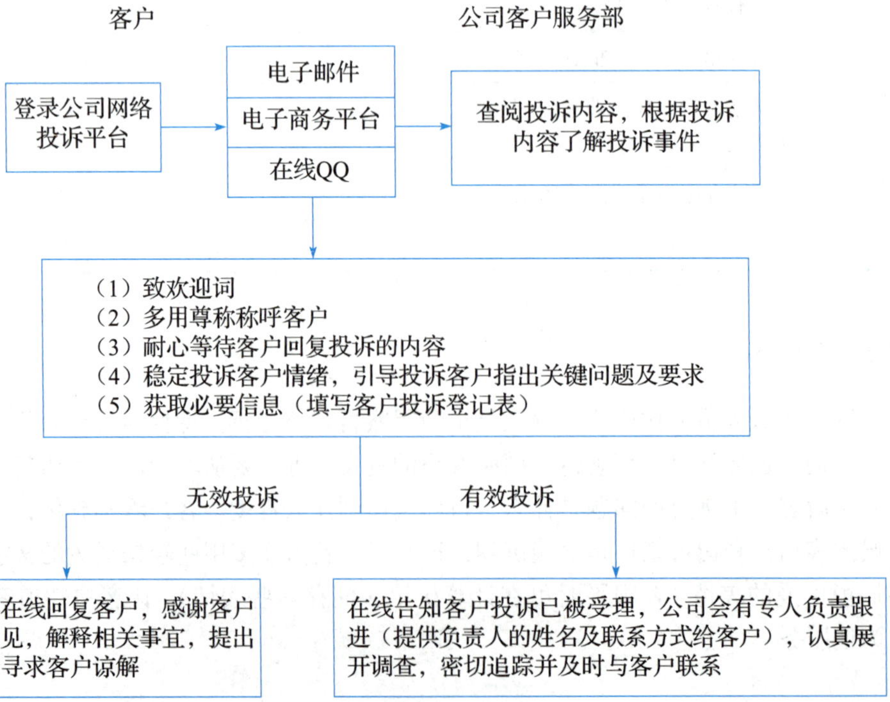

图 4－3 网络投诉受理流程

（二）信函投诉的受理

信函投诉受理流程如图 4－4 所示。

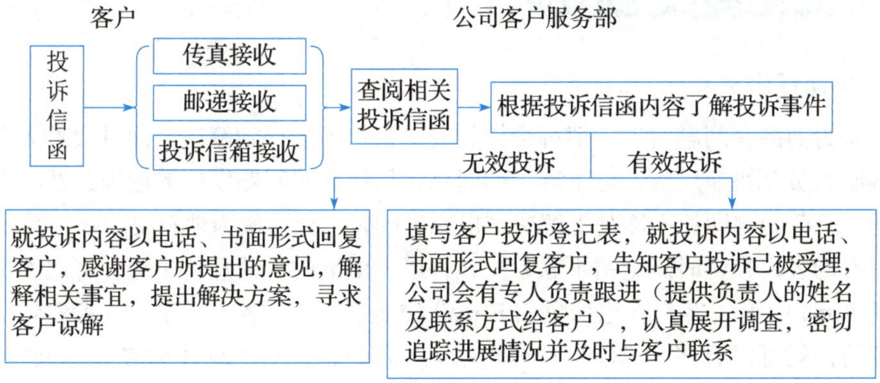

图 4－4　信函投诉受理流程

三、网络客户投诉处理标准

（一）记录及时

网络客服人员要热情受理客户投诉，认真做好投诉记录，并将信息及时地传递给相关部门。

（二）处理及时

（1）企业开通并公开电话、网络（在线论坛、留言板、即时通信等）客户投诉 E-mail 等多种网络客户投诉方式，以方便客户投诉。

（2）企业各部门要密切合作，对客户投诉迅速作出反应，力争在最短的时间内给客户一个满意答复。

（3）客服投诉专员负责将企业各部门签署的客户投诉处理方案及时传达给客户，并在承诺期限内解决客户投诉问题。

（三）责任明确

客户投诉处理过程中，要做到责任明确，不仅要分清造成客户投诉的责任部门和责任人，而且要明确处理投诉的部门、各类人员的具体责任与权限，以及客户投诉处理不当的责任。

（四）流程清晰

（1）对于重复出现的常规性问题，企业相关人员按规定的程序与方法予以及时处理。

（2）对于非常规性问题，企业根据投诉的内容授权给适当的部门进行处理。

（3）各部门对投诉处理决定有异议时，须以“签呈”专案呈报主管领导处理。

（五）及时总结

客服部应在每个月中旬汇总上月的客户投诉处理情况，填制“客户投诉统计表”，将投诉处理结果和投诉处理建议上报给总经理。

四、处理网络客户投诉的技巧

（一）快速反应

客户认为商品有问题时，一般都会比较着急，怕不能得到解决，而且会不太高兴。这个时候客服人员要快速反应，记下客户的问题，尽快查明问题发生的原因，及时帮助客户解决问题。有些问题即使不能马上解决，也要告诉客户会尽快为他解决。

如果有的客户投诉时忘记留下联系方式，或者留下的电话总打不通，客服人员就可以通过查询 E-mail（有的客户在论坛里用 E-mail 注册登录）与客户联系，或者看到客户用的是 QQ 邮箱，就可以直接用 QQ 号和客户联系（有的客户 QQ 24 小时在线）。通过以上方式，客服人员一般都会在客户投诉后的第一时间联系上客户。

此外，如果企业平时建立了客户投诉处理资源库，将客户经常投诉的问题汇总分析，并记录解决方案，再遇到此类投诉时，客服人员就可以直接从资源库里调出信息，使投诉得到快速解决。

（二）热情接待

如果客户收到商品后反映有什么问题的话，要热情地对待，要比交易的时候更热情，这样买家就会觉得你这个卖家好，不虚伪，不是刚开始的时候很热情，等货款收到之后就对客户爱理不理的那种商家。

（三）表示愿意提供帮助

客服人员应经常说："让我看一下该如何帮助您，我很愿意为您解决问题。"

正如前面所说，当客户正在关注问题的解决时，客服人员应体贴地表示乐于提供帮助，自然会让客户感到安全、有保障，从而进一步消除客户的对立情绪，并对客服人员形成依赖感。

（四）引导客户思绪

我们有时候会在道歉时感到不舒服，因为这似乎是在承认自己有错。其实，"对不起"或"很抱歉"并不一定表明你或企业犯了错，这主要表明你对客户不愉快经历的遗憾与同情。不用担心客户因得到你的认同而越发强硬，认同只会将客户的思绪引向解决方案。

（五）认真倾听

客户投诉商品有问题，客服人员不要着急去辩解，而是要耐心地听清楚问题所在，然后记录下客户的用户名、购买的商品，这样便于回忆当时的情形。和客户一起分析问题出在哪里，才能有针对性地找到解决问题的办法。

在倾听客户投诉的时候，客服人员不但要听客户表达的内容，还要注意客户的语调与音量，这有助于了解客户语言背后的情绪。同时，客服人员要通过解释与澄清，确保自己真正了解了客户的问题。

（六）认同客户的感受

客户在投诉时会表现出烦躁、失望、泄气、愤怒等各种情感，客服人员不应当把这些表现理解成对你个人的不满。当遭遇客户的谩骂、人身攻击时，客服人员一定要保持平常心，用耐心和温和的语言跟客户解说，不要用强硬的语言跟客户拼个高下，那样做最终会导致自己不开心，客户也不满意。客服人员不妨站在客户的角度想一下，了解客户到底哪里不满意，认真给出合理的解答，问题就会得到解决。

（七）安抚和解释

首先，客服人员要站在客户的角度想问题，客户一般不会无理取闹。客户来反映问题，客服人员要先想一下，如果是自己遇到这一问题会怎么做、怎么解决，所以要跟客户说“我同意您的看法”“我也是这么想的”。这样，客户会感觉到你是在为他处理问题，也会让客户对你的信任更多。此外，在沟通的时候称呼也是很重要的。称呼自己用“我们”，比如“我们分析一下这个问题”“我们看看……”这样会显得更亲近一些；称呼顾客要用“您”，不要一口一个“你”，这样既不专业，也没有礼貌。

（八）诚恳道歉

不管是什么原因造成客户不满，都要诚恳地向客户致歉，对因此给客户造成的不愉快和损失道歉。如果你已经非常诚恳地认识到了自己的不足，客户一般也不好意思不依不饶。

（九）提出补救措施

对于客户的不满，要能及时提出补救的措施，并且明确地告诉客户，让客户感觉到你在为他考虑，为他弥补损失，并且你很重视他的感受。一个及时有效的补救措施，往往能让客户的不满转化成感谢和满意。针对客户投诉，每个企业都应有各种预案或解决方案。客服人员在提供解决方案时，要注意以下几点：

（1）为客户提供选择。通常问题的解决方案不是唯一的，给客户提供选择会让客户感到受尊重。同时，客户选择的解决方案在实施的时候会得到客户更多的认可和配合。

（2）诚实地向客户承诺。有些问题比较复杂或特殊，客服人员不确信该如何为客户解决。如果你不确信就不要向客户做任何承诺，而应诚实地告诉客户你会尽力寻找解决的方法，但需要一点时间，然后约定给客户回话的时间。你一定要确保准时给客户回话，即使到时你仍不能解决问题，也要向客户解释问题进展，并再次约定答复时间。你的诚实会更容易得到客户的尊重。

（3）适当地给客户一些补偿。为弥补公司操作中的一些失误，可以在解决问题之外给客户一些额外补偿。很多企业都会给客服人员一定授权，以灵活处理此类问题。但要注意的是：将问题解决后，一定要改进工作，以避免今后发生类似的问题。有些处理投诉的部门，一有投诉首先想到的就是用小恩小惠息事宁人，或一定要靠投诉才给客户应得的利益，这样不能从根本上减少此类问题的发生。

（十）通知客户并及时跟进

企业采取了什么样的补救措施、现在进行到了哪一步，都应该告诉客户。客服人员可先通过 E-mail 向客户寄去投诉处理函，同时进行投诉处理，目的是让客户了解你的工作，了解你为他付出的努力。当客户发现商品出现问题后，首先担心问题能不能得到解决，其次担心需要多长时间才能解决。当客户发现补救措施及时有效，而且商家很重视的时候，就会感到放心。

五、客户投诉处理函及投诉致歉信

客户投诉处理函及客户投诉致歉信模板如下：

客户投诉处理函（模板）

××× 先生 / 女士：

× 月 × 日来函收到，感谢您指出我们工作中的差错。由于我们工作的疏忽，未能及时 ××××，我们对由此给您工作带来的不便深表歉意。我们已作出安排，今天以 ×××× 的方式将您所订购货物发送给您。快递单号为：×××××××××，请您及时查询。

我们保证今后不会出现类似情况，希望您能继续监督我们的工作，也愿我们继续加强合作。

特此函复

×× 公司客户服务部

×××× 年 × 月 × 日

客户投诉致歉信（模板）

尊敬的 ×× 先生 / 女士：

（第一段）问候投诉客户。

（第二段）对于造成客户投诉的原因，代表公司全体员工致以深深的歉意，强调公司极度重视这一事件。

（第三段）略述事件发生的前因后果与经过，详细说明公司方面将采取的措施，包括政策制度的修正以及处分情形。

（第四段）详述公司对客户所作出的补偿。

（第五段）说明如果客户对公司的处理不满意，客户则可再次对公司提出投诉。

（第六段）再次对客户的遭遇表达歉意，希望得到客户的谅解，并且恳请客户继续给予公司支持。

（第七段）信末敬语。

×× 公司客户服务部

×××× 年 × 月 × 日

自测练习

不定项选择题

1. 下列选项中，不属于客服人员正确处理客户投诉原则的是（　　）。

A. 迅速采取行动

B. 站在客户的立场将心比心

C. 先处理事件，后处理情感

D. 耐心倾听客户的抱怨

2. 对待投诉的心态，错误的一项是（　　）。

A. 投诉说明我们的工作并非是尽善尽美的，我们的责任就是要减少投诉的发生，并处理已经发生的投诉

B. 投诉处理得好有助于改善我们的工作

C. 投诉说明客户对我们很失望，所以我们要避免投诉

D. 对客户的投诉掉以轻心，可能会给公司造成极坏的负面影响，损失的不只是金钱

3. 聆听客户倾诉时的技巧有（　　）。

A. 积极主动处理问题的态度

B. 给客户说明情况后，再让客户发泄情绪

C. 认真听取客户投诉，不遗漏细节，确认问题所在

D. 不打断客户的陈述

E. 保持面带微笑

4. 怎样感谢客户？（　　）

A. 感谢客户指出了我们工作中的不足

B. 表示今后一定改正

C. 对于因我方失误而造成客户的不满表示歉意

D. 对不满意的客户，表现出厌恶的态度

5. 投诉回复的三个要点是（　　）。

A. 抓住客户投诉的关键词

B. 回复内容事实清楚、逻辑清晰

C. 必须完全解决问题

D. 客户反馈问题解决方案合理

任务名称	受理客户当面（现场）投诉	教学流程	客户投诉处理
班级		姓名	
工作岗位			

4 学习活动任务四

受理客户当面（现场）投诉

任务目标

通过本任务的学习和训练，学生能够理解投诉客户的类型并掌握相关应对方法，掌握处理客户当面（现场）投诉的一般流程。

工作过程

一、客户当面（现场）投诉的原因

1. 客户为什么会当面（现场）投诉？

2. 客服人员应如何接待当面（现场）投诉的客户？

3. 你所认知的客户分为哪些类型？不同类型的客户应如何接待？

二、课堂实训

实训资料

李女士家在柳州，其居住在杭州的女儿、女婿为尽孝心，委托某货运公司托运了苹果和梨各一箱到柳州。李女士按原定的到货时间致电货运公司，但货运公司称货物尚未运到。

事隔多天后，货运公司通知李女士说货物已经到柳州。李女士前往货运站取货，却发现两箱水果残缺不全，一箱苹果剩 1/2，一箱梨剩 1/3。货运公司经理称：水果在运输保管途中因天气原因变质、腐烂，尚好的部分让工人吃掉了，只剩下这些了。李女士非常生气，前来货运公司客服部投诉。

作为客户服务人员，你认为应如何处理该客户的投诉和追究责任？

实训准备

1. 角色分配：学生自由组合，两人为一组，根据具体情况让不同的学生担任不同的角色。两位同学分别扮演经办这起投诉的客服人员及愤怒的客户，完成电话投诉的整个流程。

2. 教学环境和用具：在客服中心实训室实训，用具包括：教具、课件、张贴板（1块）、桌椅、茶杯、空调和相关物品。

3. 学生阅读相关知识并上网或利用其他工具查找相关理论知识。

实训步骤

1. 教师下达实训任务。

2. 学生分小组讨论，分角色扮演愤怒的投诉客户和受理投诉的客服人员，完成任务书中的内容。

（1）学生认真研究案例资料内容，在实训前撰写好当面投诉的对话稿。

（2）学生实景操作训练：6 人为一组，小组内选择表现力较好的 2 人进行现场模拟表演，保证每一位学生都能够认真观摩和学习交流。

（3）小组成果展示：角色表演、展示填写好的投诉登记表。

（4）教师总结评价。

考核评价

组别		成员				
考核内容	受理客户当面（现场）投诉					
考核标准	项目及分值	小组评分 1	小组评分 2	小组评分 3	小组评分 4	教师评分
	礼仪规范（20 分）					
	语言流畅（10 分）					
	投诉处理技巧（35 分）					
	融入角色，突出重点（15 分）					
	团队合作沟通能力（20 分）					
得分						

相关资料

一、当面（现场）客户投诉的优劣势

部分客户倾向于当面投诉，认为这样可以发泄心中的怒气和把问题说得更清楚。当面（现场）投诉给了企业最好的扭转局面的机会，因为客户就在眼前，只要采用正确的应对方式，客户就会满意而去。

对企业而言，处理当面（现场）客户投诉的优势是：方便沟通，方便客户服务人员察言观色，以及时调整谈话内容。其劣势是：双方容易冲动甚至产生冲突，从而使矛盾升级。

在处理现场投诉时，要注意将客户请到远离人群的地方，以免影响其他客户；不能中途不告知就离开，让客户等候；按照公司规定处理客户的投诉；不能立即解决问题的，应该给出处理的期限；谨慎使用各种应对语，避免再次触怒客户；对再次提出投诉的客户，应该给予更谨慎的接待；等等。

二、当面（现场）投诉的受理流程

当面（现场）投诉受理流程如图 4－5 所示。

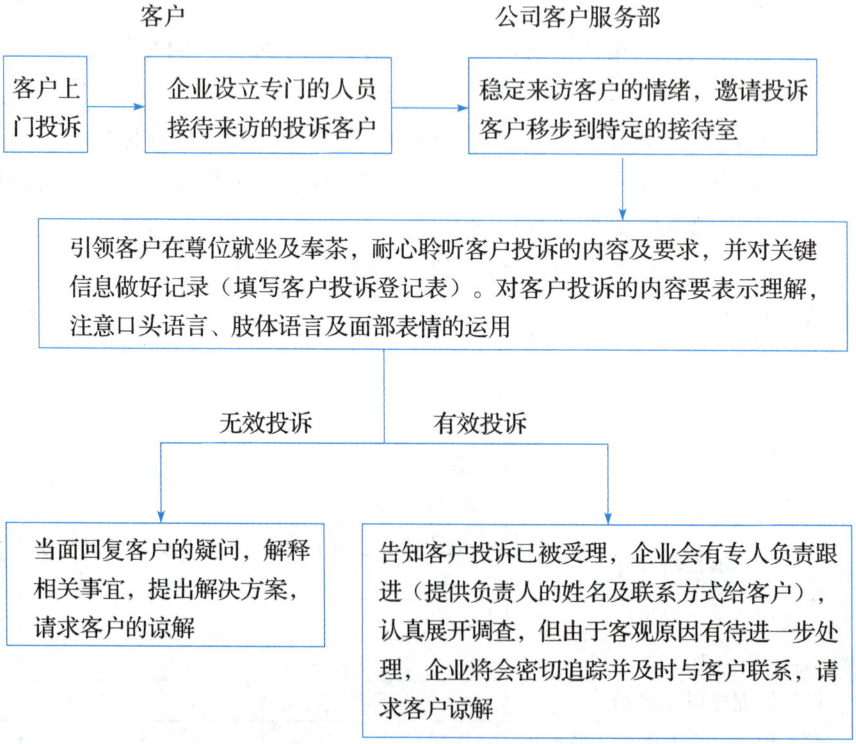

图 4－5　当面（现场）投诉受理流程

三、投诉客户的类型及应对方法

（一）彬彬有礼的投诉客户

此类客户对自己的形象和言行非常关注，他们总是向对方显示出友好，很容易博得别人的好感。其实，作为投诉客户，他博得好感是为了实现其较高的期望值。他们比较有耐心，其期望值很难被降低，属于比较难对付的人。

处理此类客户的投诉往往耗时耗力，拖的时间很长。有时怎么谈都不见进展，员工易失去耐心，进而激化矛盾。对待这类客户，始终坚持从正面谈的效果不见得好，往往需要另辟蹊径。

（二）盛气凌人的投诉客户

此类投诉客户心高气傲，很少把别人放在眼中，他们一般很讲究穿戴，有的时候还要带几个随从，显示自己高人一等。他们看不起一般客户服务人员，认为与员工交谈有失身份，他们要直接与最高管理人员谈问题。

处理此类客户的投诉，要满足他们与公司有关领导见面的要求，给足其面子。在拒绝其无理要求的同时，可以安排专人跟进他们的问题，提供主动服务。通过增加相互间的信任感，逐渐降低他们的期望值，在条件成熟时，商谈解决问题的方案。

（三）口若悬河的投诉客户

此类投诉客户常常滔滔不绝、旁若无人。他们不断地宣泄心中的不满，倾吐不快与烦恼，而丝毫不顾及别人的感受，时间长了，极容易引起别人的厌烦。如果别人一旦表示了厌烦，客户会感到这是对他最大的不尊重，接下来的，将是更加滔滔不绝的宣泄。

接待这类客户是对耐心的一种考验，客户服务人员只能是倾听，以最大的耐心倾听，表示理解，获取信任。同时，为了不耽误其他工作，应该掌握主动：主动地约他、主动地登门、主动地与他商讨问题。

（四）自以为是的投诉客户

此类投诉客户性格比较偏执，再加上利益驱使，可能会是很困难的谈话对象。他们往往只讲自己的道理，听不进去别人的劝说。他们的脾气往往比较暴躁，控制不住自己，易于动怒。

接待这类客户时，可以先让他们发泄，并耐心地讲解公司的相关政策。如果没有效果，而且控制不住局面了，最好请第三方介入；同时要调整谈话对象，争取找出可能对他们有影响的人商讨解决问题的方案。

（五）哭哭啼啼的投诉客户

此类投诉客户讲不出太多的道理，他们的手段就是哭泣。有的投诉客户不断地在你面前哭泣，为的是博得同情，希望对他们采取照顾的政策。他们也许有一定的困难，但主要是心存获得更大利益的幻想。

接待这类客户时，可以采取以下办法：第一，不断地表示理解，同时慢慢解释有关规定，降低他们的期望值；第二，通过个人帮助的方式建立个人关系，为说服客户打下良好基础。

自测练习

一、不定项选择题

1. 客户现场投诉的解决方法是（　　）。

A. 与客户讲道理，甚至争论

B. 倾听客户的投诉，对客户表示理解

C. 强调客观原因和客户原因

D. 针对投诉进行分析，提高服务管理

2. 怎样给出具体的处理方案？（　　）

A. 不受客人抱怨的影响，就事论事，耐心地解释，援引公司的政策制度和国家的法律法规进行处理

B. 圆满的解决方案需要使客户感到公平

C. 对于确实属于公司员工失误的，要迅速与相关的管理者一同处理投诉

D. 超出处理者权限范围的，要向客户说明，并迅速请示上一级管理者

3. 下列因素中，属于客户投诉原因的有（　　）。

A. 质量问题　　B. 服务满意度　　C. 高期望值

D. 耽搁了时间　　E. 未受到尊重

4. 当客户提出高额赔偿时，恰当的回复包括（　　）。

A. 您的心情我可以理解，但是我们的目的是解决问题，您提出来的要求我们无法满足并不利于问题的解决，您放心，我们一定会为您解决问题的

B. 您提出的赔偿要求在我的权限之外，我会将您的要求上报领导进行商议的

C. 我们的赔偿方案是严格按照国家对于保护消费者权益的相关法律法规提出的，您可以告诉我您提出这个赔偿金额的依据吗？

D. 您提出的赔偿要求太高了，能够考虑降低一点吗？

二、判断题

1. 如果客户不投诉，就说明产品符合其期望。（　　）

2. 客户满意度的检测指标，是指客户期望值和服务者态度之间的差距。（　　）

3. 客户服务人员工作的失误也是客户投诉产生的原因之一。（　　）

4. 面对口若悬河的客户，针对他们的投诉，客服人员要听他的唠叨，要让他感觉到，只要听到他的唠叨我们就能完美地解决问题。（　　）

5. 处理完投诉后，就意味着客服人员的工作彻底完成。（　　）

6. 对客户的初次投诉处理不当，有可能造成二次投诉。（　　）

任务名称	客户投诉处理通知与反馈	教学流程	客户投诉处理
班级		姓名	
工作岗位			

5 学习活动任务五

客户投诉处理通知与反馈

任务目标

通过本任务的学习和训练，学生能够掌握公司内部的投诉处理调查方法，懂得根据调查结果落实责任，学会填制客户投诉处理通知书，掌握与客户沟通协商的能力。

工作过程

一、实训资料

实训资料一：

2022 年 3 月 18 日，柳州市瑞泽商贸有限公司接到客户上汽通用物流公司刘先生的电话投诉，称其于 3 月 16 日委托瑞泽商贸公司运送到上海的货物包装破损，致使货物损坏严重。该批货物价值总额为 30 万元，商品完好率 70%，缺损商品价值为 9 万元，刘先生要求瑞泽商贸有限公司给予经济赔偿。

据查，该客户在物流公司的账号为 SM1133，该批货物的运输单号为 CY202203131118，运输的货物共 200 件，内装汽车散热器，单件重量为 15kg，体积为 1 200mm×800mm×100mm；收件人：刘中；收件地址：上海通用物流公司（上海普陀区 ×× 号）；联系电话：021－60935398，13711211139。

客户投诉管理部门受理投诉，登记客户投诉记录表，然后将投诉记录交责任部门；相关责任部门收到投诉记录后马上展开了调查，并获得两方面的资料：

第一，缺损货物中有 10% 货物因轻微碰撞而变形，修理后不影响使用和销售，预计修理费用为 3 000 元；其余部分毁损严重，无法恢复其价值和使用价值，这部分货物的价值总额为 8.1 万元。

第二，货物毁损的原因是储运公司对货物的包装强度过低，导致货物在运输途中出现问题。

实训资料二：

2021 年 9 月 28 日，赵先生在某电商平台店铺浦克沃旗舰店购买了 BOGASING S9 品牌音响，音质及外观质量都与正品不符，音频线连接手机电脑还有麻麻的触电感，赵先生不敢使用，怕伤害到手机和电脑，联系该电商平台商家，商家拿不出品牌授权书，并且态度恶劣，威胁恐吓赵先生要报警。无品牌授权相当于赵先生购买了假货，赵先生打了数次电话，该电商平台也不处理，一直拖延时间包庇商家，最后只让赵先生退货，商家也拿不出一个解决方案，侵害到赵先生作为消费者的权益。赵先生诉求整顿该电商平台卖假货商家，要求退货，假一赔三。

该投诉编号223900637340，运单编号CY202194851236。经调查、检验和核实，赵先生购买的是假货，音响价值2 680元，邮费50元。赵先生收件地址：广西柳州市鱼峰区官塘大道 ×× 号；联系电话：0772－2626×××，188077231××。

实训资料三：

刘小姐在某汽车4S店买了一台新车，但是买回去不久就发现空调系统有问题，在怠速时出现了不制冷的现象，并且反复出现。于是刘小姐将车开回4S店做保修，但是经过清洗管路、更换压缩机等反复几次维修后仍然不能解决故障，而且由于是保修，每次在厂维修时间都很长，4S店服务态度也让刘小姐不太满意。最后刘小姐选择了拨打厂家的售后服务电话，投诉该4S店，并要求厂家解决问题。

实训准备

1. 角色分配（自由组合，分组），根据具体情况让不同的学生担任不同的角色。

2. 教学环境和用具：客服中心实训室，语音对话系统、教具，课件、张贴板一块、油性笔若干支、书写卡片（不同形状若干），电话，耳机，电脑。

3. 学生阅读相关知识并上网或利用其他工具查找相关理论知识。

实训步骤

实训资料一、二技能训练步骤：

1. 教师下达实训任务。

2. 学生分小组讨论，分角色扮演投诉客户和受理投诉的客服人员，完成任务书中的内容。

（1）讨论、分析实训资料。

（2）确认客户投诉的责任方。

（3）画出处理客户投诉的流程图（确定相关部门的工作）。

（4）提出投诉解决方案，填写投诉处理通知书。

3. 教师评估总结。

实训资料三技能训练步骤：

1. 教师下达实训任务。

2. 情景说明。客户名：刘女士。车牌号：粤A12345。客户投诉内容：反复几次维修仍然不能解决故障；保修期间在厂维修时间长；客户对服务态度不满意。

3. 学生分小组讨论，分角色扮演投诉客户和受理投诉的客服人员，完成任务书中的内容。

（1）讨论、分析实训资料。

（2）确认客户投诉的责任方。

（3）画出处理客户投诉的流程图（确定相关部门的工作）。

（4）提出投诉解决方案，填写投诉处理通知书。

3. 教师总结评价。

考核评价

组别		成员				
考核内容	客户投诉处理通知与反馈					
考核标准	项目及分值	小组评分 1	小组评分 2	小组评分 3	小组评分 4	教师评分
	礼仪规范（10 分）					
	语言流畅（10 分）					
	投诉处理技巧运用恰当（35 分）					
	融入角色，突出重点（15 分）					
	客户投诉的流程顺畅清晰（20 分）					
	团队合作沟通能力（10 分）					
得分						

相关资料

一、客户投诉的调查处理与分析

客户投诉的目的是希望企业能听取意见，提供帮助，解决问题，而不是纯粹抱怨。最有效的处理投诉的方法是尽快调查事件、落实差错责任、给予客户有效的解决方案。作为一线的客户服务人员，必须清晰地掌握不同类型投诉的调查，并在工作中不断积累综合地分析和解决问题的能力。

（一）客户投诉核实

客服部根据客户投诉登记表，核实与客户投诉相关的资料，如投诉内容、投诉要求等，然后根据实际情况填写客户投诉处理单。如果客服部不能直接解决，则需将投诉转交给责任部门处理。

（二）客户投诉调查

投诉处理责任部门确定投诉处理责任人，并在相关部门的配合下进行投诉原因调查（现场拍照取证、收集证据），确定处罚办法后与客户联系，就投诉处理方案进行沟通，据实填写客户投诉处理单。

（三）客户投诉分析

客服人员整理客户投诉登记表和客户投诉处理单，分析客户投诉的内容，判断投诉的性质，汇总分析客户经常投诉的问题，并记录解决方案，存档。

二、客户投诉处理总结

（一）客户投诉跟踪

（1）客服人员应认真做好客户投诉记录，并对投诉处理的整个过程进行跟踪分析。

（2）公司各客户投诉处理的相关部门要对涉及本部门的投诉问题及时予以解决，不得超期。

（二）客户投诉总结

（1）客服部进行客户投诉处理总结，归纳客户投诉的原因，分析客户投诉处理的技巧，制定避免客户投诉的措施。

（2）公司相关部门就客户投诉反映的问题进行整理和分析，寻找提高客户满意度的方法。

（三）客户投诉管理评价

1. 接受投诉阶段

（1）认真倾听，保持冷静，同情、理解并安慰客户。

（2）给予客户足够的重视和关注。

（3）明确告诉客户等待时间，一定在时限内将处理结果反馈给客户。

（4）注意对事件全过程进行仔细询问，要做详细的投诉记录。

2. 解释澄清阶段

（1）不与客户争辩或一味寻找借口。

（2）注意解释语言的表达，不要给客户有受轻视、冷漠或不耐烦的感觉。

（3）换位思考，从客户的角度出发做合理的解释或澄清。

（4）不要推卸责任，不得在客户面前评论企业 / 其他部门 / 同事的不是。

（5）在没有彻底了解清楚客户投诉的问题时，不将问题反映到相关人员处。

（6）如果确实是企业的过错，则必须诚恳道歉，但是表达歉意应适度，注意管理客户的期望，同时提出解决问题的办法。

3. 提出解决方案阶段

（1）可按投诉类别和情况，提出解决问题的具体措施。

（2）向客户说明解决问题所需要的时间和原因，如果客户不认可或拒绝接受解决方案，坦诚地向客户表明公司的规定。

（3）及时将需要处理的投诉记录传递给相关部门处理。

4. 回访阶段

（1）根据处理时限的要求，注意跟进投诉处理的进程。

（2）及时将处理结果向投诉的客户反馈。
（3）询问客户对处理结果的满意程度。

三、处理客户投诉的流程图

处理客户投诉的流程如图 4－6 所示。

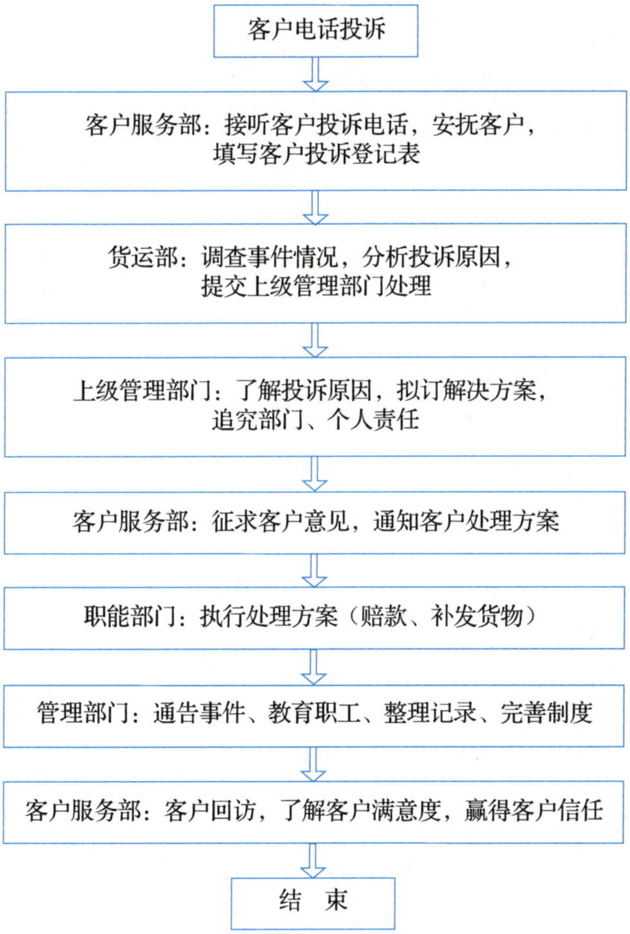

图 4－6　处理客户投诉流程

自测练习

一、判断题

1. 不可抗力因素包括天气、战争、罢工、事故等不可抗力因素所造成的延误、损失等。(　　)

2. 处理完客户投诉后，需要对客户进行回访，以确定客户对处理结果是否满意，同时也能让客户感受到企业对他的重视，从而重新获得客户的青睐。(　　)

3. 公司对客户投诉处理的不同结果，都有可能会使企业与客户的业务关系发生变化。(　　)

二、客户投诉处理能力评估

请同学们在每道题后面相应的数字上打钩，数字 1 ~ 5 分别说明如下：

1= 从不这样 2= 极少这样 3= 有时这样 4= 通常这样 5= 总是这样

- A 我觉得我能够平息大多数客户的不满 1 2 3 4 5
- B 当我遇到客户投诉时，我会

（1）保持平静 1 2 3 4 5

（2）不打岔 1 2 3 4 5

（3）专心于客户所关心的事 1 2 3 4 5

（4）面对口头的人身攻击不采取对抗姿态 1 2 3 4 5

（5）放下手头的工作 1 2 3 4 5

（6）神情专注 1 2 3 4 5

（7）面部表情合适 1 2 3 4 5

（8）与对方对视时眼神很自信 1 2 3 4 5

（9）耐心听完对方的全部陈述后再回答 1 2 3 4 5

（10）适当做记录 1 2 3 4 5

（11）表现出对对方情感的理解 1 2 3 4 5

（12）让客户知道自己乐于给予帮助 1 2 3 4 5

（13）知道在什么时候请出自己的上司 1 2 3 4 5

（14）语调自信而殷勤 1 2 3 4 5

（15）不使用火上浇油的措辞 1 2 3 4 5

（16）避免指责自己的同事和公司 1 2 3 4 5

- C 投诉的客户离开后，我

（1）能控制住自己的情绪 1 2 3 4 5

（2）不对其他同事多次讲述所发生的不愉快事件 1 2 3 4 5

（3）能够分析自己有哪些不足，并加以改进 1 2 3 4 5

你的得分是__________。

评价自己：90 ~ 100 分 = 客户投诉处理能力优秀；80 ~ 90 分 = 客户投诉处理能力不错；60 ~ 70 分 = 客户投诉处理能力马马虎虎，需要进一步提升；40 ~ 60 分 = 客户投诉处理能力不合格，需要继续努力以提高自己的处理能力和水平；0 ~ 40 分 = 客户投诉处理能力不足，建议更换工作。

项目五

客户满意度

情境描述

1. 物流企业客户

2021 年 9 月 16 日，长风物流有限公司客服部的客户投诉专员张敏接到客户 SX 电器公司打来的投诉电话，称头天收到的一批出库单号为 101318623－001 的货物外包装出现破损，造成产品质量出现问题，影响销售，因此要求赔偿其经济损失。经过相关部门的调查和客服人员张敏耐心专业的服务，客户的情绪得到缓和，并且对公司专业的处理表示满意。

2. 电商客户

早在 2009 年，农产品电商意识还未兴起的时候，海伶山珍店铺就走上了土特产的细分道路：食品中的土特产，特产中的青川野生土特产。把“山里人的货”搬到线上，目前已经做到了 4 皇冠，年销售额也很可观。销售额增长也许并不算特别快，但店铺目前已经拥有 23 万老客户，店铺的热卖产品农家土蜂蜜已经累计售出上万斤。海伶山珍能够走到今天，很大一部分原因是其对顾客高效的关注回访，回访率高达 90% 以上。无论是客户生日，还是重要节日，店铺都会送上诚挚的问候，此外任何店铺优惠活动，都会通过旺旺第一时间发送给客户，网店因此积累了一大批忠实粉丝。

3. 汽车 4S 店客户

王先生气冲冲地来到 4S 店要求退车，他反映新买不久的车子在行驶过程中有抖动的现象，他驾驶时总是提心吊胆，特别是在上坡时抖动得更厉害，差点发生溜车。面对客户激动的情绪，我们的服务顾问先是安抚了王先生的情绪，站在王先生的立场上分析了此次事件的影响，并以最快的速度为王先生解决问题，让王先生安心。在经过试车和检测后发现是离合器问题，服务顾问耐心地跟王先生解释车子抖动是因为离合器啮合不畅，维修后不会影响车辆的正常功能，打消了王先生的疑虑后，他的情绪也缓和了。原本是一件棘手的事情，甚至会失去客户，但是在服务顾问耐心、专业的处理后，王先生成为 4S 店的忠实客户。

学习活动任务及学时分配

学习活动及学时分配（总学时：8 学时）

活动序号	学习活动任务	学时安排	备注
1	撰写客户回访方案	2	
2	客户电话回访	2	
3	客户满意度调查表的撰写与分析	4	

学习活动任务目标

分类	任务目标
知识目标	理解客户回访的目的
	理解电话回访的目的
	理解客户满意度的概念及目的
	掌握撰写客户回访方案的方法、步骤
	掌握电话回访的流程及技巧
	掌握撰写满意度调查表的方法
技能目标	能够设计客户回访方案
	能够根据不同的客户，灵活选择客户回访的形式
	能够正确独立地完成电话回访
	能够灵活运用电话回访技巧
	能够设计客户满意度调查表
职业素养目标	培养良好的服务态度和意识
	培养团结合作及良好的沟通能力
	培养解决问题的能力和创新意识
	树立企业良好形象，最终能为企业赢得客户忠诚度
	思维敏捷，具备对客户心理活动的洞察力

任务名称	撰写客户回访方案	教学流程	客户满意度
班级		姓名	
工作岗位			

1 学习活动任务一

撰写客户回访方案

任务目标

通过本任务的学习和训练，学生能够理解客户回访的目的，区分不同的客户回访方式，能够制定出客户回访方案的内容并完成撰写。

工作过程

一、客户回访的目的及回访时间

1. 做好客户回访可以提升公司的__________和__________，是维护好客户关系的关键。通过客户回访，可以不断收集________，不断改善____________的质量，促进双方保持长期的合作关系，提升客户忠诚度。

2. 表 5－1 是某位客户的信息，请完成以下任务。

表 5－1 某位客户的信息

顾客 ID	性别	职业	联系电话	最近一次交易日期
你要的幸福	女	学生	158××××××××	2021/7/15

（1）小慧在千牛平台上收集到了这位客户的相关信息，了解到这位客户最近经常浏览公司的产品，但是却一直没有下单。在回访这类客户时，我们的回访目的可以是什么？写明理由。

回访的目的及理由：

（2）从已有的资料中，我们了解到该客户是一名学生，对于这类客户，我们应该如何

安排回访时间？说明理由。

回访的时间及理由：

二、客户回访的形式

1. 一名客户是学生，最近经常来浏览公司的产品，但是却一直没有下单，面对这样的情况，我们应该选择哪种合适的回访形式？请说明理由。

回访的形式及理由：

2. 作为本公司的____________（岗位），你认为客户回访的形式有哪些？并分析这些回访形式的优缺点。

客户回访的形式：
（1）
（2）
（3）
回访形式的优缺点：
（1）
（2）
（3）

三、客户回访步骤

试画出客户回访的流程图。

四、客户回访计划、方案的填写

案例情境 1　物流客户

2021 年 9 月 16 日，长风物流有限公司客服部的客户投诉专员张敏接到客户 SX 电器公司打来的投诉电话，称头天收到的一批出库单号为 101318623－001 的货物外包装出现破损，造成产品质量出现问题，影响销售，因此要求赔偿其经济损失。经过调查，发现是因为当时下雨，送货员没有做好防雨措施，造成部分货物淋雨，在运输的途中，颠簸又造成淋雨的货物质量损坏。经配送部门研究决定，提出解决问题的方案：尽快申请补发毁损货物，并赔付客户财产损失费 1 860 元。客服张敏接到配送部的处理结果后，立即将客户投诉事件及解决结果向客服部主管汇报，客服部主管批复可以执行。随后张敏与投诉客户取得联系，说明了长风物流有限公司对此次客户投诉提出的解决方案，询问客户是否满意，客户听后很高兴地答应了，并表示很满意，但是希望以后尽量不要再发生类似的事件。

作为公司的客服人员，为了给客户更好的服务，请你制订一份合理的客户回访计划。

案例情境 2　网店客户

天猫海尔旗舰店的售后客服人员接到顾客的抱怨，说洗衣机不耐用，刚用没多长时间就坏了。维修人员上门回访得知，原来北方的农民用洗衣机来清洗当地盛产的农产品——地瓜。因为地瓜的泥土太多，清洗后堵塞了排水口从而导致洗衣机损坏。

作为海尔公司的客服人员，在接到这样的投诉后，请你制订一份客户回访计划。

案例情境 3　汽车 4S 店客户

2021 年 6 月 18 日，王先生的宝骏 530 因为空调出风口不出风，他将爱车送到宝骏 4S 店进行维修，经过维修师傅的检修，王先生空调出风口不出风的问题解决了，王先生表示感谢后离开了 4S 店。

作为客服人员你将要做什么？该如何做呢？请填写表 5－2、表 5－3。

表 5－2　客户回访计划表

回访编号：

<table>
<tr><td>回访客户姓名</td><td></td><td>回访客户联系方式</td><td></td></tr>
<tr><td>预计回访日期</td><td></td><td>回访客户等级</td><td></td></tr>
<tr><td>预计回访人员</td><td></td><td>预计回访方式</td><td></td></tr>
<tr><td>回访原因</td><td></td><td>预计回访预算（元）</td><td></td></tr>
<tr><td colspan="4">回访具体计划</td></tr>
<tr><td colspan="4">一、回访对象

二、回访内容</td></tr>
<tr><td>客服代表</td><td></td><td>主管领导审核签字</td><td></td></tr>
<tr><td>受理时间</td><td></td><td>审核日期</td><td></td></tr>
</table>

表 5-3 客户回访记录表

编号： 日期： 年 月 日

<table>
<tr><td>回访日期</td><td></td><td>回访客户</td><td></td><td>回访人</td><td></td></tr>
<tr><td colspan="2">回访要点</td><td colspan="4"></td></tr>
<tr><td colspan="2">服务满意度</td><td colspan="4">□好 □较好 □一般 □差 □很差</td></tr>
<tr><td rowspan="2">回访
记录</td><td colspan="3">客户意见和要求</td><td colspan="2">对策与建议</td></tr>
<tr><td colspan="3"></td><td colspan="2"></td></tr>
<tr><td>备 注</td><td colspan="5"></td></tr>
<tr><td>主管领导意见</td><td colspan="2"></td><td>审核日期</td><td colspan="2"></td></tr>
<tr><td colspan="6">注：1. 此单用于回访服务时填写。
2. 此单由回访人员填写，回访结束后提交部门主管领导审批后，交公司客服部门归档。</td></tr>
</table>

考核评价

<table>
<tr><td>姓名</td><td></td><td>学号</td><td></td><td>班级</td><td></td></tr>
<tr><td>任务名称</td><td colspan="5">撰写客户回访方案</td></tr>
<tr><td>考核内容</td><td>考核标准</td><td>参考分值（分）</td><td>学生自评</td><td>小组互评</td><td>教师评价</td></tr>
<tr><td rowspan="3">理论知识评价</td><td>熟悉客户回访计划表的相关内容</td><td>15</td><td></td><td></td><td></td></tr>
<tr><td>掌握客户回访的形式</td><td>15</td><td></td><td></td><td></td></tr>
<tr><td>掌握客户回访的流程</td><td>10</td><td></td><td></td><td></td></tr>
<tr><td rowspan="3">技能操作评价</td><td>能够完成客户回访计划表的填写</td><td>15</td><td></td><td></td><td></td></tr>
<tr><td>能够完成客户回访</td><td>10</td><td></td><td></td><td></td></tr>
<tr><td>能够撰写客户回访方案</td><td>15</td><td></td><td></td><td></td></tr>
<tr><td rowspan="2">职业素养评价</td><td>具有团队协作能力</td><td>10</td><td></td><td></td><td></td></tr>
<tr><td>具有认真负责的工作态度</td><td>10</td><td></td><td></td><td></td></tr>
<tr><td colspan="2">得分</td><td>100</td><td></td><td></td><td></td></tr>
</table>

相关资料

现代市场竞争的实质就是一场争夺客户资源的竞争。首先，留住老客户可以使企业的竞争优势长久；其次，留住老客户还会大大降低成本，开发一个新客户的成本大约是维护一个老客户成本的 6 倍，通过客户回访等售后关怀，借助老客户的口碑进一步提升销售，这是客户开发成本最低也是最有效的方法之一。一个满意的老客户 =8 个潜在客户，而一个不满意的老客户 = 减少 25 个潜在客户，利用口碑的力量可以带来连锁反应与利润成倍的增加，可见维护老客户的重要性。

一、客户回访的含义

客户回访是企业用来进行产品或服务满意度调查、客户消费行为调查、客户维系的常用方法。由于客户回访时往往会与客户进行比较多的互动沟通，企业可以完善客户数据库，为进一步的交叉销售、向上销售做铺垫，所以认真策划就显得尤为重要。

客户回访是客户服务的重要内容，做好客户回访是提升客户满意度的重要方法。客户回访对于产品企业来讲，不仅可以得到客户的认同，还可以创造客户价值。我们对很多企业的客户回访进行分析后，得到的结论是客户回访不会只产生成本，充分利用客户回访技巧，特别是利用客户关系管理（CRM）来加强客户回访会得到意想不到的效果。

二、客户回访的目的

客户回访不仅可以提升公司的服务形象和品质，收集客户反馈的信息，从而不断改善产品和服务的质量，还可以促进与客户的长期合作关系，提升客户忠诚度。做好客户回访是维护好客户关系的关键。一般分为以下五个方面：

（1）通过客户回访能够准确掌握每一个客户的基本情况和动态。

（2）在对客户有翔实了解的基础上，有针对性地对不同客户进行不同方法的维系与跟踪回访。

（3）了解客户需求，便于为客户提供更多、更优质的增值服务。

（4）发现自身存在的不足，及时改进提高。

（5）提高客户满意度。

三、客户回访的流程

（一）确定回访对象

做好客户细分，可以有针对性、有主次地进行客户回访，提升回访的质量。针对不同的客户，按照 A、B、C 分类原则，对客户进行管理，A 类为高贡献客户，B 类为一般客户，C 类为休眠客户。客户回访根据 A、B、C 原则划分主次。

（二）明确回访内容

（1）调查客户对公司服务的满意度。

（2）了解客户真正的服务需求，收集相关信息。

（3）帮助客户解决遇到的实际问题，例如财务问题。

（4）加强与客户沟通，收集客户意见和建议，改进公司产品和服务。

（三）回访前准备

（1）了解回访客户的基本情况，有针对性地进行回访。

（2）准备好回访客户的相关资料，打消客户顾虑，与客户拉近关系。

（3）根据不同客户确定回访时间。

（四）选择回访形式

1. 电话回访

电话回访是指向对方致电，确认对方是否对产品或服务满意，一般适用于商业客服。

2. 短信回访

短信回访是最经济、快捷的一种方式，同时也容易得到用户的认可。具体可以采用回访人员单个发送和通过网络运营公司群发的方式。

制定发送的信息内容，这里提供以下模板：

（1）节日问候型："亲爱的 ×× 用户，今天是 ××× 节，×× 网店全体员工祝您节日快乐。在今后的日子里，您所用的 ×× 产品若有什么问题，请与我们联系，我们竭诚为您服务！服务电话：××-×××-×，谢谢！

（2）有用信息型："亲爱的 ×× 用户，为感谢您使用 ×× 产品，我们特为您准备了一份小小的礼物，欢迎您来领取！服务电话：××-××，谢谢！"，"亲爱的 ×× 用户，×× 网店将在 × 月 × 日至 × 月 × 日在 ×× 地方举办一个关于 ×× 的活动，欢迎届时参加！"

由于操作简单、效果显著，我们可以考虑着重使用这种形式，对普通用户，以一个季度回访一次为佳（各地视具体情况而定）。

3. 邮寄回访

（1）筛选客户资料，确定样本量，尽量选择没留下电话号码而有详细地址的客户来进行，以弥补其他回访形式的不足。

（2）每个办事处客服选择样本不宜过多，基本上控制在客户总量的 5% ～ 10%，并且时间跨度为 2 ～ 3 个月，因为这是一件耗时、耗力的工作，必须有时间上的跨度，才能得到相应的信息反馈。

（3）确定好邮寄内容，可以和自己某一时段的目的结合起来：若做宣传，可邮寄一些资料、新产品介绍；若要与客户建立情感上的联系，可以邮寄慰问信或小礼物……要注意控制邮寄回访的成本。

（4）邮寄回访的后期工作一定要做好，即我们要掌握客户有无良好的信息反馈，客户真正收到信件的比率为多少，尤其第一次的结果分析对后期的邮寄回访有重要的意义。我们真正的目的是要在客户的心目中树立良好的品牌形象。

4. 登门回访和举办活动

（1）登门拜访。这种形式只在特殊的情况下对特定用户进行，如多次维修用户、特定关系用户。可采取送礼品、为用户调换或上门维修的方式。这种形式可以与用户面对面沟通，有效消除用户已有的误解，提升和扩大影响力。但缺点是消耗人力、物力、财力。

（2）举办活动。选择适当的时机邀请客户免费参加公司举办的各种娱乐、优惠活动，并适当赠送一些礼品，中间可以穿插一些针对产品的培训。这种形式是最复杂的，但也是影响最广泛的一种。采取这种形式要有一个详细的操作方案，避免产生负面效应。

(五) 明确回访时间

企业人员：10：30 ～ 11：30，15：00 ～ 17：30；
医生：11：00 ～ 14：00；
销售员：10：00 前或 16：00 后；
行政人员：10：30 ～ 15：00；
学生：16：00 后，放学时；
家庭主妇：最好是 10：00 ～ 11：00。

(六) 客户回访，收集反馈意见

具体见本项目后面内容。

四、客户回访计划表的内容

客户回访计划表如表 5－4 所示。

表 5－4　客户回访计划表

回访编号：

回访客户姓名	张三	回访客户联系方式	189××××5950
预计回访日期	2021 年 × 月 × 日上午 / 下午 ××：××	回访客户等级	A/B/C
预计回访人员	具体人员名单	预计回访方式	根据实际情况填写
回访原因	客户投诉 / 客户咨询	预计回访预算（元）	0 元
回访内容： 1. 告知客户事情发生的经过和处理结果。 2. 询问客户是否满意处理结果，对处理结果是否还需要提出意见和建议。 3. 询问客户是否对本公司业务处理流程满意，是否还有需要改进的地方。			
客服代表		主管领导审核签字	
受理时间		审核日期	

五、客户回访方案参考格式

客户回访方案

一、回访目的

目的：收集客户使用信息 / 提升服务 / 改进产品质量……

二、回访时间

时间：×× 年 ×× 月 ×× 日　上午 / 下午　×× 点

三、回访对象的信息

姓名：

性别：

客户类型：

工作性质：

……

四、回访形式

电话回访 / 短信回访 / 邮寄回访 / 登门回访

五、回访内容

1.

2.

3.

六、客户反馈的问题及处理

1.

2.

3.

六、回访注意事项

（1）回访人员要言谈举止得体，礼貌友好。

（2）了解客户需求，根据客户不同的态度，选择谈话内容，提出不同的建议和要求。

（3）回访结束后再次讲明回访目的，并对客户表示感谢，为下次回访或再次合作做好铺垫。

（4）认真总结回访结果及客户反馈的信息，做好相关记录。

考核评价

<table>
<tr><td>姓名</td><td></td><td>学号</td><td></td><td>班级</td><td></td></tr>
<tr><td>任务名称</td><td colspan="5">撰写客户回访方案</td></tr>
<tr><td>考核内容</td><td>考核标准</td><td>参考分值（分）</td><td>学生自评</td><td>小组互评</td><td>教师评价</td></tr>
<tr><td rowspan="3">理论知识评价</td><td>了解客户回访的含义及目的</td><td>15</td><td></td><td></td><td></td></tr>
<tr><td>熟悉客户回访形式</td><td>15</td><td></td><td></td><td></td></tr>
<tr><td>掌握客户回访时机</td><td>10</td><td></td><td></td><td></td></tr>
<tr><td rowspan="3">技能操作评价</td><td>能够客观认识客户回访对于企业的重要性</td><td>10</td><td></td><td></td><td></td></tr>
<tr><td>掌握客户回访的基本要求和方法</td><td>15</td><td></td><td></td><td></td></tr>
<tr><td>通过工作案例介绍和实践，提高学生的客服职业能力和素养</td><td>15</td><td></td><td></td><td></td></tr>
<tr><td rowspan="2">职业素养评价</td><td>能够正确面对客户回访工作中的挑战</td><td>10</td><td></td><td></td><td></td></tr>
<tr><td>思维敏捷，具备对客户心理活动的洞察力</td><td>10</td><td></td><td></td><td></td></tr>
<tr><td colspan="2">得分</td><td>100</td><td></td><td></td><td></td></tr>
</table>

自测练习

一、填空题

1. 客户回访的形式有：__________、__________、__________、__________。

2. 目前使用最多的回访形式是__________。

3. 做好客户细分，可以提高回访的质量，按照A、B、C分类原则进行客户管理，A类指的是__________，B类指的是__________，C类指的是__________。

4. 做好客户回访可以提升公司的服务形象和品质，可以收集__________，改善__________，促进__________，提升__________。

二、不定项选择题

1. 如果是进行普遍的抽样调查，无针对性的普通客户，可以采取（　　）的回访方式。

A. 阿里旺旺　　B. 腾讯QQ

C. 微信　　D. 电话回访

2. 如果客户是家庭主妇，那么回访时间约在（　　）比较合适。

A. 11：00～14：00　　B. 10：00～11：00

C. 10：30～15：00　　D. 20：00～21：00

3. 有的客户会从询问商品问题，聊到自己的购物经历、购物心得等，如果遇到这样的客户，客服应该（　　）。

A. 使用明快直白的措辞

B. 坦诚、直率地与之进行交流

C. 保持谦虚、包容的心态，认真听取他们的意见

D. 从对方的谈话中寻找有用信息，选择适当时机结束回访

三、判断题

1. 回访是拉近我们与顾客距离、增强沟通、建立互信、提升忠诚度的重要手段。通过回访可以了解客户满意度，优化服务流程，从而给客户提供更好的服务，留住客户。所以大家要团结协作，共同做好客户回访。（　　）

2. 产品同质化程度很高的情况下，客户购回产品后，从当初购买前担心质量、价格，转向对产品使用中服务的担心，所以在产品销售后，定期的回访十分重要。（　　）

3. 运营专员进行分配前回访，是为了跟客户就服务细节达成一致，提高服务效率，避免因服务范围不清晰或理解有误造成投诉或客户流失。所以，各部门应该团结协作，随时随地维护公司的形象。（　　）

任务名称	客户电话回访	教学流程	客户满意度
班级		姓名	
工作岗位			

2 学习活动任务二

客户电话回访

任务目标

通过本任务的学习和训练，学生能够理解客户电话回访的重要性，并能够正确、独立地完成电话回访。

工作过程

一、客户电话回访的作用

1. 电话回访的主要优点是__________、__________、__________。

2. 电话回访可以及时接收客户的__________，可以减少__________，增进与客户的感情，提升客户满意度，促进终端营销。

二、客户电话回访的流程

作为本公司的__________（岗位），你认为客户电话回访的流程是什么？

三、客户电话回访的注意事项

作为本公司的__________（岗位），你认为在进行电话回访时要注意什么？

四、客户电话回访的方法技巧

1. 你认为有什么技巧可以帮助我们做好电话回访？

请写出 5W1H 电话回访技巧：

2. 为什么要进行电话回访？其意义是什么？

3. 如果你是张敏，你将怎样进行电话回复沟通，请用连线的方式将正确的对话表述出来：

张敏：① 客户：你好 张敏：② 客户：方便，请讲。 张敏：③。 客户：收到了，你们处理完后的第　天就都收到了。 你们处理投诉问题的效率很高，服务态度也很诚恳，我们很满意。希望我们以后能够有更多、更深入的合作！ 张敏：④	• 刘先生，您好！我是长风物流有限公司的客服员张敏。 • 我们补发的 3 个蒸汽电熨斗和 5 个真空吸尘器以及 1 860 元的赔偿款您收到了吗？ • 客户的满意就是对我们最大的鼓励，今后我们会更加努力，全心全意为客户提供更优质的服务！感谢您的支持！谢谢！ • 我现在针对贵公司对于单号为 101318623-001 配送货物外包装潮湿破损的投诉处理进行回访。请问您现在方便接听电话吗？

五、课堂实训

请根据下述案例情境，分小组进行电话回访的模拟练习。

案例情境 1　物流客户

客服张敏沟通完毕后，通知配送部门客户已经接受我们的解决方案，请配送部门尽快与财务、仓储部门联系，补发客户的货物。配送部门表示会尽快补发货物。

三天之后，张敏拨通了客户的电话进行回访，客户表示在给出处理意见的第二天就收到了长风物流补发过来的货物，对公司处理问题的态度和办事效率都给予了很高的评价，并且表示希望以后多多合作。

案例情境 2　网店客户

2021 年夏天，天猫海尔旗舰店售后客服接到顾客电话：青岛的一位老太太，网上买了一台海尔空调，到货后没多久，一个电话打来了，说空调有点问题。售后客服预约了维修师去看了看，说空调没问题，让老太太放心用。又过几天，老太太又打来电话，说空调又有点问题。维修师第二次上门服务，看了看又没问题。过了几天，又一个电话说，空调就是有点问题。老人 60 多岁了，对新东西不大放心，特别敏感。当时是夏天，一天卖出去的空调超过一万台，售后维修人员忙得不得了。在这种情况下，维修师第三次上门服务，看了看空调确实没有什么问题。事后，这位维修师说："从第三次上门服务回来以后，我每天上班的第一件事就是给老太太打电话，问问空调有没有问题，第一天打电话时老太太还吞吞吐吐地说：空调吗，没、没什么问题吧。当打到第三天时，老太太非常感动地说：空调没问题，空调没问题了，不用再来电话了。"

案例情境 3　汽车 4S 店客户

2021 年 6 月 18 日，王先生因为他的宝骏 530 空调出风口风量变小，将爱车送到宝骏 4S 店进行维修并解决了空调不出风的问题，今天是第三天了，要给王先生做一次售后电话回访。

实训目的

1. 使学生掌握客户回访的步骤及回访要求。
2. 使学生掌握电话回访的流程及技巧。
3. 通过模拟电话回访，填写客户回访记录表。
4. 培养学生的独立思考能力和应变能力。

实训准备

形式：每两人为一组，分别饰演客户和客服人员。

场地：客户服务实训中心。

实训道具：水性笔、记录纸、实训背景资料、坐席呼叫语音信息系统、多媒体设备等。

实训步骤

1. 根据教师下达的案例情境，在坐席上进行角色演练。
2. 对每组的实训情况进行录音记录。
3. 小组成果展示（学生分组表演电话回访的客户及客服人员，客服人员做好客户回访记录表的登记工作）。

4. 教师对实训演练情况进行总结。

考核评价

姓名		学号		班级	
任务名称	受理客户电话投诉				
考核内容	考核标准	参考分值（分）	学生自评	小组互评	教师评价
理论知识评价	熟悉电话回访的目的	5			
	明确电话回访的流程	10			
	掌握电话回访的技巧	15			
	掌握电话回访的重点	5			
技能操作评价	能够正确独立地完成电话回访	10			
	能够运用电话回访技巧	15			
	能够灵活应对电话回访及做好回访记录	15			
职业素养评价	具有团队意识、服务意识	5			
	具有对工作认真负责的工作态度	10			
	提高学生为客户服务的职业能力和素养	10			
得分		100			

相关资料

电话回访是在产品营销中沟通联系客户的方法之一，是客户服务的重要内容。电话回访的主要优点是便捷、省时、灵活。电话回访可以及时收集客户的意见和建议，减少客户投诉，增进与客户的感情，提升客户满意度，促进终端营销。

一、电话回访的流程

电话回访流程如图 5－1 所示。

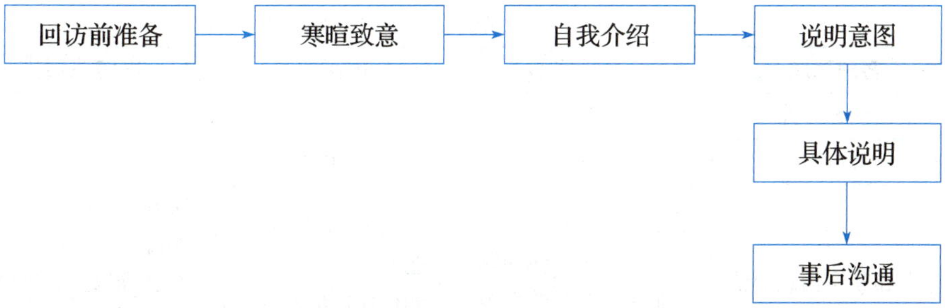

图 5－1 电话回访流程

（一）回访前的准备

在进行电话沟通前，要充分了解客户的基本情况，合理编排问题的内容，对客户可能会产生的疑问要有所准备，能够及时解答客户疑问，给客户留下良好的印象。

（1）确定电话回访的目的。

（2）对客户进行细分。

（3）确定回访的时间。

（二）寒暄致意

电话回访时，我们的语音是一张个人名片，因此在电话回访时要调整好自己的情绪，用柔和、甜美的声音向客户问好，使客户愿意继续听下去，用语要礼貌，节奏要适中，避免给人冷冰冰的感觉。

（1）说好第一句话，能给人创造良好的第一印象。

（2）赞美客户。

（3）记住客户的名字。

（4）注意声音、情绪的把握。

（三）自我介绍

礼貌地介绍自己公司的名称、部门名称以及姓名，打消客户的不信任感。

（四）说明意图

应该简单明了地说明此次打电话的目的，是新品宣传、产品推荐还是提供专门服务等，让客户明白你为什么给他打电话，这样也可以更有效地了解客户的态度。

（五）具体说明

组织好语言清楚地表达出你想要表达的内容，记录客户反馈的问题及建议，做好明细记录，避免下次与客户交流时问相同的问题。

（六）事后沟通

重复本次电话回访的重要内容，尽快给客户反馈处理结果。若是遇到客户投诉，则先安抚客户情绪，认真倾听客户的心声，站在客户的角度去理解客户，多给客户说话的时间，不要随意打断客户的讲话，以免引起客户反感，激化矛盾。

4S 店的基本回访流程如表 5－5 所示。

表 5－5　4S 店的基本回访流程

模块	客户离店	电话回访	电话回访	进店或结束跟踪
时间	3～5 分钟	3 天	7 天	30 天
行为	短信	电话	电话	短信
内容概要	感谢和联系信息短信	问题是否已经解决 是否还存在其他问题 详细说明注意的细节 提醒他预约号码是多少	是否还存在其他问题？ 如存在，是否需要帮助其预约来厂解决	进店：产生下一轮客户跟踪 结束跟踪：情感跟踪，告知其下一次进厂保养时间

续表

模块	客户离店	电话回访	电话回访	进店或结束跟踪
短信稿	××汽车服务有限公司感谢您接受我们的服务，祝您行车愉快！【电话；地址】			如：雨雪天路滑，请车主朋友谨慎行车！【××汽车服务有限公司】友情提醒【电话】
其他提醒				尊敬的车主：您的爱车下一次保养里程为：××××公里，为保证您的出行顺畅，减少维修，请您届时到本店进行保养！

二、电话回访的方法技巧

5W1H 电话回访技巧：

（1）Why（为什么）：打电话的目的、理由。

（2）What（什么）：回访的具体内容。

（3）Who（谁）：电话回访的对象。

（4）When（时间）：回访对象适合的通话时间。

（5）Where（在哪里）：回访的地点。

（6）How（怎么做）：如何更好地进行回访。

三、电话回访的好处

（1）信息互动性强。电话沟通的方式可以让客服与顾客进行直接沟通，信息互动性强，循序把握顾客的需求。

（2）语言交流信息量大。可以读出顾客的情感和情绪，能够根据顾客的情绪变化采用不同的话术。

（3）节省时间。电话交流节省时间，时效性强，对于解决紧急问题非常有效。

四、不同性质顾客的回访重点

（1）熟客：对回购两次或多次的顾客，建议安排语言沟通能力较强的人员进行回访，维护熟客长期前来消费，减少流失率。

（2）新顾客：根据顾客近期所消费的商品进行回访，回访目的即加深顾客对网店产品的印象，将其发展为长期熟客。

（3）休眠顾客：可询问顾客未消费的原因，如质量问题、服务问题、款式问题、居住或工作地址迁移、异地购买、出差在外、工作繁忙、没时间等，并做综合分析、跟踪服务记录，再计划挽回措施。

五、进行电话回访时的注意事项

（1）电话回访前准备好客户的相关资料，为回访做好铺垫。
（2）在进行电话回访时，应简明扼要，突出重点。
（3）善用礼貌用语，如您好、请您、请问、谢谢等。
（4）站在客户的角度进行电话沟通，安抚客户的情绪。
（5）让客户感受到被重视，取得客户的信任。
（6）主动发现客户需要的项目，把售后服务做到位，让客户满意。
（7）多收集客户对公司的意见和建议，为客户提供更好的服务。

自测练习

一、判断题

1. 在进行电话回访时，为了拉近与客户的距离，可以先跟客户聊一会儿家常。（　　）
2. 5W1H 电话回访技巧中的 H 指的是怎么样做好电话回访。（　　）
3. 在进行电话回访前应当了解客户的基本情况。（　　）
4. 适当的寒暄可以拉近与客户的关系。（　　）
5. 做好电话回访，可以减少客户投诉。（　　）

二、不定项选择题

1. 电话回访工作中，发现客户有什么问题的话，备注不回访呢？（　　）
   A. 质量　　B. 退差价
   C. 退货　　D. 沟通不愉快
2. 作为回访客服，需要具备哪些心理素质？（　　）
   A. 热情积极　　B. 用心服务
   C. 认真仔细　　D. 得过且过
3. 电话回访的流程有（　　）。
   A. 自我介绍　　B. 说明意图
   C. 达成约访　　D. 切入正题
4. 按照购买的次数分类，顾客可以分为（　　）等类别。
   A. 冲动型顾客　　B. 熟客
   C. 新顾客　　D. 休眠顾客
5. 作为回访客服，我们跟客人聊天时，下列哪些事情不能做？（　　）
   A. 和客人争吵，批评客人　　B. 嘲笑客人
   C. 答非所问　　D. 不及时转接

任务名称	客户满意度调查表的撰写与分析	教学流程	客户满意度
班级		姓名	
工作岗位			

3 学习活动任务三

客户满意度调查表的撰写与分析

任务目标

通过本任务的学习和训练，学生能够理解客户满意度调查的目的，能够制定出客户满意度调查表的内容并完成撰写。

工作过程

一、客户满意度的概念

1. 客户满意度 =________________−________________。

2. 客户满意度是指客户在获得企业提供的产品或服务后内心的感受，并通过这种内心感受形成的____________和______________。

3. 问卷调查：在市场调查中，应事先准备好________________________作为调查的依据，这些文件统称为问卷。

4. 公司为什么要设计问卷调查表？

5. 问卷调查表的类型有哪些？

按传递方式分 →	
按填写人分 →	
按是否有固定格式分 →	

6. 问卷设计的程序：

二、客户满意度调查的目的

1. 测定客户满意度是为了__________客户对产品或提供的服务的__________。

2. 调查客户满意度是为了了解客户的____________，提高客户对企业的忠诚度，为了了解客户的____________，发掘客户的潜在需求；为了测定企业的优势和____________，寻求改进方向；为了增加企业与客户的交流，减少抱怨和客户流失。

3. 问卷设计是根据__________________，将所需调查的______________，使研究者能顺利地获取必要的信息资料，以便于统计分析的一种手段。

三、撰写满意度调查表的方法

我们应该怎么写好一份调查问卷？请写出撰写满意度调查表的步骤。

四、课堂实训

（以下内容可以三选一）

1. 撰写一份学校食堂用餐体验的满意度调查问卷。

（一）标题

（二）前言

（三）正文

（四）结束语

2. 以 5 ～ 6 人一组，自选淘宝网店，围绕其制定顾客满意度调查问卷。（提示：数据

内容包括网店商品满意度、客服服务满意度、客服行为满意度、物流配送满意度、网店形象满意度）

实训步骤：

（1）确定组队，明确分工；

（2）选定淘宝网店；

（3）制定满意度调查问卷；

（4）分发问卷；

（5）收集问卷。

3. 物流企业想针对企业员工购物问题进行了解，调查对象为物流企业从业人员，物流专业毕业 3 年以上，工作满 3 年。请你根据题干，设计出三个相关的调查问题。

Q1：
Q2：
Q3：

五、收集、审核和分析问卷

环节一：收集问卷，统计问卷数量

（1）问卷总数；（2）空白卷总数。

环节二：审核有效问卷

步骤 1：将规范的问卷归类；

步骤 2：封闭式问题归类；

步骤 3：开放式问题归类；

步骤 4：无效的问卷重新调整或放弃；

步骤 5：统计有效问卷数量。

环节三：分析数据结果

步骤 1：选择分析方法；

步骤 2：分析数据结果，得出结论。

考核评价

姓名		学号		班级	
任务名称	客户满意度调查表的撰写与分析				
考核内容	考核标准	参考分值（分）	学生自评	小组互评	教师评价
理论知识评价	熟悉客户满意度的概念	15			
	明确客户满意度调查的目的	15			
	掌握撰写满意度调查表的方法	10			
技能操作评价	能够设计满意度调查表的内容	15			
	能够撰写客户满意度调查表	10			
	能够对调查数据进行简单的分析	15			
职业素养评价	具有团队合作能力、与人沟通的能力	10			
	具有解决问题的能力、创新能力	10			
得分		100			

相关资料

一、客户满意度的概念

客户满意度是指客户在获得企业提供的产品或服务后内心的感受，并通过这种内心感受形成的评价和行为。我们在购买产品或接受服务时，内心会对产品或服务产生期待，这种“事先期待”就是客户的期望值——是一种期望得到的感受。在得到产品或服务后，客户会给产品和服务一个实际的评价，这就是客户的实际感受，也即客户的满意程度。

客户的满意度＝顾客的实际感受－客户的期望值

二、满意度调查的目的

客户满意度调查是根据自己的业务目标并针对客户的侧重点，进行规划、研究、调查、分析、采取纠正措施和持续改进的过程。测定客户满意度是为了改善客户对产品或提供的服务的客户体验。客户满意度调查的目的主要有以下几点：

（1）了解客户的满意度程度，提高客户对企业的忠诚度。

（2）了解客户的想法及意见，发掘客户的潜在需求。

（3）测定企业的优势和劣势，寻求改进方向。

（4）增加企业与客户的交流，减少抱怨和客户流失。

三、影响客户满意度的因素

根据客户满意度的定义，可以知道，客户满意度是客户建立在期望与现实基础上的对产品与服务的主观评价，一切影响期望与服务的因素都可能影响客户满意度。

（1）企业因素。企业是产品与服务的提供者，其规模、效益、形象、品牌、公众舆论等内在或外部表现的东西都会影响消费者的判断。如果企业给消费者一个很不好的形象，很难想象消费者会选择其产品。

（2）产品因素。产品因素包含以下四个层次的内容。一是产品与竞争者同类产品在功能、质量、价格方面的比较。产品与竞争者同类产品相比，如果有明显优势或个性化较强，则容易获得客户满意。二是产品的消费属性。客户对高价值、耐用消费品要求比较苛刻，因此这类产品难以取得客户满意；一旦满意，客户忠诚度就会很高。而客户对价格低廉、一次性使用的产品要求相对较低。三是产品包含服务的多少。如果产品包含的服务较多，销售人员做得不够，就难以取得客户满意；而不含服务的产品只要主要指标基本合适，客户就容易满意。但其产品如果与其他厂家差不多，服务也不好，客户很容易转向他处。四是产品的外观因素。外观因素包括包装、运输、品位、配件等，如果产品设计得细致，有利于客户使用并且体现其地位，就会带来客户满意。

（3）服务因素。企业的营销与服务体系是否一致、简洁，是否能为客户带来方便，售后服务时间的长短，服务人员的态度、响应时间，投诉与咨询的便捷性等都会影响客户的满意度。客户期望事情能进展顺利并且遵守承诺，若这种愿望未能得到满足，客户就会产生出不满和失落。

（4）沟通因素。客户期望能很方便地与产品企业沟通。

（5）情感因素。从客户调查中获得的很多证据说明，相当一部分的客户满意度与核心产品或者服务的质量并没有关系。实际上，客户甚至可能对自己与服务提供商及其员工的互动中的大多数方面感到满意，只是因为一位员工的某些话或者其他一些小事情没有做好而使企业失去了这个客户，而员工们甚至并没有注意到这些事情。在与目标群体的访谈和调查服务质量的过程中，客户经常会描述服务提供商带给他们的感受如何，很少有企业对自己的员工给客户的感受如何给予特别的关注。很多服务经历使客户对企业产生了不好的感觉，而一些经历则可以让客户对企业产生好的感觉，当然这样的经历可能会很少。

四、撰写满意度调查表的方法

（一）客户满意度调查对象

（1）现实客户。客户满意度测评的对象一般是现实客户，现实客户是指已经购买产品和服务的客户。很多企业客户流失是由于没有给客户提供满意的产品和服务，因此客户满意度调查是非常有必要的，只有从客户的需求出发，提供客户想要的产品和服务才能使企业长盛不衰。

（2）中间商客户。中间商是指在生产者和消费者之间参与商品交易业务，促进买卖行为发生的组织或个人。中间商对产品的满意程度一定程度上影响客户对产品的印象和满意度，因此中间商满意度调查不可忽略。

（二）客户满意度体系评价标准

客户满意度评价标准采用的是利克特量表 -5 分制，分别是：满意、较满意、一般、较不满意和不满意，相应赋值为 5、4、3、2、1。

【附 1】例如：利克特量表 -5 分制（见表 5-6）。

表 5-6 利克特量表 -5 分制

评价结果	满意（好 / 是）	较满意	一般（差不多 / 无所谓）	较不满意	不满意（差 / 否）
得分	5	4	3	2	1
期望	大大超出期望	超出期望	基本符合期望	在期望之下	大大低于期望

满意度分数 = 满意比例 ×100 + 较满意 ×80 + 一般 ×60 + 较不满意比例 ×30 + 不满意比例 ×0

【附 2】例如：客户对汽车 4S 店 ×× 保养维修项目满意度测评表（见表 5-7）。

表 5-7 客户对汽车 4S 店 ×× 保养维修项目满意度测评表

测评指标	满意	较满意	一般	较不满意	不满意
保养维修速度					
服务态度					
使用体验					
安全性					

【附 3】衡量电商客户满意度指标（见表 5-8）。

表 5-8　衡量电商客户满意度的指标

指标名称	考查意义
好评率	每个交易完成后，客户都可以进行评价。如果客户没有主动给予评价，很多平台自动给予交易好评。对于商家而言，查看客户是否满意的指标之一，就是查看该商品的好评率。
回购率	客户只有在认可一个商品后才会回购。商家可通过查看该商品的回购率来判断该商品在客户心中的满意度。回购率越高，说明客户满意度越高。当然，一些高价值的商品回购率是很低的，这些商品无法以回购率来衡量客户满意度。
退货率	一个好的商品，客户是不会选择退货的。只有商品达不到客户的心理预期，客户才会选择退货。所以，商家可通过统计退货率来判断该商品在客户心中的满意度。退货率越高，说明客户对店铺或者商品的满意度越低。
投诉率	如果商品在某段期间内投诉率特别高，说明较多客户不满意该商品。客户投诉率越高，说明客户对店铺或者商品的满意度越低。
购买额	购买额指的是一段时间内，客户购买店内商品的总额。一般而言，客户购买额越高，客户满意度也就越高。
价格敏感度	价格敏感度指的是客户对某个商品或服务的价格承受能力。价格承受能力越强，则满意度越高。例如，某款水杯平时活动价为 98 元，在恢复原价 108 元时，客户仍然回购，则表明该客户对商品价格承受力较强；反之，一旦涨价就流失的客户，其对商品价格的承受力较弱，满意度较低。

（三）调查方式

（1）意见卡和意见箱。意见卡内容简短，采用客户勾选的方式；意见箱让客户反馈自己的使用感受，意见箱经常成为消费者发泄不满、提出意见的一个空间。

（2）网站调查。客户可以通过网站平台反馈对产品和服务的意见和建议，好处是成本低，方便快捷，在时间和地点上客户可以更自由。很多企业会建立自己的官网，鼓励客户在网上参与满意度调查，也会在发票、说明书上标注网址、二维码，方便收集客户反馈的数据，提升企业对产品和服务改进的洞察力。

（3）电话调查。通过呼叫中心进行电话调查，考虑客户的耐心程度，调查问卷设计时应注意将客户的回答时间控制在 15 分钟之内。电话调查的成本较高，但可以增加与客户在情感上的交流，让客户感受到被重视，让客户更容易获得愉悦感。

（4）客户访谈。通过访谈可以与客户进行深入的交流，了解客户的要求与期望程度，更直接倾听客户对品牌、质量、服务的感受，帮助客户解决问题，提高满意度。但访谈受时间、地点和访谈对象的因素的影响，开展难度较大，占用时间长，成本也较高。

（四）抽样方案

研究对象的全体叫总体，样本是按一定方式从总体中抽取出来的那部分单位组成的集合，填写调查问卷的客户人数就是样本。而样本的选择应该具有较好的代表性。抽取样本的方式一定要是随机的，常用的简单抽样方法有：简单的随机抽样、分层随机抽样、聚类抽样。

五、撰写满意度调查表

调查问卷的结构一般包括四部分：标题、前言、正文和结束语。

（一）标题

问卷的标题概括地说明调查的主题，让被调查者对所要回答的问题有一个了解，标题应简洁明了、突出重点。

（二）前言

前言部分需要向被调查者简单阐述本次调查活动的目的、意义，引起被调查者的重视和兴趣，同时消除他们的顾虑，一般包括称呼、自我介绍、调查目的及意义、所需时间等。

例如：

> 尊敬的客户：
> 您好！非常感谢您对 ××× 公司的帮助和支持！
> 为了给您提供更优质的产品和服务，我们将占用您 2 分钟的宝贵时间，敬请您填写此调查表。×××× 公司需要您的支持，我们会积极采纳您的宝贵意见和建议，并不断改进我们的产品和服务。

（三）正文

该部分是调查问卷的主体部分，具体内容视调查目的和任务而定，主要包括被调查者信息、调查项目。

（1）被调查者信息主要是姓名、性别、职业、受教育程度等。

（2）调查项目主要是品质、价格、服务、综合评价等。

范例：广西物流人才现状与发展调查表（见表 5－9）。

表 5－9 广西物流人才现状与发展调查表

说明：1. ⇨ 本表中“初级物流人才”指基础技能及操作岗位的人员；“中级物流人才”指有部门级管理职责的物流人员；“高级物流人才”指公司战略决策层面的物流人员。本表涉及任何关于贵单位之问题，我们会负有保密责任。

2. 请在选项字母前上划“√”，在“________”及表格中填写文字。

基本情况 ⇨ 1. 公司名称________________________________（可不填）

2. 性质 a. 国有 b. 民营 c. 股份 d. 合资 e. 外资

3. 上年度物流业务总营收________________万元

4. 类别或主营

a. 综合物流（拥有两个及以上物流功能，并具备提供物流整体解决方案能力）

b. 运输（公路、铁路、水路、航空）

c. 代理（船代、货代、报关）

正文 ⇨ （三）正文

该部分是调查问卷的主体部分，具体内容视调查目的和任务而定。主要包括：被调查者信息、调查项目。

例如：

问题内容 ⇨

客户基本信息

客户姓名：________________　　职业：________________

联系电话：________________　　地址：________________

电子邮箱：________________　　传真：________________

人员现状

贵公司人员总数：________________

各级物流人才情况：

初级　a. 10 人以下　b. 10 ～ 50 人　c. 50 ～ 200 人　d. 200 ～ 500 人　e. 500 人以上

中级　a. 10 人以下　b. 10 ～ 50 人　c. 50 ～ 200 人　d. 200 ～ 500 人　e. 500 人以上

高级　a. 10 人以下　b. 10 ～ 50 人　c. 50 ～ 200 人　d. 200 ～ 500 人　e. 500 人以上

贵公司对各级人才素质要求（按考量重点排序打分，最优为 5，依次 4、3、2、1）

	行业经验	专业背景	操作能力（思辨、外语、计算机等）	管理能力	职业道德（责任心、忠实、诚信）
初级					
中级					
高级					

其他：____

贵司对目前拥有的物流人才满意度（不满意的原因可参照上面素质选择）

初级：a. 很满意　b. 满意　c. 基本满意　d. 不满意

不尽满意的原因：____

中级：a. 很满意　b. 满意　c. 基本满意　d. 不满意

不尽满意的原因：____

高级：a. 很满意　b. 满意　c. 基本满意　d. 不满意

不尽满意的原因：____

（四）结束语

简短地向被调查者强调本次调查活动的重要性以及再次表达谢意。

如：感谢您的积极参与！您的支持是我们前进的动力，祝您生活愉快！

（五）调查问卷问题的类型

（1）封闭式问题：问题答案限制在问卷设计者规定范围内的问题，在问卷形式上，由问卷设计人员给出备选答案。一般包括是非题、选择题、比较题、排序题。

（2）开放式问题：应答者可以自由地用自己的语言来回答和解释有关的想法。

（3）结构式问题：封闭问题和开放问题的结合形式。

六、问卷设计注意事项

（1）问卷问题必须表达清楚，避免使用“经常”“偶尔”“有时”等语意模糊的表述。

（2）注意问卷中的问题不能带有某种倾向或暗示，包括措辞、语气等。

（3）问卷中尽量不要出现间隔时间较久、难以回忆的问题。

（4）备选答案应涵盖被调查者可能涉及的所有情况。

（5）调查目的要明确，一个题目只包含一个问题点。

（6）避免询问隐私性问题。

（7）问卷内容设计应该简洁明了，内容不宜太多，答卷的时间控制在 15 分钟之内。

七、调查结果分析

满意度调查活动结束后，要收集、整理数据并对数据进行分析得出技术报告、数据报告、分析报告。在满意度分析中，一般会对整体满意度进行评定、满意度分类对比分析、与竞争对手对比分析、客户建议分析等。

（一）数据收集

收集书面或口头的问卷、电话或面对面的访谈记录、网络调查表，从调查者的回答中获取详细的资料，掌握有价值的信息，识别虚假问卷，识别错误的信息，剔除不一致、不充分或不相关的回答。在调查表中还有开放式回答，需要进行收集分类，便于数据的审核以及分析。

（二）数据审核

数据审核是为了保证信息前后一致，不出现逻辑上的错误；数据审核可以提高工作效率，避免重复劳动；数据审核有利于提高信息资料的质量。

（1）数据审核的内容：完整性审核、准确性审核、一致性审核、及时性审核。

（2）数据审核的方法：经验判断、逻辑检查、计算审核。

（3）数据审核的步骤：初步筛选、抽样电话回访、主要问题处理。

【初步筛选】对当天所做问卷进行逻辑审核，筛选出内容填写完整、符合逻辑的问卷，初步统计有效问卷的数量。

无效的情况：

1）回答不完全；

2）没有理解问卷内容，答错问题；

3）回答可疑（如所有题目答案均一样）；

4）缺损的问卷（缺页或无法辨认）；

5）截止日期之后回收的问卷；

6）非调查对象填写的问卷；

7）前后矛盾或明显有错误的问卷。

【抽样电话回访及主要问题处理】调查完成后，对初步有效的问卷进行抽样调查，确保样本的准确性。

问题处理办法：退回重新调整，放弃问题问卷。

（三）数据分析

1. 定量分析

这里采用的是简单定量分析，对调查问卷做一些比较简单的分析，数字具有较大意义，比如数字越大说明满意度越高，例如平均数、百分比、频数这些来进行比较基础的分析，量表是典型的定量数据。

定量分析法中常用的数据分析主要方法有以下四种。

（1）对比分析法：将两个或两个以上的数据进行分析，分析其中的差异，从而揭示这些事物发展变化的规律和情况，图 5－2 为学生去图书馆的频率调查结果。对比分为横向对比和纵向对比。

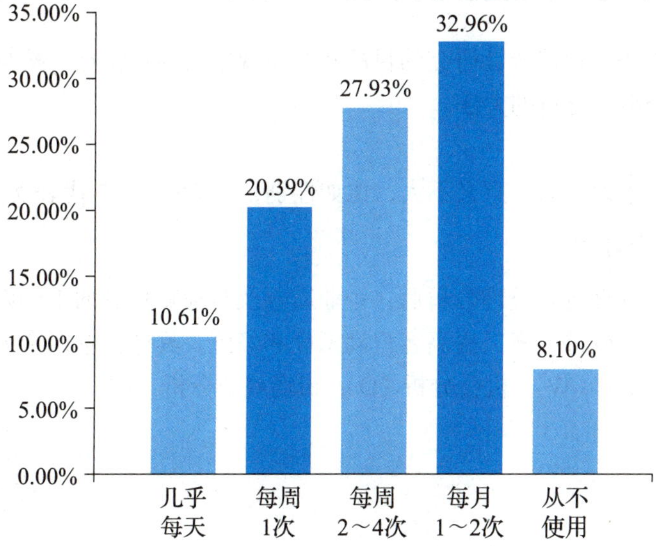

图 5－2　学生去图书馆的频率调查结果

（2）结构分析法：研究总体内各部分与总体之间关系的方法，图 5－3 为数学课程吸引程度调查结果。

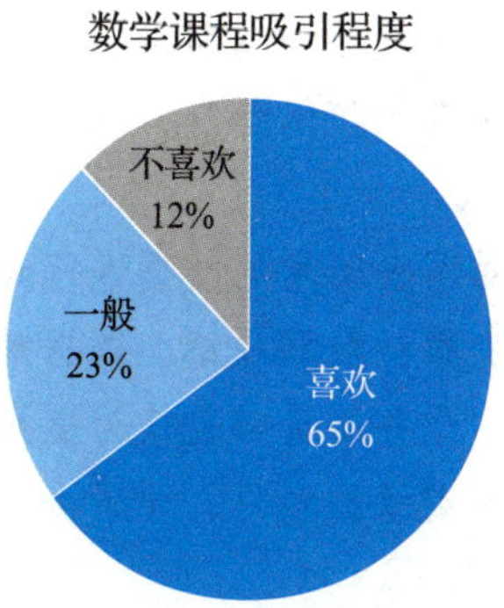

图 5－3　数学课程吸引程度调查结果

（3）交叉分析法：同时将两个有一定联系的变量及其值交叉排列在一张表内，使各变量值成为不同变量的交叉点，一般采用二维交叉表进行分析。表 5－10 为喜欢文言文的人数比例。

表 5－10 喜欢文言文的人数比例

	一班	二班	受访总人数
A. 非常喜欢	50%	50%	62
B. 喜欢	52.71%	47.29%	203
C. 一般	50.29%	49.71%	511
D. 不喜欢	40.93%	59.07%	193
受访总人数	474	495	969

（4）分组分析法：根据统计研究的目的和客观现象的内在特点，按某个标志或几个标志，将数据进行分组并分析的方法。

2. 定类分析

对于定类分析来说，数字意义不大，比如性别，1 代表男，2 代表女。

（四）SWOT 分析方法

对调查问卷的数据进行整理分析后，企业需要及时检查自身的工作内容，以客户为关注点，制定出企业的改进方案，提高客户满意度和好感。具体包括四个方面：自身优势分析（S）；自身劣势分析（W）；机会分析（O）；市场威胁分析（T）。

自测练习

一、判断题

1. 客户满意度是指客户在获得企业提供的产品或服务后内心的感受，并通过这种内心感受形成的评价和行为。（ ）

2. 客户满意度评价标准采用的是利克特量表 -5 分制，分别是：满意、较满意、一般、较不满意和不满意。（ ）

3. SWOT 分析方法中的 S 表示的是自身劣势分析。（ ）

4. 调查数据的收集是为了掌握有价值的信息，识别虚假问卷，识别错误的信息，剔除不一致、不充分或不相关的回答。（ ）

5. 为了体现真实性，不应该对调查问卷的数据进行筛选、审核。（ ）

6. 调查问卷结果分析有三个步骤：数据收集、数据审核、数据分析。（ ）

7. 顾客对耐用品的产品质量和服务质量都是极为重视的。（ ）

8. 在激烈的市场竞争中，只有满意的客户，才不会“投靠”你的竞争对手。（ ）

二、填空题

1. 客户满意度调查对象分为__________和__________两种类型。

2. 客户满意度评价标准采用的是利克特量表 -5 分制，分别是________、________、________、________、________。

3. 调查问卷的结构一般由________、________、________、________四部分组成。
4. 客户的满意程度就是客户的一种__________的感受。
5. 对满意度调查问卷的数据进行分析可以有__________和__________两种方法。
6. 定量分析方法可以分为____________、__________和__________三种方法。

三、不定项选择题

1. 客户满意度问卷调查实施步骤有（　　）。

A. 利用客户数据库　　B. 客户满意度调查的预案
C. 客户满意度调查的策划　　D. 草拟问卷
E. 了解客户期望

2. 客户满意度调查的基本原则是（　　）。

A. 目标明确　　B. 领导重视　　C. 持续改进
D. 协同运作　　E. 基于事实

3. 客户满意度测评中使用了 5 级（　　）量表。

A. 鲍格达斯社会距离　　B. 利克特
C. 等级顺序　　D. 语义差异

4. 对于企业来说，达到（　　）是基本任务，否则产品卖不出去，而获得（　　）是参与竞争取胜的保证。

A. 客户忠诚，客户满意　　B. 客户价值，客户忠诚
C. 客户满意，客户价值　　D. 客户满意，客户忠诚

项目六

客户关系维护

情境描述

1. 物流企业客户

柳州顺通物流公司在客户服务部的支持下，营业规模不断扩大，客户满意度不断提升，公司对客服部的工作感到非常满意，但随着企业业务的不断发展壮大，客服部又面临着一个挑战：公司积累了越来越多的客户，必须高度重视客户资产的积累和客户资源的深度挖掘，着手建立公司客户信息档案，形成公司的客户数据库。让我们一起来帮助客服部进行客户管理吧！

2. 网店客户

“涂涂之家童鞋”是一家专注于销售 0 ～ 12 岁儿童鞋子的网店。经过两年的苦心经营，“涂涂之家童鞋”已经成为金冠商家。随着口碑和服务质量的不断提升，再加上过硬的商品质量，网店的订单不断攀升，同时，顾客数量也急剧增加。看着网店每天不断壮大的顾客群体，店主发现原有的客户管理模式已经不再适用了，他尝试使用千牛卖家工作台中的“客户运营平台”来对顾客进行分析和管理，包括顾客分组管理、会员制度建立、顾客购买行为分析等。自从系统地对顾客进行分析管理后，网店业绩又上升了一个档次，而且许多顾客还实现了二次回购。

对于客户关系的维护，商家不仅做到了线上的及时沟通，而且还通过为顾客打标签的方式对顾客进行分层管理，分析同类顾客的购物需求，从而进行精准销售。通过网店专业化的客户关系管理模式，“涂涂之家童鞋”与顾客之间的关系十分融洽，不仅商品得到顾客的一致好评，服务态度也得到了他们的肯定。很多老顾客都向亲朋好友介绍“涂涂之家童鞋”，称其产品好、服务好、态度佳，是一家值得推荐的好网店。

学习活动及学时分配

学习活动及学时分配（总学时：14 学时）

活动序号	学习活动	学时安排	备注
1	客户开发	2	
2	客户体验	2	
3	客户关怀	2	
4	客户巩固	2	
5	客户分类	2	
6	客户档案设计与填写	4	

学习活动任务目标

分类	任务目标
知识目标	熟悉客户开发的具体流程
	掌握客户沟通环节的相关技巧
	了解客户体验的内涵和特点
	了解客户关怀的含义和目的
	了解客户档案的价值
	了解客户类型的划分依据
	掌握客户信息的主要内容
	掌握客户信息整理的实施步骤
技能目标	能够灵活运用客户开发的具体流程和技巧
	能够实施客户开发工作
	能够用正确的方式提升客户体验
	能够设计客户关怀的方案
	能够正确设置会员制度和权益体系
	能够针对不同类型的客户提供不同的服务
	能够设计客户档案并进行客户信息录入和整理
	能够对客户档案进行简单分析
职业素养目标	具备良好的沟通能力和组织能力
	具备优秀的服务意识，了解消费者心理
	具备较强的标准化能力，进行必要的归档整理能力

任务名称	客户开发	教学流程	客户关系维护
班级		姓名	
工作岗位			

1 学习活动任务一

客户开发

任务目标

通过本任务的学习和训练，学生应了解寻找客户所需要用到的方式和方法，并提升实际操作能力；学生对于确定客户范围和客户资格审查有一定的了解，并掌握客户资格审查的方法。

工作过程

一、如何进行客户开发

1. 如果你是一个销售人员，你会通过哪些方法来寻找客户？

2. 公司给你下达了开发客户的任务，需要你通过打电话的方式来开发新客户。你认为在客户开发之前需要做哪些准备？

3. 你认为一个能达成交易的客户有哪些特征？

二、课堂实训

实训一：客户资格审查

实训目的

1. 让学生了解寻找客户所要运用的方法，理解如何对客户进行资格审查。
2. 通过实训，提升学生的商业意识与服务意识。

实训准备

形式：5～7人一组。

场地：教室或者实训室。

实训道具：马克笔，白纸，多媒体设备。如在机房上课，可以按照老师的要求提前准备好PPT进行讨论和展示。

课前准备：学生按照教师要求进行预习，并在生活中挑选一个商品，可以是手机、零食、化妆品、服装等物品，最好将商品带到教室中。

实训步骤

1. 教师讲授课程后，学生对携带的产品进行分析，将分析结果写在纸上，以此来确定客户范围。

（1）我的产品怎么样？有什么特点？

（2）竞争产品怎么样？有什么特点？

（3）谁会买我的商品？这类人有什么特点？

（4）如果你们组作为该产品的销售人员，你们会通过什么方法来寻找客户呢？为什么？

2. 完成以上问题后，教师请一组同学展示本组的讨论结果，并对该小组的成绩进行评分。

3. 请学生按照对客户基本情况的了解，对客户进行资格审查，填写表6-1客户资格审查表。

4. 教师对各个小组的客户审查表进行评分。

表 6-1　客户资格审查表

客户情况		标准（分）	客户姓名							
年龄	15 ～ 24 岁	3								
	25 ～ 44 岁	3								
	45 岁以上	2								
月收入	500 元以下（没有购买力）	1								
	500 ～ 1 000 元（购买力较弱）	2								
	1 000 ～ 2 000 元（购买力一般）	4								
	2 000 ～ 5 000 元（有一定购买力）	5								
	5 000 元以上（购买力较强）	6								
交往程度	密友	3								
	普通朋友	2								
	点头之交	1								
接近的难易程度	相当容易	3								
	容易	2								
	困难	1								
	非常困难	C								
一年共见过几次面	5 次以上	3								
	3 ～ 5 次	2								
	1 ～ 2 次	1								
	一次没有	0								
介绍他人的能力	很好	3								
	好	2								
	还好	1								
	不好	0								
是否有能力决定购买商品	可以马上决定	3								
	需要商榷	2								
	不能决定	0								
是否需要本产品	本人需要，且急需	6								
	本人需要，不急需	4								
	给他人买，急需	5								
	给他人买，不急需	3								
	不需要	0								

续表

客户情况		标准（分）	客户姓名							
总分										
等级										

注：1. 但凡接近难易程度为非常困难者，则无论得分高低均为 C 级。

2. 得分为 25 分以上的为 A 类客户，15 ～ 25 分的为 B 类客户，15 分以下的为 C 类客户

实训二：组建客户会员群

请为资格审查合格的客户组建客户会员群，完善会员群的群名称、入群欢迎语，发布会员专属福利，产品以柳州新品牌“螺大王”螺蛳粉为例。

会员群的群名称	
入群欢迎语	
会员专属福利	

考核评价

考核内容	说明		扣分分值	扣分
寻找客户	确定客户范围	所卖产品特征模糊	5	
		竞争产品特征模糊	5	
		目标客户特征模糊	5	
		整体叙述过于简单，杂乱无章	5	
	寻找客户	寻找客户方法不适用	5	
		寻找客户方法效率较低，没有新意	3	
		理由不充分，叙述有问题	5	
	客户资格审查	客户资格审查结果不能真实反映客户情况	5	
		客户资格审查没有完整地完成	10	
		字体混乱，没有逻辑	5	
总分（100－总扣分）				

相关资料

一、客户开发的定义

客户开发是指业务员将企业的潜在客户变为现实客户的一系列过程。通常来讲是业务员通过市场调查初步了解市场和客户情况，对有实力和有意向的客户重点沟通，最终完成目标区域的客户开发计划。客户开发的前提是确定目标市场，研究目标顾客，从而制定客户开发市场营销策略。业务员的首要任务是开发准客户，通过多种方法寻找准客户并对准客户进行资格鉴定，使企业的营销活动有明确的目标与方向，使潜在客户成为现实客户。

二、客户开发的途径

（一）老客户的维系与再次合作

整理原有客户资料，对于老客户，扩大合作的规模，向其推荐新产品，给予优惠政策、优先选购权及更多的折扣，吸引其加大购买的资金投入，最好能够签订长期的合作合同。对于曾经合作过的客户，进行二次开发，联系其采购负责人，洽谈再次合作。

（二）通过广告宣传，获得客户

广告宣传能够扩大我们产品的受众面，能够吸引客户，让客户主动找到我们，优点在于传播信息速度快、覆盖面广、重复性好，更省时省力。缺点也很明显：需要支付高额广告费用、针对性和及时性差。广告宣传可以通过网络、电视媒体、地铁广告、灯箱等多种渠道。

（三）熟人介绍，口碑效应

这种方法是业务员通过他人的直接介绍或者提供的信息进行顾客寻找，可以通过业务员的熟人、朋友等社会关系，也可以通过企业的合作伙伴、客户等，主要方式有电话介绍、口头介绍、信函介绍、名片介绍等，利用这个方法的关键是业务员必须注意培养和积累各种关系，为现有客户提供满意的服务和可能的帮助，并且要虚心地请求他人的帮助。口碑好、业务好、乐于助人、与客户关系好、被人信任的业务员一般都能取得有效的突破。这种方法由于有他人的介绍或者成功案例和依据，成功的可能性非常大，同时也可以降低销售费用，减少成交障碍，是业务员最省力、省时的方法。

（四）新客户资料的收集

获得新客户资料的途径：有关政府部门提供的资料，有关行业和协会的资料，国家和地区的统计资料，企业黄页，工商企业目录和产品目录，电视、报纸、杂志、互联网等大众媒体，客户发布的消息，产品介绍，企业内刊，等等。客户资料收集时要展开先期的客户研究，了解客户的特点、状况，提出适当的客户活动针对性策略等。

（五）充分利用交易会收集客户信息

国内每年都有不少交易会，如广交会、高交会、中小企业博览会等，这是一个绝好的商机，要充分利用，交易会不仅实现交易，更重要的是寻找客户、联络感情、沟通了解。全面学会和掌握了这个有效的途径，能够大大提高我们的客户积累量，提高工作效率。

（六）通过咨询组织获取客户资源

一些行业组织、技术服务组织、咨询单位等手中往往集中了大量的客户资料和资源以及相关行业和市场信息，通过咨询的方式寻找客户不仅是一个有效的途径，有时还能够获得这些组织的服务、帮助和支持，比如在客户联系、介绍、市场进入方案建议等方面。例如：高尔夫球俱乐部、高档会所、猎头公司等，这些服务机构能够给我们提高更丰富、准确的客户信息，便于我们更快地完成销售的目的。

（七）通过企业各类活动，获取客户资料

通过各类公关关系活动、市场调研活动、促销活动、社区宣传活动等，直接接触客户，这个过程中对观察、了解客户及与客户进行深入的沟通都非常有利，也是一个寻找客户的好方法。

三、寻找客户的流程

在竞争激烈的现代市场环境下，企业的重要战略资源之一就是客户，而寻找客户是最具挑战性和艰巨性的工作。但是对于一个销售人员来说，寻找客户是有章可循的。

（一）确定客户范围

推销员不能奢望所访问的每一个人都能购买其所推销的商品。因而推销员要结合具体情况，发现既能从所推销的商品中获益，又有能力购买这种商品的个人或组织，即准客户。寻找准客户的行为也称为开发客户。

在开发客户的过程中，应该结合各方面因素来确定准客户的范围，并进行全面分析，以保证推销工作能够有的放矢地进行。

总结起来，客户开发可以通过三个步骤来确定客户范围，如图 6－1 所示。

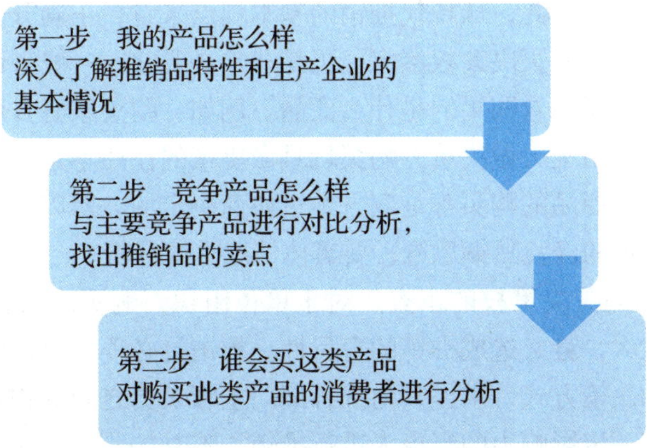

图 6－1　确定客户范围三步骤

（二）确定寻找方法

在寻找客户之前，第一件要做的事情就是确定使用什么方式寻找客户。这样可以提高寻找客户的效率，避免盲目性。在不同的场景下运用的方法有所不同，例如，新公司适宜采用的方法就有关系营销、广告营销这些方式，而大公司适宜采用的方法就有招标会营销、数据库营销等方式，但是这些寻找客户的方式也不是绝对的，应该灵活应变。

（三）客户资格审查

在收集到一定量的客户的联系方式之后，就需要对以上客户进行资格审查。现代推销学的基本观念认为，作为客户的人（Man）是由金钱（Money）、权利（Access）和需要（Need）这三个基本要素构成的。只有这三个基本要素均具备，才是合格的客户。现代推销中，把对某特定对象应具备上述三要素的研究称为客户资格审查。

1. 客户需求审查——是否需要

审查的内容通常围绕是否需要、何时需要、需要多少这三方面来进行。但真正发现准客户的购买需求并不是一件容易的事，因为影响需求的因素很多，而其中最关键的是所推销产品的用途和特性是否符合客户的需要。当然，考虑客户需求时，不能只考虑产品的用途和特性，也要同时考虑客户的年龄、脾气以及客户的行业特点等因素。例如，老年人一般需要保健产品，而年轻人则喜欢时尚和另类的产品。

2. 客户支付能力审查——是否有钱购买

在销售产品的过程中，我们都希望客户越多越好，但是从工作效率和财务上考虑还要进行客户支付能力的审核，因为客户的潜在需求并不等于市场购买需求，在商品经济社会中，只有具有支付能力的购买需求才构成现实的市场需求。有需求而不具有实际支付能力的客户，就是不合格的客户。当然，现在不合格的客户并不意味着将来不具有购买能力。另外，客户支付能力审查的目的还在于开展有针对性的销售活动，提高销售工作的实际效益，可以打击商业诈骗活动，防止欠账、呆账和烂账的现象。

3. 客户购买决策权审查——是否能“当家做主”

（1）对家庭或个人购买决策权的审查。现代家庭购买决策状况比较复杂，除一些大件商品或高档商品购买决策权比较集中外，一般商品购买决策权呈逐渐分散趋势，增加了对其进行鉴定的难度。尽管如此，从现代推销的基本观点来看，正确分析推销对象家庭里的各种微妙关系，认真进行购买决策权鉴定，仍是非常必要的。一般来说，主要看购买者在家庭的地位如何，另外还要看购买的是什么商品。例如，购买家庭日用品往往由妻子做决策，购买大件商品往往由丈夫做决策，购买玩具做决策的往往不是父母而是孩子。现代家庭夫妻地位平等，许多商品的购买都是双方经过协商决定的。所以，对家庭或个人购买力审查时不要被一些所谓的经验禁锢思维，要具体情况具体分析。

（2）对单位组织购买决策权的审查。对于单位组织，购买决策权分析尤为重要，否则，推销对象范围太大，势必造成推销的盲目性。推销员必须了解单位内部组织结构、人事关系、决策系统和决策方式，掌握其内部各部门主管人员之间的相对权限，向具有决策权或对购买决策具有一定影响力的当事人进行推销。唯有如此，才能有效地进行推销。其实这个审查并不难，只要找到负责这个商品采购的直接主管领导即可，只是不同的单位由于分工不同，任务的分配会有所区别。推销员对不同的单位组织要进行深入调查、了解，想办法通过各种途径找出决策人并设法接近他。例如，采购大学生床上用品的直接负责人往往不是分管的校领导，而是学生处的处长。商品的质量、数量、价格都由这位处长决策，分管领导只起到审核的作用；在单位里负责员工福利的往往不是一把手而是工会主席。

总而言之，我们将客户资格审查的三个方面的不同，将客户分为三个类型（见表6-2）。

表6-2　客户类型

	金钱	权力	需求	客户类型
甲	有	有	有	A
乙	有	有	无	A
丙	有	无	有	A
丁	有	无	无	B
戊	无	有	有	B
己	无	有	无	C
庚	无	无	有	C
辛	无	无	无	C

A类客户为重点客户，需要重点关注和沟通，因为他们有购买能力，在销售人员的努力下，A类客户可以发现自身的需求，或与有决定权的人物进行沟通，这样能比较快速地促成交易。

B类客户为潜在客户，这类客户分为两种：第一种为只有购买能力，但是没有决定权也没有需求的客户，这类客户对于产品的了解不深或产品的特征无法满足这类客户的需求，对于这类客户，销售人员可以适当介绍产品，并了解客户的需求与情况，再做进一步考虑。第二种为没有购买力，但是有需求也有决定权的客户，对于这类客户的处理方法，销售人员可以将其归位可发展类型的客户，留下联系方式后，定期联系，保持其购买热情，待客户有购买力时将其发展成A类客户。

C类客户为一般客户，首先，这类客户没有购买力，对于产品的需求欲望不强，或没有决定权，这对于促成交易会造成一定的困难和阻碍，所以这类客户可以归类为一般客户，销售人员应对其提供不低于行业平均水平的服务，并努力促使其为我们进行产品的宣传和介绍。

自测练习

一、不定项选择题

1. 客户审查主要包括哪几个方面？（　　）

A. 客户需求、购买力、决定权

B. 客户身份、对品牌了解的程度、客户需求

C. 客户需求、购买力、对品牌了解的程度

D. 客户身份、购买力、购买需求

2. 以下的方式中有哪些不是寻找客户的方式？（　　）

A. 地毯寻找法　　B. 中心开花法

C. 会议寻找法　　D. 守株待兔法

3. 开发客户前，需要做哪些准备？（　　）

A. 寻找客户　　B. 联系客户

C. 推销资料准备　　D. 仪表的修饰

二、判断题

1. 寻找客户前，确定客户范围时不需要对自身的产品进行审查。（　　）

2. 对 C 类客户应该重点照顾。（　　）

3. 对 A 类客户应该重点照顾。（　　）

任务名称	客户体验	教学流程	客户关系维护
班级		姓名	
工作岗位			

2 学习活动任务二

客户体验

任务目标

通过本任务的学习和训练，学生能够设计客户体验方案，能够用正确的方式提升客户体验，能够运用各种技巧开展线下营销活动，提高沟通能力和组织能力。

工作过程

一、根据案例情境，完成任务

请为柳州螺蛳粉新品牌“螺大王”设计百人线下体验试吃和投票活动（见表 6－3）。“螺大王”螺蛳粉选择 10 个口味的螺蛳粉参加试吃活动，分别是酸辣味、麻酱味、三鲜

味、卤味、香辣牛肉味、老坛酸菜味、海鲜味、麻辣味、微辣、番茄味。通过活动选出满意度最高的 5 个口味螺蛳粉继续生产。

表 6-3 “螺大王”螺蛳粉线下试吃和投票活动体验

活动时间		活动地点	
会员群发布活动通知			
活动规则	现场扫码投票，选出你最喜欢的 5 种口味的螺蛳粉		
活动奖励	现场参加活动并且投票结果相似度高于 90% 的客户，获得的奖励是________________		

二、“打卡”心理学：让体验有“可晒性”传播

请为“螺大王”螺蛳粉线下打卡设计活动场景（见表 6-4），便于参加活动的客户在活动场景打卡转发朋友圈，进行口碑传播。例如可爱的“螺妹”卡通造型、“竹笋”萌宠造型、2 米高“碗装螺蛳粉”造型，等等。

表 6-4 “螺大王”螺蛳粉线下打卡活动体验

打卡场景	场景文案
“螺妹”卡通造型	“螺大王”家族的灵魂
“竹笋”萌宠造型	其实我不臭

三、产品共创体验

为提升产品质量和销量，提升客户体验度，企业与客户共创产品，“螺大王”螺蛳粉长期招募产品体验官，定期体验“螺大王”螺蛳粉的口味，特别是花生米等料包的新鲜度及口感，以及收集客户对产品包装的建议。回收测评体验问卷，测评满意度达到 90%，产品才完成迭代发布。请为“螺大王”螺蛳粉发布产品体验官测评问卷（见表 6-5）。

表 6-5 “螺大王”螺蛳粉体验测评问卷

性别		年龄	
职业		所在城市	
会员号		会员等级	
产品型号		评价	

产品型号		评价	
产品型号		评价	
产品型号		评价	
产品型号		评价	
其他建议			

四、品牌共创体验

请为“螺大王”螺蛳粉招募的打假官提供打假反馈表（见表6－6）。

表6－6 “螺大王”螺蛳粉打假反馈表

性别		年龄	
职业		所在城市	
会员号		会员等级	
发现假货的途径			
假货仿冒的品牌			
鉴别假货的攻略分享			

五、内容共创体验

请为“螺大王”螺蛳粉在会员群发布话题投票活动（见表6－7），例如评选出最喜欢的“螺大王”螺蛳粉口味、最喜欢的“螺大王”螺蛳粉文案等鼓励客户自拍发图或者视频赢取奖品。

表6－7 “螺大王”螺蛳粉内容共创体验

最喜欢的“螺大王”螺蛳粉口味：________
最喜欢的“螺大王”螺蛳粉文案：________
最喜欢的________
最喜欢的________
最喜欢的________
晒自拍照________
晒小视频________
晒图片________

考核评价

姓名		学号		班级	
任务名称	客户体验				
考核内容	考核标准	参考分值（分）	学生自评	小组互评	教师评价
理论知识评价	理解客户体验的内涵	15			
	了解客户体验的特点	15			
	了解线下营销活动对客户体验的影响	10			
技能操作评价	能够设计客户体验方案	15			
	能够用正确的方式提升客户体验	10			
	能够运用各种技巧开展线下营销活动	15			
职业素养评价	具有创新精神和敏捷的思维	10			
	有良好的沟通能力和组织能力	10			
得分		100			

相关资料

一、客户体验管理的概念

客户体验管理是近年来兴起的一种崭新客户管理方法和技术。根据伯尔尼·施密特在《客户体验管理》一书中的定义，客户体验管理是“战略性地管理客户对产品或公司全面体验的过程”，它以提高客户整体体验为出发点，注重与客户的每一次接触，通过协调整合售前、售中和售后等各个阶段，各种客户接触点或接触渠道，有目的地、无缝隙地为客户传递目标信息，创造匹配品牌承诺的正面感觉，以实现良性互动，进而创造差异化的客户体验，实现客户的忠诚，强化感知价值，从而增加企业收入与资产价值。通过对客户体验有效把握和管理，可以提高客户对企业的满意度和忠诚度，并最终提升企业价值。

客户体验管理的目标是在各个客户接触点上（例如销售人员、呼叫中心、代理商、广告、活动、收账人员、客户接待、产品使用手册和网站等），通过产品、服务以及一系列感受（例如视觉、语气、味觉、气氛、细致入微的关怀与照顾）产生“利好因素”的综合产物，使客户关系最优化、客户价值最大化。客户体验管理成功实施的评价标准在于区别管理对企业的价值贡献不同的客户，更好地向企业最有价值的客户提供个性化和差异化的购买体验，以及在满意度、保有率和忠诚度指标上的提升。

在如今激烈的市场竞争中，客户体验管理将成为保留客户的关键因素，还能够为不同公司挖掘消费者的潜力，并根据他们的价值来满足客户的需求。它能够使服务与其价值相对应，识别销售时机并能有效管理消费者的不确定因素，以便于保留最有价值的客户。

二、客户体验管理的特点

（一）强调客户的参与至关重要

在传统营销中，消费者一般只作为“观众”，没有完全主动地参与到企业的营销活动中。而在体验营销中，消费者摇身一变，成了营销舞台上的“演员”，在完成产品或服务的生产和消费过程中成了“主角”。这样一个主动参与的过程，是体验营销的根本所在，也是获得美好体验、创造客户满意的关键所在。消费者在亲自体验每一个消费细节的过程中，加深了对产品或服务的认识，培养了与企业的感情，渐渐形成了客户忠诚。所以，可以说消费者的“主动参与”是体验营销区别于“商品营销”和“服务营销”的最显著特征。

（二）重视企业与客户的互动

在传统的商品营销和服务营销中，企业总是处于主导性地位。企业通过诱导、调控等手段来操纵消费者，使其纳入预先设定的消费“轨道”，从而实现盈利。在这样一个环节中，消费者无疑处于被动、受支配的地位。而在体验营销中，企业与消费者之间在进行信息和情感交流的基础上，达到行为的相互配合，关系的相互促进，在实现双赢的同时形成良性的双向互动关系。

体验作为一种消费者内部化的感受，是企业看不见、摸不着的，这就使得企业很难知道消费者对其产品或服务的真实感受和想法。所以，在进行体验营销时，企业必须努力与消费者进行互动沟通，及时了解消费者的感受、意见，并做出相应调整，这样才能保证消费者达到美好的体验效果。

（三）差异性

在传统的营销活动中，企业要满足的是广大消费者的标准化需求，向消费者提供的是大批量的标准化产品，没有什么个性可言。而在体验营销中，体验的创造与传递是因人因时因地而异的，每个人对同一刺激所产生的体验不尽相同，体验是个人所有的独一无二的感受，无法复制。所以，这对传统的产品流水线生产与固定流程的服务提供提出了挑战，客户需要更个性化的服务，需要更多机会和渠道的自主定制，企业应通过与客户之间的沟通，发掘他们内心的渴望，站在客户体验的角度，审视自己的产品和服务能否满足客户个性化、人性化的需求。企业必须积极应对，有效地识别客户及其需求并给予满足，这样才能在吸引客户、挽留客户的竞争中安身立命、确立市场地位。

（四）出乎人们的意料之外

以满足消费者心理需求的体验营销，十分重视对消费者的感情投入，通过双方的情感交流，增进彼此情谊，满足消费者的情感需求。这也是体验营销一个非常显著的特点。

随着经济的发展，消费者的收入水平也不断提高，消费者渐渐从关注产品的质量到更加重视消费带来的情感的愉悦和满足。而这正是体验营销所要做的，即满足消费者的情感需求。消费者情感需求的满足，会直接促使双方交易的实现和交易关系的持续。一个人不会对同样的事物产生同样的体验；在经历了一次以后，由于有了特定的预期，第二次的体验也就随之发生变化了。从某种意义上说，只有意料不到的事物才会产生体验，当你经历过一次或者若干次，再抱着相同的目的去的话，就会发现以前能够使自己产生特定体验的事物即使仍旧存在，但相同的体验已经不再产生了，可谓“物是人非”。曾经风靡一时的“主题”餐馆即一例，如今它们已经出现了下滑的迹象，究其原因，不外是在最初出现的时候给人以新鲜的感觉，使客户在初次用餐的同时感受到另类的吸引力，但时间一久，新鲜的感觉没有了，客户很少再重复光顾，它们受欢迎的程度也就降低了。

如果企业准备向客户传递特定的体验，必须是能出乎于客户意料之外的，也就是说客户对于这种体验的产生是没有预期的，但一旦产生又会觉得这种体验正是自己所寻觅的、所需要的，因此对能够提供这种体验的企业产生好感与亲近意愿。同时，如果要借助这种体验来树立品牌形象，企业又需要不断地变换服务流程与环境，使客户可以不断感受到意想不到的新奇所带来的新鲜感。但有一点需要注意，世界上没有永远新奇的事物，要借助新奇来创造和传递体验，就必须勇于自我否定，通过不断地变换环境与服务流程来维持新奇的特质。通过改变来维持不变也许正是企业管理客户体验的难点所在。

（五）效果的延续性

体验作为一种消费者所有的独特的感受，并不会马上消失，具有一定的延续性，以记忆的形式而存在。所以，体验营销的效果具有一定的延续性。有些消费者甚至会在事后对这种体验进行重新评价，产生新的感受。而这种评价可能对其他消费者产生影响。美好的体验，往往会使得消费者对企业产生高度忠诚，建立与企业的长期联系。

自测练习

不定项选择题

1. 客户体验的作用有（　　）。

A. 为不同公司挖掘消费者的潜力

B. 使服务与其价值相对应

C. 识别销售时机

D. 有效管理消费者的不确定因素

2. 消费者的（　　）是体验营销区别于“商品营销”和“服务营销”最显著的特征。

A. 主动参与　　B. 被动参与

C. 感官体验　　D. 服务体验

3. 消费者渐渐从关注产品的质量到更加重视消费带来的情感愉悦和满足，这句话正确吗？（　　）

A. 正确　　B. 不正确　　C. 不确定

4. 客户体验营销需要企业做到（　　）。

A. 发掘客户内心的渴望　　B. 提供个性化的服务

C. 提供独一无二的产品　　D. 提供高质量的产品

5. 美好的体验，往往会使得消费者对企业产生高度忠诚，建立与企业的长期联系。这种说法是否正确？（　　）

A. 正确　　B. 不正确　　C. 不确定

任务名称	客户关怀	教学流程	客户关系维护
班级		姓名	
工作岗位			

3 学习活动任务三

客户关怀

任务目标

通过本任务的学习和训练，学生应掌握客户关怀的定义与内容，理解客户关怀的重要性；能够正确运用客户关怀的方法，独立设计客户关怀的方案，培养标准化工作能力，提升学生对客户资源的维护和开发能力。

工作过程

一、认知客户关怀

1. 你觉得把客户发展成为回头客的方法有哪些？

2. 在生活中，有商家在你买完商品后对你进行回访吗？请举例。

二、课堂实训

实训一：设计客户关怀内容

客户服务部对公司的促进作用较大，能有效地促进公司服务水平的提高，但是对于顺通公司来说，需要保留住重要客户，提高客户的回购率，就需要引入新的管理方法——客户关怀，如果你是顺通公司的客户服务部经理，你会怎么设计客户关怀内容呢？请你结合专业特色谈一下吧！

实训目的

1. 让学生掌握客户关怀三个阶段的内容与特点。
2. 让学生能在小组的配合下，设计出有专业特色的客户关怀内容。
3. 培养学生的服务意识。

实训准备

形式：每 5 ～ 7 人一组。

场地：教室或者机房。

实训道具：马克笔，白纸，多媒体设备。在机房上课直接现场制作 PPT 进行讨论和展示。

课前准备：将学生分为 5 ～ 7 人一组，并按照专业特色，组建一个公司，说明主营业务与 1 ～ 2 样产品。

实训步骤

1. 教师检查学生的课前作业。

2. 学生听取教师讲授的客户关怀系统的定义和例子后，按照小组讨论，并回答以下问题：

（1）你们公司叫什么名字？有什么主营业务？有什么主营产品？

（2）如将客户关怀分为三个阶段，售前客户关怀你们会怎么设计？售中客户关怀你们会怎么设计？售后客户关怀你们会怎么设计？

注：在本次讨论中，要求方案有专业特色，并在每一个客户关怀内容上附上实际使用和操作的计划或例子。

3. 学生按照小组展示本小组的客户关怀内容。

4. 教师进行评价，并对各个小组的客户关怀内容进行整合，对本次实训内容进行一次综述。

实训二：网店客服的客户关怀

随着电子商务迅速发展，电商行业竞争愈发激烈，各商家之间的客户争夺也成为重点。假如你是某天猫店铺售后客服，你需要对顾客开展客户关怀，维护客户关系，充分利用客户资源，提升店铺效益。

1. 节日关怀。收集客户信息，在特定的节假日、客户生日等，提前给客户发送关怀短信，与客户建立和保持长期良好的互动，提升客户对产品和服务的满意度。

示例：

> 客服：【××天猫店】尊敬的会员，您好！转眼间，您已经成为××天猫店的会员1周年了。感谢您的陪伴，祝您新春大吉，阖家幸福！为了真情回馈新老客户，春节期间××日～××日，××天猫店所有商品一律六五折，错过等一年！退订回T

请参考示例，为本店（公司）中秋节日活动设计一则关怀短信。

2. 售后关怀。售后关怀能够帮助顾客清楚地知道自己所购买商品的物流情况，从而提高顾客的购物体验，提升满意度。当顾客下单付款后，网店客服在发货时通常会给顾客发送短信，告知发货时间。

请参考网络资料，为本店（公司）设计一则售后关怀短信。

3. 促销推送。当网店发布新品、日常促销时，客服应及时告知顾客活动的相关信息，包括活动时间、参与条件、活动方式等，并提前给顾客发送优惠券。

请参考网络资料，为本店（公司）设计一则促销推送短信。

4. 假如你入职一家天猫店铺，担任客服专员，发现这家店铺缺少客户关怀方案，请你根据店铺的特点，结合资料，设计一套客户关怀的方案（见表 6 - 8）。

表 6 - 8　客户关怀方案

客户关怀方法与步骤	具体内容
记录客户信息	
会员信息管理	
生日关怀	
短信营销	
电子账单	
储值消费	
流失客户挽留	

考核评价

考核内容	说明		满分（100）	得分
客户关怀	售前客户关怀	能结合专业特色，有一定的创新性	5	
		方案翔实可靠，有相应的操作计划	8	
		售前服务较为全面，能给客户宾至如归的服务体验	5	
		对联系客户的行为能有详细的制度规定和监管	5	
		所设计的环节能有效地解决客户对产品的问题和疑虑	5	
	售中客户关怀	能结合专业特色，有一定的创新性	5	
		方案翔实可靠，有相应的操作计划	8	
		售中时客户产生的投诉和疑问由谁负责有明确的规定	5	
		有明确的金融方案和接受付款的方式	5	
		明确规定了产品说明负责人	5	
		明确规定了产品使用感受收集的内容和负责人	5	
		明确规定了订单的跟踪和反馈制度有哪些，频率如何	5	
客户关怀	售后客户关怀	能结合专业特色，有一定的创新性	5	
		方案翔实可靠，有相应的操作计划	8	
		对售后维修质量与感受有明确的监督机制	5	
		对于客户回访的要求和频率有明确的要求	5	
		能建立客户俱乐部等机构	5	
		对于客户的节日问候有明确的规定	6	
	加分项			
	加分项	能够提供私人订制服务	10	
		对客户关怀的效果有监督和评价机制	5	
		能利用信息化平台，有数字化的特点	10	
总分（阶段总分 + 加分）				

相关资料

随着竞争的日益激烈，企业依靠基本的售后服务已经不能满足客户的需要，必须提供主动的、超值的、让客户感动的服务才能赢得客户信任，这就是客户关怀的理念。随着客户管理体系的不断完善，客户关怀的门槛逐步放低，在互联网发达的今天，甚至是一些小公司、个体商户也开始花费较少的成本更细致地管理自己的客户，而这些都标志着客户关怀的普及。客户关怀是从市场营销中的售后服务发展而来的。在以客户为中心的商业模式中，客户关怀是客户保持的重要方面，也是提高客户满意度的重要方法。

一、客户关怀的定义

客户关怀就是通过对客户行为的深入了解，主动把握客户的需求，通过持续的、差异化的服务手段，为客户提供合适的服务或产品，最终实现客户忠诚度的提升。这其中有多个关键点需要把握。

（1）通过客户行为了解客户需求。客户的需求不是仅靠简单地询问客户就可以得到的，企业必须在日常工作中注意观察客户行为，主动了解客户，并识别客户的真实需求。

（2）客户关怀不是市场活动，不是一段时间内的短期行为。一旦企业明确了客户差异化的体验标准，客户关怀就必须成为企业日常组织习惯的一部分，而不是仅仅停留在规则里。

（3）客户关怀不是营销。客户关怀并不是追求客户买一件产品或一种服务，而是首先追求客户尽可能长时间留下来，实现较高的客户忠诚度。在此基础上，通过客户的整个生命周期价值来提升获益。

客户关怀有操作的内涵，更重要的是具有友情或感受的内涵，正确的客户关怀应体现尊重和诚信。真正良好的客户关怀能使企业与客户建立起亲密的情感关系，让客户对企业产生"归属感"，对企业拥有很强的责任感及对于企业价值和目标的共同使命感。

二、客户关怀的内容

客户关怀发展的领域开始只是服务领域。目前，客户关怀不断地向实体产品销售领域扩展，贯穿了市场营销的所有环节，主要包括如下几部分：售前服务（向客户提供产品信息和服务建议等）；产品质量（应符合有关标准、适合客户使用、保证安全可靠）；服务质量（在与企业接触的过程中客户的体验）；售中服务（产品销售过程中客户所享受到的服务）；售后服务（包括售后的查询和投诉，以及维护和修理）。

客户关怀活动包含在客户从购买前、购买中到购买后的客户体验的全过程中。

售前客户是指虽然没有与企业达成合作协议或购买商品，但是对企业所提供的服务与商品有兴趣的客户。售前客户关怀包括以下方面：（1）专业知识的提供与解答，如汽车销售企业为顾客讲解汽车发展历史与企业汽车特点等，物流企业为客户提供物流路线的规划与报价等，电商企业回答客户的疑问等；（2）客户接待环节与流程，如汽车 4S 店给客户提供泊车服务、门岗问候语、试乘试驾服务、高端整洁的接待环境等，物流企业为客户提供高端整洁的接待环境、方便快捷的操作终端等，电商企业提供的流畅鲜明的操作界面、直截了当的报价服务等；（3）已开发客户的维护与营销，在企业的发展中，客户的开发是必不可少的一环，对已开发客户的管理，直接关系到是否能将意向客户转化为忠实客户，所以对于客户的开发和介绍也是客户关怀的一部分；（4）业务的私人订制，这包括了物流业中的线路规划、特殊运输要求等内容，汽车营销业中的选装配置等内容。

售中客户，对于物流业来说，是指购买了物流服务，正在享受物流服务的客户；对于汽车营销业来说，是指已经完成新车购买但是还未到首次保养时间的客户；对于电子商务企业来说，是指付款之后，收到货物之前的客户。售中客户关怀与企业提供的产品或服务紧紧地联系在一起，包括订单的处理以及各种有关的细节，都要与客户的期望相吻合，满足客户的需求。售中客户关怀包括以下几方面内容：费用的结算和金融服务、客户订单的追踪与修改、产品的使用说明、客户使用感受回访等内容。

售后客户是指在接受完企业的服务或收到企业的商品并使用了一段时间的客户。售后客户关怀活动则集中于高效地跟进和圆满地完成产品的维护和修理等相关步骤。售后的跟进和提供有效的关怀，其目的是促使客户产生重复购买行为。是否能向客户提供更优质、更全面周到的售后服务是企业能否留住客户的关键，要把售后服务视为下一次销售工作的开始。积极促成再次购买，使产品销售在服务中得以延续。售后服务包含以下几方面：产品的养护与维修、客户的回访与交流、客户俱乐部的建立与维护、节日祝福语问候等内容。

三、客户关怀的手段

客户关怀手段是指企业与客户交流的手段，主要有主动电话营销、网站服务、呼叫中心等。

（1）主动电话营销。主动电话营销是指企业充分利用数据库信息，挖掘潜在客户。企业通过电话主动拜访客户和推荐满足客户要求的产品，做到充分了解客户、充分为客户着想，同时也增加销售机会。

（2）网站服务。通过网站和电子商务平台，企业可以提供及时且多样化的服务。网站应该智能化，企业可以根据客户点击的网页、在网页上停留的时间等信息，实时捕捉网页上客户要求服务的信息。企业将客户浏览网页的记录提供给服务人员，服务人员可通过不同的方式服务客户，包括电话、与客户共享服务软件等方式。同时企业应利用文字、语音、影像等多媒体的实时功能与客户进行互动和网上交易。

（3）呼叫中心。呼叫中心通过公开一个电话客服号码提供对客户的电话服务。呼叫中心可以帮助企业了解客户、服务客户和维系客户。

（4）客户关怀管理系统——CCM（Customer Care System）。客户关怀管理系统是在线管理，每一位全职员工都有账号去登录，在系统里记录客户投诉、索赔，或操作异常给客户带来影响的案件，并记录从收到客户投诉后一直到投诉完全解决的全过程，公司总部会定期从系统中检查公司员工在处理客户投诉时是否合理专业，同时公司总部会定期利用系统中的原始数据去分析哪些客户投诉案例最多，主要集中在哪些地区，投诉内容主要集中在哪些方面。客户投诉越多，说明客户对服务满意度越低，客户流失的风险越大。总部会根据这些分析数据安排专门的人员力量去重点关注投诉案例相对比较多的客户，并协助本地的员工去更好地处理客户投诉，重新获得客户对企业服务的信任，从而不让客户流失。

（5）客户俱乐部。根据客户资产管理理论，将客户作为重要的资源，归类到企业的资产中，包括价值资产、品牌资产、维系资产三个部分。企业通过举行客户答谢会、联谊会，通过设立客户联盟的形式，以品牌为基础，组织团体活动来提升客户的维系资产，增加客户再次购买的可能性，降低客户购买其他竞争对手产品的可能性。

（6）车主训练营。对于高端汽车品牌来说，高端汽车的配置多，性能高，完全掌握驾驶方法与技巧需要一些时间，这就是开展车主训练营的原因。车主训练营主要是针对新车交付三个月内的客户进行开展，召集客户到店进行车辆使用技巧的分享，了解客户在新车使用过程中遇到的问题并进行解答，同时，对售后的 24 小时道路救援服务、售后保养服务等进行再一次的讲解，使客户加深对 4S 店的信任感，并增加回店台次和频率。

四、客户关怀的范围

客户关怀活动范围的实际参考有哪些呢？有很多术语用来表示客户关怀活动，例如客户服务、产品质量、服务质量和售后服务。在不同公司和不同情形下，这些术语有不同含义。

（1）客户服务。一般包括为客户提供有关产品或服务技术说明的建议和信息，以及售后支持安排与步骤。

（2）产品质量。产品质量与用来确保符合说明，进而适合其目的，以及使用安全而设置的标准及测度紧密相关。

（3）服务质量。指的是公司与客户间的关系，着重点在交易过程中客户的体验。

（4）售后服务。涵盖售后查询和投诉，以及修理和维护步骤。

上述这些方面形成了全面客户关怀包含的部分，它在帮助、友好、关心和安心等方面采取关怀态度。其目标是不断满足客户需求并履行客户期望。在此种背景下，客户关怀适用于营销的各个方面。

五、实施客户关怀的目的

（一）提高客户忠诚度

客户关怀能够有效改善客户消费体验，具体体现在以下几方面：

（1）高度满意的客户会更多、更久地忠实于企业。

（2）使客户主动尝试企业更多的新产品，并购买价值更高的产品。

（3）使客户主动对企业及其产品进行宣传，形成良性口碑。

（4）使客户忽视竞争品牌及其广告，并对价格变化反应平淡。

(5) 使客户由于更加熟悉交易的程序而降低服务成本。

(二) 延长客户生命周期

客户生命周期指一个客户对企业而言是有类似生命一样的诞生、成长、成熟、衰老、死亡的过程。成长、成熟和衰老这三个阶段往往伴随消费，尤其是成熟期，是客户消费的黄金时期，有效延长客户生命周期可使企业的盈利增加。

(三) 改进产品

忠实客户是最好的产品设计师，通过使用产品，他们会发现那些不好用、不方便的地方，客户关怀其实为企业建立了聆听建议的渠道，让企业发现改进空间，设计出更符合客户要求、更受市场欢迎的产品。

(四) 口碑传播

口碑传播也可以称为品牌效应。当企业的产品或服务超出了客户的期望，他们将习惯性地向周围的朋友分享。很显然，熟人传递的产品信息更加可信，成交概率也更高。

六、实施客户关怀的方法

商家要抢夺客户资源，一方面靠优质的产品，另一方面靠良好的服务。不同类型的企业实施的客户关怀有所不同。一般有以下几种客户关怀方法。

(一) 记录客户信息

客户关怀建立在数据库营销的基础之上，需要记录的数据包括客户的姓名、手机号码、生日等重要纪念日、消费记录、最后一次消费距今的时间等。

(二) 会员信息管理

维护客户最快速的方法就是将普通客户变成会员。会员就如同储蓄罐中的钱币，是一个长期积累的过程，积累得越多，商家的财富就越多。积分是商家评估客户价值的重要依据，根据积分对客户进行奖励，或者让高额积分的客户享受更优惠的价格，也可定期进行积分兑换，这样能有效提升客户黏性，同时刺激客户消费积极性。

(三) 生日关怀

在生日这样重要的日子，如果能够收到一条来自商家的祝福短信，无疑会加深客户对该商家的印象。特别的纪念日对每个人来说都是特殊的，如果商家能够抓住时机送上祝福，客户自然更加忠诚。

(四) 短信营销

与大企业相比，小商家人力财力有限，缺少广告支撑，难以开展丰富的营销活动，如果你有几百几千个会员可以做短信营销呢？情况会大不一样。

找一个足够吸引眼球的主题策划一场活动，用短信通知所有会员，可以是直白的告知，也可以通过短信发放电子代金券，或者告诉会员邀请朋友同来就可以享受折扣。总之，一定有一种营销方法适合你。

（五）电子账单

在中国，电子账单常用于信用卡消费提醒，就是刷卡消费后手机将收到一条提示短信，短信内容中包括本次消费的金额、卡内余额等信息。

当会员管理与短信营销相结合，即使是个体店铺也可以向客户发送电子账单，提供“银联级别”的消费体验，以更优质的服务提高客户忠诚度。

（六）储值消费

储值消费一方面能为客户带来方便——不用掏钱或者刷卡也可以消费，另一方面大大提高了客户的黏性。如果客户愿意先把钱存在你这里，无疑证明他们是信任你的。在某些行业，如美容美体，客户是否储值消费直接决定了其忠诚程度。

（七）流失客户挽留

有些客户曾经在你的店里消费数千元，可是最近却一直没来过。如果对客户消费记录进行分析，很快你就能找出这些正在流失的客户，有的放矢地向他们发送挽留短信，针对他们开展与众不同的活动，如电话回访，倾听他们的建议并作出改进。这将让商户得到良性的发展。

自测练习

一、判断题

1. 客户关怀贯穿了整个客户服务过程。（ ）
2. 客户关怀系统可以有效促进客户服务质量的提高。（ ）
3. 客户关怀的内容包含三个阶段：售前关怀，售中关怀，售后关怀。（ ）
4. 每个行业的客户关怀手段有所不同，各有千秋。（ ）
5. 售后的客户关怀内容进一步拓展后，可以变成客户巩固。（ ）

二、不定项选择题

1. 实施客户关怀的目的包括（ ）。

A. 提高客户忠诚度　B. 延长客户生命周期
C. 改进产品　D. 口碑传播

2. 以下哪一项不属于客户关怀的方法？（ ）

A. 生日祝福　B. 节日营销　C. 赠送礼品　D. 推荐产品

3. 维护客户最快速的方法就是将（ ）变成会员。

A. 普通客户　B. 将高消费人群　C. 潜在客户　D. 优质客户

4. 客户流失管理就是在客户关系破裂的情况下，如何（ ），挽回流失的客户。

A. 发现客户　B. 识别客户　C. 恢复客户关系　D. 寻找新的客户

5. 提高客户忠诚度可以使客户主动尝试企业更多的新产品，并购买价值更高的产品，这句话是否正确？（ ）

A. 正确　B. 不正确　C. 不确定

任务名称	客户巩固	教学流程	客户关系维护
班级		姓名	
工作岗位			

4 学习活动任务四

客户巩固

任务目标

通过本任务的学习和训练，学生应掌握客户巩固的定义与内容，掌握客户忠诚的基本概念，了解客户忠诚对企业的价值，能够正确设置会员制度，进而设计会员权益体系，培养学生塑造良好的全局意识和服务意识。

工作过程

一、感知客户巩固

1. 在你购买某些商品后，你加入过该商品的论坛吗？感觉怎样？

2. 在你的生活中，你的需求大概分为几个方面？

3. 淘宝会员一般可分为普通会员、高级会员、VIP 会员、至尊会员等级，如表 6－9 所示，这是某一店铺的会员权益。

表 6－9　淘宝某一店铺的会员权益

会员特权	战士（普通会员）	祭司（高级会员）	酋长（VIP 会员）	狼图腾（至尊会员）
会员标准	消费金额 577 元 或交易 2 次	消费金额 1 077 元 或交易 4 次	消费金额 2 177 元 或交易 8 次	消费金额 5 777 元 或交易 15 次
会员折扣	9.8 折	9.5 折	9 折	8.8 折
生日礼券	10 元	20 元	50 元	100 元
无理由退换货日期	7 天	8 天	10 天	14 天
优先发货	√	√	√	√
上新预告 / 通知	√	√	√	√
快递包邮	×	√	√	√
会员日专享	√	√	√	√
每月惊喜礼品 （每月抽取 10 名会员）	×	×	√	√
每月一次退换货 包邮权	×	×	√	√

（1）从表中你了解到各级会员分别享受哪些特权吗？

____

（2）享受最高待遇的是什么会员？

____

（3）为什么各级会员享受的特权不同？为什么这样设置呢？

____

二、课堂实训

实训背景

随着客户范围越来越大，越来越多的客户都进入了顺通公司的客户库，这对顺通公司的客户管理提出了更高的要求。为了帮助顺通公司进行客户巩固，提高客户忠诚度，需要我们帮助企业设置相应的客户巩固方案。

实训目的

1. 让学生了解马斯洛的需求层次理论和客户巩固的概念。
2. 让学生运用头脑风暴法为企业设计出有专业特色的客户巩固内容。
3. 培养学生的服务意识。

实训准备

形式：每 5 ～ 7 人一组。

场地：实训室（或教室）、机房。

实训道具：马克笔，白纸，多媒体设备，在机房上课的学生现场制作 PPT 进行展示和讨论。

课前准备：小组按照专业特色，设计客户巩固的内容和方案。

实训步骤

1. 教师检查学生的课前作业，组建一个具有专业特色的公司，并说明主营业务与 1～2 样产品。

2. 学生分组讨论，并回答以下问题：

（1）你的公司叫什么名字？有什么主营业务？有什么主营产品？

（2）你将会怎么设计客户巩固内容？

（3）可以设计一个合理的积分制吗？

（4）可以设计一个客户俱乐部吗？说一说客户俱乐部的主要活动和设置的原因。

注：提出的客户巩固内容必须配以较为详细的说明，说明客户巩固的内容、制度和频率。

3. 学生按照小组展示本小组的客户巩固内容。

4. 教师进行评价，并对各个小组的客户巩固内容进行整合，对本次实训内容进行一次综述。

三、在店铺中设置会员制度

1. 打开浏览器，使用账号登录淘宝网，单击“卖家中心”—“营销中心”—“会员关系管理”界面。

2. 进入 VIP 设置界面，如图 6－2 所示，该界面可以设置各级别会员的交易条件和会员权益。

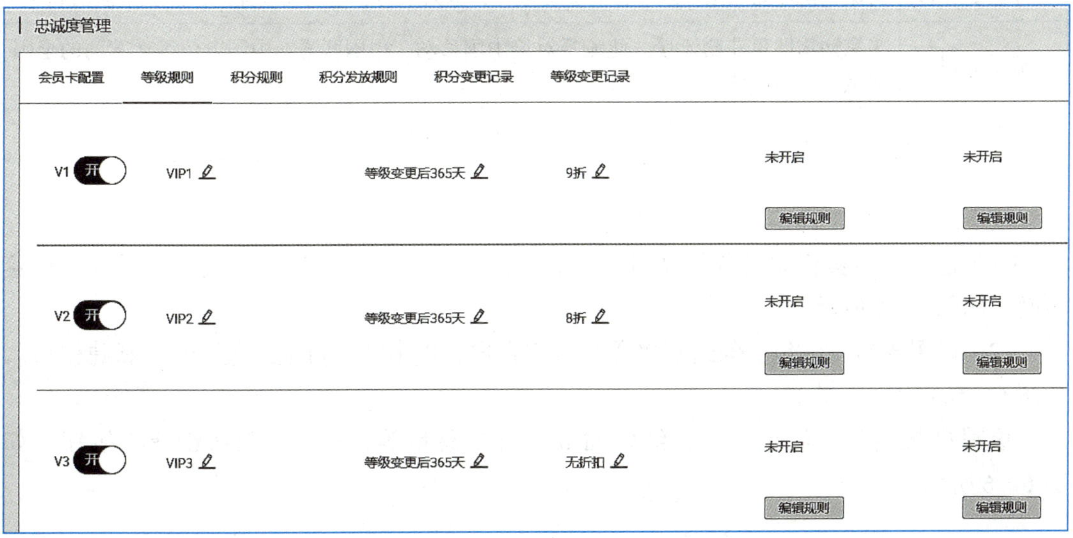

图 6－2　VIP 设置界面

3. 点击“编辑规则”，设置各级别会员的交易条件，并点击“确定”按钮保存，如图 6－3 所示。

图 6－3　设置会员交易条件

4. 点击“折扣”处的编辑按钮，可设置不同级别会员所享有的不同折扣。

5. 设置会员权益。在淘宝店铺中，除了为不同级别的会员设置折扣以外，还可以为会员设置优惠券、支付宝红包、会员礼包、流量、淘话费等会员权益。不同会员权益的适用范围如表 6－10 所示。

表 6－10　不同会员权益的适用范围

类别	适用范围
优惠券	买家消费满一定数额时，抵扣商品价款
支付宝红包	买家用支付宝付款时，抵扣商品价款
优酷会员礼包	买家兑换优酷、土豆双平台的会员服务，输入卡号、密码和验证码，即完成激活
流量红包	买家购物即可获赠流量，此流量对接中国移动、中国联通、中国电信等运营商的全国流量，不限地域、不限时间
淘话费	买家在充值话费时当现金抵扣充值金额

接下来，我们尝试对上述会员权益进行设置。

（1）进入“会员权益设置”界面，单击“客户”—“客户列表”，进入会员权益设置界面，如图 6－4 所示。

（2）设置支付宝红包。勾选要赠送红包的客户，单击“支付宝红包”—“新建模板”，如图 6－5 所示。

填写模板名称、红包名称、红包面额、发放总量等，单击“确认创建”按钮，如图 6－6 所示。

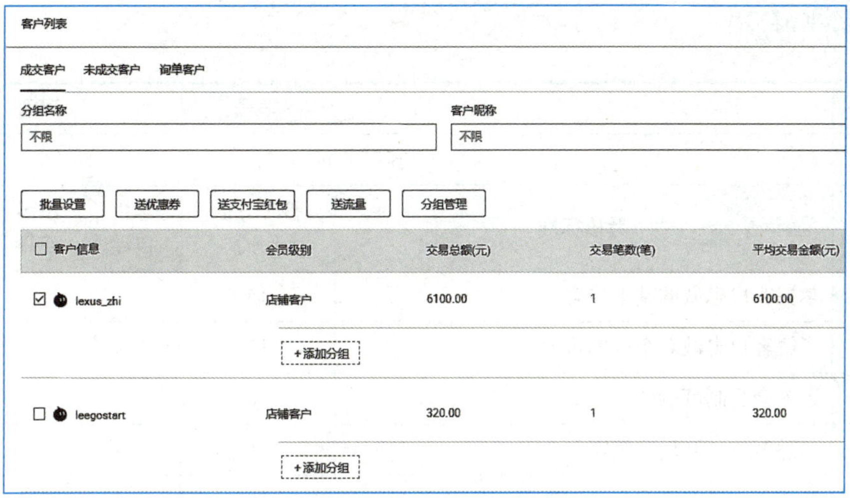

图 6－4　会员权益设置界面

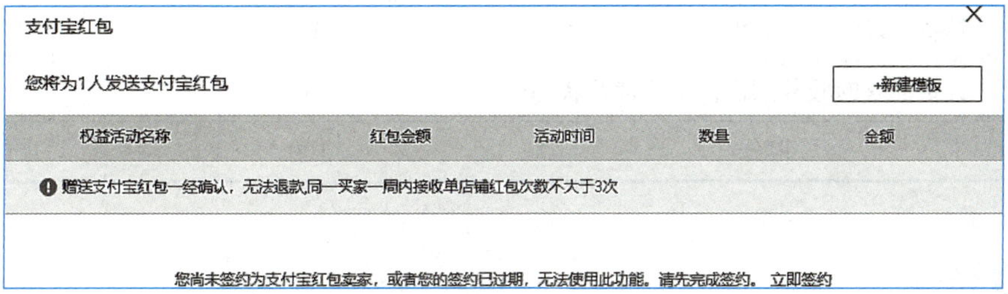

图 6－5　设置支付宝红包

图 6－6　支付宝红包模板

考核评价

姓名		学号		班级	
任务名称	客户巩固				
考核内容	考核标准	参考分值（分）	学生自评	小组互评	教师评价
理论知识评价	掌握客户忠诚的基本概念	15			
	了解客户忠诚对企业的价值	15			
	了解会员制度的作用	10			
技能操作评价	熟悉客户忠诚培养策略	15			
	能够正确设置网店会员制度	10			
	能够设计网店会员权益体系	15			
职业素养评价	具备良好的全局意识	10			
	具备优秀的服务意识，了解消费者心理	10			
得分		100			

相关资料

一、客户巩固的定义与原理

客户巩固的方法多种多样，其实质是通过人际交往和各种活动来留住客户，例如：车友俱乐部、积分制、会员制、等级制等；但这些方法都是根据人的需求而设立的，即每个人的需求各不相同，所以我们需要了解下需求。

二、需求五层次理论含义

（一）马斯洛需求层次理论概述

美国心理学家马斯洛是人本主义心理学的创始人，1943 年他在《人类激励理论》中提出了需求层次理论。将人类需求从低到高分为五个层次，分别是：生理需求、安全需求、情感和归属需求、尊重需求和自我实现需求，如图 6-7 所示。

（二）马斯洛需求层次之间的关系

马斯洛认为人的需求是由低层次向高层次升序的过程，每个人都会有这五种需求，在不同时期所表现的需求不同。生理需求和安全需求是人的基本需求，这两种基础层次的需求会促使人们产生行动力，从而获得满足。不同层次的需求是随着人的发展变化而变化的，基础需求满足后便会向较高层的需求逐渐转变，然而，需求层次越高，实现的概率越低，同一时期内往往存在多种需求，但总有某一种需求作为优势需要占主导地位。任何一种需求不会因为需求层次的发展而消失，各层面的需求相互依存和重叠。

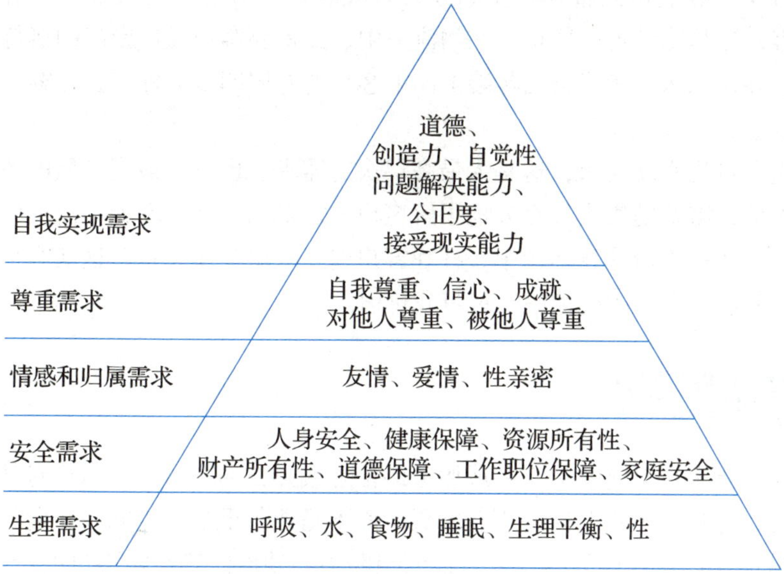

图 6－7　马斯洛需求层次理论

（三）客户巩固中的需求层次理论

在客户服务中，我们也需要用到需求层次理论，但是我们要将需求层次理论适当延伸，使其适应客户巩固的理论要求。

第一层次，生理需求，即满足人对于食物、空气、水等方面的需求。在客户巩固的过程中，满足客户的生理需求的时机无处不在，如在接见客户的过程中准备好零食和饮料，在汽车销售中，无论是前来咨询的客户，或是将爱车送来保养的客户，梅赛德斯奔驰的每一家 4S 店都会为他们准备好自助午餐，且菜品样式丰富，菜品味道鲜美，这给客户们留下了良好的印象。

第二层次，安全需求，包括生命财产安全、健康保障、生活工作环境安全稳定等。这在客户巩固中，可以将其延伸为干净整洁的会谈环境、银行等场所的安保措施等，这些都会给客户留下良好的印象和安全感。

第三层次，情感和归属需求，这是较高层次的需求，包括被别人认可、爱护、赏识等。这一层次是客户巩固方式与方法的主要载体，也是企业文化和品牌定位的主要表现。在客户巩固中，我们可以把这一层次的需求延伸为以下内容：客户俱乐部，每一个公司的产品不同，品牌理念不同，则每个公司的俱乐部也不尽相同，我们同样拿汽车举例，丰田普拉多主打越野运动，则车友会的主题也一定是和越野运动有关的，常常有普拉多车主成群结伴参与丰田公司车友俱乐部组织的越野活动，如穿越西藏等，在这个过程中，车主会得到他人的认可和赏识，这就很好地满足了客户的情感和归属需求。对于 B2B 的企业来说，开展客户俱乐部较为困难，企业可以通过客户走访的方式来维护本企业的客户。

第四层次，尊重需求，即个人希望得到他人对自己价值的认可与尊重，从而感到满足和自信。这在客户关系维护中可以被延伸为积分制、等级制和私人订制。例如在对一些重要客户的服务中，我们可以将其归类划分为A类客户，对他们提供服务时增加一些额外的服务和内容，让其感受到被尊重；在物流业中，给重要客户设计专门的接待室和一对一的客服人员，并在承运车辆或物品包装上印上客户的专属印章或标签，让客户在接受服务时感受到被尊重。

第五层次，自我实现需求，这是人最高层次的需求，也是人最高品质的体现。要让客户实现自我价值，需要销售人员充分地了解客户的需求和目标。例如物流业中，可以通过让客户参与到企业的决策信息提议中，并和客户建立战略合作关系，这使客户对于企业的认同感加强，并能在企业的决策中实现自我价值。

三、客户忠诚的含义

客户忠诚是指客户对企业的产品或服务的依恋或爱慕的感情，是客户对某企业或某品牌长久的忠心，并且一再指向性地重复购买，而不是偶尔重复购买同一企业的产品或服务的行为。忠诚的客户是这样的客户，当他们想购买一种他们曾经购买过的产品或服务时，他们会主动去寻找原来向他们提供过这一产品或服务的企业，甚至有时出于某种原因没有找到所忠诚的品牌，他们也会主动抵制其他品牌的诱惑，或搁置需求，直到所忠诚的品牌出现。

客户忠诚主要通过客户的行为忠诚、情感忠诚和意识忠诚表现出来。其中行为忠诚表现为客户再次消费时对企业的产品和服务的重复购买行为；情感忠诚表现为客户对企业的理念、行为和视觉形象的高度认同和满意；意识忠诚则表现为客户做出的对企业的产品和服务的未来消费意向。由行为、情感和意识三个方面组成的客户忠诚营销理论，着重于对客户行为趋向的评价，通过这种评价活动的开展，反映企业在未来经营活动中的竞争优势。具体来说，表现为下列内容：

（1）客户忠诚是指消费者在进行购买决策时，多次表现出来的对某个企业产品和品牌有偏向性购买行为。

（2）忠诚的客户是企业最有价值的顾客。

（3）客户忠诚的小幅度增加会导致利润的大幅度增加。

（4）客户忠诚营销理论的关心点是利润。建立客户忠诚是实现持续的利润增长的最有效方法。企业必须把做交易的观念转化为与消费者建立关系的观念，从仅仅集中于对消费者的争取和征服转为集中于消费者的忠诚与持久。

四、客户忠诚的价值

建立客户忠诚对企业至关重要，美国哈佛商业研究报告指出多次光顾的顾客比初次登门者，可为企业多带来20%～85%的利润。美国营销学者赖克赫尔德（Reichheld）（1996）

的研究表明，在14个行业中，忠诚顾客每增长5%，那么企业利润将增加25%～95%（依行业不同）。客户忠诚的价值不仅在于为企业带来稳定可观的销售利润，而且影响企业长期的经营和发展，是企业拥有的核心财富和战略资产。

（一）顾客购买价值

顾客购买价值是顾客一生所购买的该产品的价值总和。顾客的购买行为可分为新购买、重复购买和更新购买。忠诚顾客购买总价值是其重复购买忠诚品牌的价值、更新购买忠诚品牌的价值和新购买忠诚品牌的价值。在计算忠诚顾客购买价值时，还应考虑到忠诚顾客对忠诚品牌的价格敏感程度的变化。事实表明，对于喜爱和信赖的产品，消费者对其价格变动的承受能力强，即价格敏感度低。忠诚品牌的价格上涨，或者竞争对手的低价策略往往不会导致忠诚顾客需求的大幅度减少，因此忠诚顾客的价值还表现在其保障企业的稳定高额利润和减少抵御竞争风险所需成本方面。

（二）顾客口碑价值

俗话说“金杯、银杯不如百姓的口碑”，顾客忠诚度高代表着每一个使用者都可以成为一个活的广告，自然会吸引新客户。事实显示：每位非常满意的顾客会将其满意的意愿告诉至少12个人，其中大约有10人在产生相同需求时会光顾该企业；相反，一位非常不满意的顾客会把不满告诉至少20个人，这些人在产生相同需求时几乎不会光顾被批评的企业。顾客口碑价值包括两方面：一是由于顾客向所属群体宣传其忠诚品牌而导致所属群体其他成员购买该忠诚品牌的价值总额。二是由于顾客宣传其忠诚品牌企业而使该企业品牌形象提升，导致该企业无形资产的价值总额增加。顾客口碑价值的大小与顾客忠诚度的大小正相关，顾客对品牌企业越忠诚，其所树立的对品牌企业的情感认知、行为偏好、价值取向越深刻，在信息传达过程中的情感可信性越强，对信息接收者的影响越大。

（三）顾客信息价值

顾客信息价值指顾客以各种方式（抱怨、建议、要求等）向企业提供各类信息从而为企业创造的价值。忠诚顾客为企业提供的信息主要有：顾客需求信息、产品服务创新信息、竞争对手信息、顾客满意程度信息、企业发展信息等。忠诚顾客信息价值与忠诚顾客忠诚度是相辅相成的，忠诚顾客更倾向于提供基于企业现状的、合理可行的建议和忠告，而企业对信息的重视又更促进顾客忠诚度的提升。顾客信息对企业是重要财富，这已是不争的事实。同时还应看到顾客提供信息，主要是希望得到信息的回馈结果。由于企业与顾客之间存在信息的不对称，企业与顾客都希望了解对方更多信息以便决策。因此企业是否重视顾客信息价值对建立忠诚顾客以及培养顾客忠诚都十分重要。

自测练习

一、不定项选择题

1. 人的需求有五个层次，以下选项中有哪些选项不是这五个层次中的内容？（　　）

A. 生理需求　　B. 安全需求　　C. 购买欲需求　　D. 自我实现需求

2. 创造一个良好的会谈环境，是为了满足客户哪个层次的需求？（　　）

A. 生理需求　　B. 安全需求　　C. 购买欲需求　　D. 自我实现需求

3. 客户忠诚主要通过客户的行为忠诚、情感忠诚和（　　）表现出来。

A. 意识忠诚　　B. 消费忠诚　　C. 长期忠诚　　D. 服务忠诚

4. 顾客信息价值指顾客以（　　）方式向企业提供各类信息为企业创造的价值。

A. 抱怨　　B. 建议　　C. 要求　　D. 赠送

5. 客户忠诚的价值包括（　　）。

A. 顾客购买价值　　B. 顾客口碑价值　　C. 顾客信息价值　　D. 顾客附加价值

6. 客户忠诚是指消费者在进行购买决策时，多次表现出来的对某个企业产品和品牌有（　　）购买行为。

A. 偏向性　　B. 唯一性　　C. 重复性　　D. 排他性

7. 顾客口碑价值的大小与顾客忠诚度的大小（　　）。

A. 正相关　　B. 负相关　　C. 无关　　D. 有关

二、判断题

1. 企业在进行客户巩固时，不能使用等级制的会员制度，对所有客户要一视同仁。（　　）

2. 可以通过俱乐部的方式宣扬本品牌的特点和理念。（　　）

3. 可以通过联谊会或理事会的方式，满足客户的自我实现需求。（　　）

任务名称	客户分类	教学流程	客户关系维护
班级		姓名	
工作岗位			

5 学习活动任务五

客户分类

任务目标

通过本任务的学习和训练，学生能够了解客户类型的划分依据，了解优质客户的特征，能够正确将客户进行分类，通过客户分类，能够针对不同类型的客户提供不同的服务，帮助企业观察和分析客户行为对企业（店铺）收益的影响，使企业（店铺）资源得到最优化的利用和分配。

工作过程

一、客户分类认知

1. 利用客户分类的相关知识，请对以下客户进行分类，填入表 6－11 中。

表 6－11　根据客户特征对客户分类

客户特征	客户分类
客户 A：在你的企业（店铺）至少有过一次购买或服务经历，但由于一些原因不再光顾你的店铺	
客户 B：这类客户访问过企业（店铺）或咨询过客服，但还没有产生实质性的购买交易	
客户 C：在你的企业（店铺）刚刚产生了第一笔交易	
客户 D：在你的企业（店铺）有多次购买经历	
客户 E：购买次数不算太多，但每次的消费金额都很大	
客户 F：产生过一笔交易，但给了你一个差评	

2. 你的企业（店铺）主要面对的客户群体是什么？你是如何把这些客户分类的？

3. 如果你开一个公司，你们会用什么方法来对客户进行分类？

4. 客户购物的途径一般有搜索关键词，参加网店活动，查找购物车信息，使用朋友分享的链接。请完成本组成员购物途径偏好现场调查，填入表 6－12 中。

表 6－12　购物途径调查表

会员名称	购物途径偏好	原因

5. 客户等级的划分有一套标准和依据，现给出客户等级表，请你写出客服对应不同等级客户有哪些应对策略，填入表 6－13 中。

表 6－13　针对不同客户的应对策略

客户等级	客户特征	客服应对策略
沉睡客户	有 1 次购物经历后，很久没有光顾网店	例：发送优惠券、提醒上新等，制造机会，唤醒顾客对网店的记忆，争取再次赢得顾客的信任并实现回购
潜在客户	已访问网店，但是没有下单	
新客户	近期在网店产生第一笔交易	
老客户	在同一网店有多次购物经历	
大客户	购买次数不多，但是每次的购买数量和金额巨大	
忠诚客户	关注网店上新时间及商品性能，与客服非常熟悉	

二、课堂实训

实训一：了解客户分级信息

按照客户价值进行划分。京东商城是中国电子商务领域很受消费者欢迎和具有影响力的电商网站之一。京东对客户按照价值进行划分，分为注册会员、牌级会员、钻石会员，如图 6－8 所示。每年消费超过一定额度，即可申请成为相应等级的会员，并享有不同的会员待遇。

图 6－8　客户价值分类

请你在网上查找和了解唯品会、携程旅行网这两个电子商务网站的客户分级制度，并以小组为单位，制作一个 PPT 课件，向大家介绍你们小组了解到的客户分级信息。

实训二：设计客户标签分类模板，采集客户信息

请根据会员分析图给用户打标签。

在大数据时代背景下，用户信息充斥在网络中，将用户的每个具体信息抽象成标签，利用这些标签将用户形象具体化，从而为用户提供有针对性的服务。比如，我们可以将客户的所在城市、年龄段、性别、最近30日消费金额、消费偏好等都作为一个个标签，经过数据分析后形成用户画像，如图6-9所示。

请你设计一个客户标签分类模板，对客户信息进行采集，形成用户画像。可参照表6-14。

图6-9 会员分析图

表6-14 客户标签分类模板

会员名称	购物偏好	购物行为	浏览行为	客户等级

考核评价

姓名		学号		班级	
任务名称	客户分类				
考核内容	考核标准	参考分值（分）	学生自评	小组互评	教师评价
理论知识评价	了解客户价值的表现方式	15			
	了解客户类型的划分依据	15			
	了解优质客户的特征	10			
技能操作评价	能够将客户进行分类	15			
	能够定位优质客户	10			
	能够针对不同类型的客户提供不同的服务	15			
职业素养评价	具备以客户为中心的服务意识	10			
	具备较强的洞察能力	10			
得分		100			

相关资料

一、客户分类管理方法——ABC 分类法

（一）客户分级管理及其意义

企业如果只是追求客户满意度往往并不能解决最终的问题，很多时候，客户的满意度提高了，并不意味着企业的利润就立即获得改善。在获得满意的客户群体中，只有为企业贡献利润的客户才是直接的价值客户，而且价值客户对企业的利润贡献也有高低之分。因此，企业应该对客户加以分析，通过对客户行为的观察，从交易频率、交易价格、交易量等角度进行分析，寻找高价值客户，并由此配置相应的服务与管理资源，对稀缺的经营资源进行优化配置，集中力量提升高价值客户的满意度，同时关注潜在的高价值客户，渐进式提高潜在高价值客户的满意度。

企业的资源毕竟是有限的，它不可能为所有客户提供同等质量同等水平的服务。为了能让企业的有限资源得到最大限度的发挥和利用，企业需要做好客户细分，在不浪费资源的前提下为客户提供差异化的服务。所谓客户细分，是指根据客户的某种属性和特征，将客户划分成若干个小的客户群的过程。企业根据细分客户群提供不同的服务，对选定的 VIP 客户提供最高级别的客户服务，从而确保客户价值最大化。对客户进行细分可以让企业实现客户分级管理，有效地为不同客户提供针对性的服务，满足客户的个性化需求，实现客户满意度最优。

（二）客户分级管理的方法

客户是企业赖以生存的动力和源泉，是企业在市场上立足的重要资源。在关系模式下的市场细分应该以客户价值作为客户细分的关系变量。对企业而言，每个客户对企业的贡献大小是不一样的。物流企业应该根据客户的贡献大小来评估客户价值，找到价值客户，利用有限的资源为贡献大、利润高的客户提供最优质的服务，使其成为长期稳定客户，确保企业利润的稳步增长，全面提升企业的盈利能力与市场竞争能力。

著名的意大利经济学家帕雷托根据利益最大化原则提出了二八法则，故又称帕雷托原理。根据该法则，20% 的客户为企业提供了 80% 的利润，这类客户被称为“黄金客户”。而其他的客户对企业的贡献与黄金层次客户有很大差距，他们属于企业的劣质客户，是“钢铁客户”。

物流企业客户众多，按照客户价值将客户进行分级，客户群通常可以分为关键客户（A 类客户）、主要客户（B 类客户）、普通客户（C 类客户）三个级别，即我们所要介绍的 ABC 分类法。ABC 分类法又称为主次分类法，它是根据客户在价值方面贡献的大小进行分类排队，有区别地确定客户主次类别的管理分析方法。对于不同类别客户，应该采取不同的管理方法，建立起科学动态的管理机制。

按照 ABC 分类法，A、B、C 三类客户占企业客户的比例应根据具体情况而定，对客户资料进行科学的统计计算和分析，制定一套有效的综合性客户资信评价标准。通过分级，我们可以根据客户所处的行业类别，制定客户编码，再通过对客户信用进行调

查分析，确定客户的信用等级，为不同客户配置服务资源，为防范欠费风险等提供参考意见。

ABC 分类法的步骤主要包括：（1）确定客户衡量指标；（2）确定指标统计的时间范围；（3）统计每一个客户的指标量；（4）按照指标量从高到低为客户排序；（5）汇总企业销售额；（6）确定分类标准，如 A 占 20%，B 占 70%，C 占 10%；（7）计算各类的销售额；（8）分级，逐步分出 ABC 主次客户。

二、客户类型划分及管理

划分客户类型的标准有很多，一般来说，商家可以参照下列因素进行客户类型划分，如客户的消费行为、客户的忠诚度、客户的信誉度、客户的购买方式、客户与店铺的关系、客户的价值等。下面详细介绍两种更适合 CRM 的客户类型划分方式。

（一）按照客户与店铺的关系进行划分

按照客户与店铺的关系，客户可以划分为五类：

1. 潜在客户

潜在客户是指对店铺的商品或服务有需求和购买动机的人群，即有可能购买还没有产生购买的人群。例如，已经怀孕的准妈妈很可能就是销售婴幼儿商品的店铺的潜在客户。

2. 目标客户

目标客户是指商家经过挑选后确定的、力图开发为现实客户的人群。例如，一家专门销售大码女装的店铺将身材偏丰满的女性作为自己的目标客户。

3. 现实客户

现实客户是指已经购买了店铺的商品或服务的人群。按照客户与店铺之间关系的疏密，现实客户又可以分为初次购买客户、重复购买客户和忠诚客户。

4. 流失客户

流失客户是指曾经是某店铺的客户，但由于种种原因，现在不再购买该店铺的商品或服务的客户。

5. 非客户

非客户是指那些与店铺的商品或者服务无关，或对店铺有敌意、不可能购买店铺的商品或服务的人群。

以上五类客户是可以相互转化的。例如：潜在客户或目标客户一旦采取购买行为，就变成店铺的初次购买客户。初次购买客户如果经常购买同一店铺的商品或服务，就可能发展成为该店铺的重复购买客户，甚至成为忠诚客户。但是，初次购买客户、重复购买客户和忠诚客户也会因为其他商家的更有诱惑的条件，或因为对店铺不满而成为流失客户。而流失客户如果被成功挽回，就可以直接成为重复购买客户或者忠诚客户；如果无法挽回，他们就将永远流失，成为店铺的“非客户”。

忠诚客户来源于重复购买客户，重复购买客户来源于初次购买客户，初次购买客户来源于潜在客户和目标客户。可见，商家要获得尽量多的忠诚客户，就必须做好重复购买客户的管理。而要获得尽量多的重复购买客户，就必须做好初次购买客户的管理；要获得尽可能多的初次购买客户，就必须做好潜在客户和目标客户的管理。

（二）按照客户的价值进行划分

不同的客户对店铺产生的价值是不同的，且不同价值的客户的需求有所不同。商家应该根据客户的不同价值为其分配不同的资源，以更好地满足不同客户的需求。根据客户的价值，客户可以划分为四种类型，并形成一个“金字塔”，如图 6－10 所示。

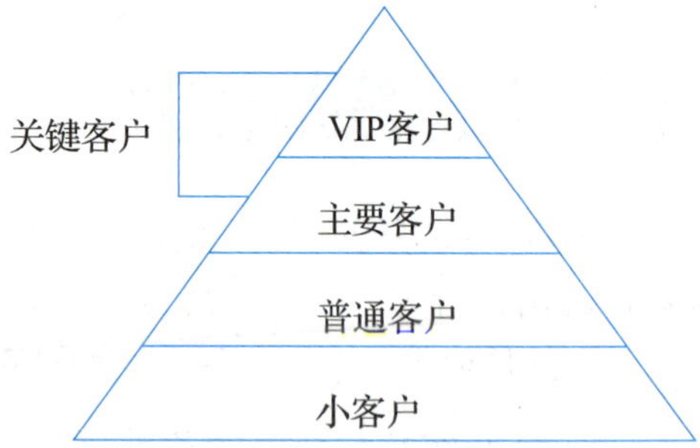

图 6－10 客户价值划分

VIP 客户位于客户“金字塔”的顶端，这类客户的数量虽然不多，但他们的消费金额在店铺的销售总额中占有的比例很大，对店铺作出的贡献最大。一般情况下，VIP 客户的数量占店铺客户总量的 1% 左右。

主要客户是指除了 VIP 客户以外，消费金额占比较多，能够为店铺提供较高利润的客户。这类客户约占店铺客户总量的 4%。

普通客户所产生的消费金额能为店铺带来一定的利润，这类客户的数量占店铺客户总量的 15% 左右。

小客户位于金字塔的底层，他们在店铺客户总数中占比最多，但为店铺带来的盈利却不多。

三、精准定位优质客户

定位精准优质客户有六个步骤，遵循这六个步骤，商家可以快速地界定利润市场，锁定最优质的客户，有效地开展营销推广，让营销精准地击中每一个目标。

（一）初步界定目标客户

营销的第一步就是要分析界定目标客户，一般可以通过客户的内在属性和外在属性两个方面来对客户进行界定。将客户的属性清晰地列出后，基本上就可以对目标客户做出界定，但这还不够精准，需要将客户的范围进一步缩小。

（二）用购买能力对客户进行区分

精准优质的客户必须具备购买商品的能力，如果不具有购买商品的能力或能力不足，就一定会不停地砍价，最终或许不会购买。如果我们经常碰到砍价的客户，就说明客户的定位不够准确。

评判客户的购买能力一般是借助客户收入或客户的平均消费水平，以及是否购买过额度较大的商品等标准来展开的。购买能力也体现在客户拥有哪些有价值的商品。例如，客户拥有劳力士表、开着豪车，说明该客户具有较强的购买能力。

（三）用消费历史挖掘客户需求

客户的消费历史与经历代表了其对商品类别的认知，对某类商品的潜在需求，以及购买某类商品的可能性。对客户消费历史进行分析，包括分析客户是否购买过同类的商品、相关联的商品、互补的商品（如西装与皮鞋是互补商品）以及是否购买过竞争对手的商品。

从客户的消费历史中可以轻易地挑选出对我们的商品有一定了解，不需要对其进行需求刺激及启蒙引导的客户，这就节省了大量的营销时间。

（四）购买需求决定你的客户

客户之所以会购买某件商品，是因为他对该商品存在某个方面的需求。假如客户没有需求，就一定不会购买。客户的需求决定了其掏钱的速度与可能性。

通过客户的消费历史和客户关注的焦点可以挖掘客户的需求。假如客户曾经购买过竞争对手的商品或相应的替代品，那么该客户在这一块就是有需求的。假如客户关注某一商品的性能、特点和评价，那么他必定在这一块有需求，因此可以从相关的点评类网站上找到有需求的客户。

（五）利用消费频率筛选客户

消费频率越高，代表客户价值越大。锁定并抓住消费频率高的客户更容易促进成交，因为经常购买某类商品的客户，一定对该类商品有比较深入的了解，商家现在所要做的就是向客户展示自己商品的价值。同时，消费频率高代表客户有消费此类商品的偏好，一旦客户对某类商品有了偏好，促进成交将会是一件非常顺利的事情。

获取客户消费历史最好的方法就是向客户展开一个有奖调研，同时可以多关注行业内的信息与数据。

（六）用市场细分锁定客户

通过前面五步，商家基本上可以锁定自己的精准客户，但是商家如何才能知道这些客户是否认可自己的商品风格与价值呢？在这里商家必须通过市场细分来锁定客户。开展市场细分的目的是寻找并抓住最容易产生效益的客户群，商家通过市场细分能够选出对自身商品性能或服务特点认可并支持的客户。

市场细分有助于商家规避竞争，通过细分划出一片适合自己营销的市场区域，在这个区域中商家可以形成独特的竞争力。

自测练习

一、判断题

1. ABC 分类法是意大利帕累托创造的，也被称作“二八法则”，即 20% 的人掌握着 80% 的财富。(　　)

2. 对客户的分类只是根据客户给企业创造的财富，是不完善的，一定程度上来说也是不合理的。(　　)

二、选择题

1. 按照客户与店铺的关系，以下（　　）不属于客户类型。

A. 潜在客户　　B. 目标客户　　C. 流失客户　　D. 长期客户

2. 按照客户的价值进行划分，主要分为哪些客户？（　　）

A. VIP 客户　　B. 主要客户　　C. 普通客户　　D. 小客户

3. 定位优质客户目的是（　　）。

A. 界定利润市场　　B. 有效地开展营销推广

C. 节省成本　　D. 提高店铺销量

4. 评判客户的购买能力一般是借助客户的（　　）。

A. 客户收入　　B. 平均消费水平

C. 拥有高价值商品　　D. 行为习惯

5. 流失客户如果被成功挽回，就可以直接成为重复购买客户或者忠诚客户，这种说法是否正确？（　　）

A. 正确　　B. 不正确　　C. 不确定

任务名称	客户档案设计与填写	教学流程	客户关系维护
班级		姓名	
工作岗位			

6 学习活动任务六

客户档案设计与填写

任务目标

通过本任务的学习和训练，学生应了解客户档案的定义和特点，理解客户信息收集的基本维度和主要内容，能够独立设计完整的客户档案，并将客户档案进行录入和整理，进而提升对客户信息的认知和分析能力。

工作过程

一、客户档案认知

1. 你觉得一个客户的重要信息有哪些？

2. 你觉得在建立客户档案时应该注意哪些问题?

二、设计客户信息登记表

1. 通过在百度搜索输入“客户信息登记表”字段，会有很多关于客户资料表格的模板供我们参考。

2. 通过查看和对比各行业的客户信息登记表，尝试用 Office 软件设计出你所在行业的新客户资料登记卡，如表 6－15 所示。

表 6－15　新客户资料登记卡

________年____月____日　　　　　　　　　　　　　　　销售人员：__________

客户姓名：____________　性别：□男　□女　年龄：________
联系电话：（手机）______________________　□微信　□ QQ：__________________
身份证号：______________________　生日：______________________　纪念日：__________________
地　　址：____　邮编：______________________
购买商品系列（名称）：________________　数量：__________　颜色：__________　尺码：__________
购买商品原始单价：__________　优惠政策：__________　优惠后单价：____________________
最满意的要素：
最不满意的要素：

3. 尝试用 Office 软件设计一个老用户资料登记卡，如表 6－16 所示。

表 6－16 老用户资料登记卡

姓名		性别		出生年月日	
籍贯		民族		手机号码	
出生地		学历		专业	
毕业院校				毕业时间	
工作单位				职位	
爱好				E-mail	
信仰				喜欢的颜色	
喜欢的书				崇敬的名人	
家庭地址				家庭电话	
最讨厌的事情					
月收入情况		月购买运动产品频率			
到本店次数		购买次数			
家庭成员情况					
引进新客户情况					
第（　　）次购买本店产品					
日期		名称		数量	
单价		颜色		尺码	
对本店（产品 / 服务）的评价	满意				
	不满意				
	建议				
第（　　）次购买本店产品					
日期		名称		数量	
单价		颜色		尺码	
对本店（产品 / 服务）的评价	满意				
	不满意				
	建议				
第（　　）次购买本店产品					
日期		名称		数量	
单价		颜色		尺码	
对本店（产品 / 服务）的评价	满意				
	不满意				
	建议				

三、课堂实训

实训背景

柳州市顺通物流公司将客户分类管理了之后，又发现一个问题，即客户的档案不完整，以至于很多重要客户都不能联系上，这给企业造成了很大的损失，客户服务部决定重新编制客户档案，一起来看看他们是怎么做的吧！

实训目的

让学生掌握客户档案的定义与内容。通过实训，让学生能建立一个简单的客户档案模板。

实训准备

形式：每5～7人一组。

场地：教室。

实训道具：马克笔，白纸，多媒体设备。

课前准备：分组，每组按照专业特色，组建一个公司，并说明主营业务与1～2样产品。

实训步骤

1. 教师检查学生的课前作业。

2. 学生按照小组进行讨论，设计本小组的客户档案模板要求如下：

（1）在设计模板时，三个模块的信息不可缺少：基本资料，交易资料，分析资料。

（2）以表格的形式呈现，要求每个客户有唯一信息，可供查询。

（3）对于客户档案有专门的维护和更新人员，对于档案更新有明确的时间要求。

3. 学生设计好客户档案后，请随机采访一位同学或老师，将其信息记入本人的客户档案。

4. 学生按照小组上台展示本人的客户档案，并由教师进行统一评价。

5. 完成客户资料登记表的填写以后，为方便下一步的管理和分析，需要将登记表由表格转化为电子文档的形式。请你尝试进行转化。

考核评价

姓名		学号		班级	
任务名称	客户档案设计与填写				
考核内容	考核标准	参考分值（分）	学生自评	小组互评	教师评价
理论知识评价	了解客户信息收集的基本维度	15			
	掌握客户信息的主要内容	15			
	掌握客户信息整理的实施步骤	10			
技能操作评价	能够设计客户档案	15			
	能够将客户档案进行录入和整理	10			
	能够简单分析客户档案	15			
职业素养评价	对客户信息有全面的认知	10			
	具备较强的标准化能力	10			
得分		100			

相关资料

一、客户档案的定义

客户档案是指企业在与客户交往过程中形成的有保存价值的各种形式的历史记录。企业的客户有广义与狭义之分，“狭义的客户仅指企业产品或服务的需求者，广义的客户还包括企业的供应商、其他服务机构以及竞争对手”。“客户”所指向的对象不同，客户档案的内容也会有所差别。毋庸置疑，在市场竞争日益激烈的今天，无论是供应商、服务机构、竞争对手，还是商品的需求者，作为产业链的重要一环，对企业的生存和发展都至关重要。但是显然，在这些要素之中，商品的需求者处于最核心的地位。可以说，在买方市场的环境下，企业的竞争实质就是对商品需求者的竞争。

二、客户信息收集的内容

客户信息是指企业服务对象的喜好、需求、购买商品或服务的记录等一系列相关资料，它们会对客户的购买行为产生一定的影响。

（一）客户信息收集的维度

要想让以客户为中心的运营策略充分发挥效用，前提是做好客户信息的收集工作。商家要做到比客户还了解他们自己，收集客户信息时，应以客户为主体，而不是以自己的业务为主体。

以客户为中心的信息收集，不要一开始就着眼于整理与自己店铺发生交易的客户信息。店铺内产生的某笔交易也有可能是“真正的客户”临时借用伙伴的账号下的单，如果收集了这种“偶然性交易”信息，往往只会对以后的信息分析起到干扰作用。在进行客户信息收集时，需要先站在客户的角度，审视哪些信息可能与交易有关系。

（二）客户信息的主要内容

在商务交流中，客户可分为个人客户和企业客户两种类型，因此客户信息也分为个人客户信息和企业客户信息。

（1）个人客户信息包括三个方面的内容，即客户的基本信息、态度信息及行为信息，具体内容如表 6－17 所示。

表 6－17　客户个人信息表

信息类型		具体内容	信息的价值
基本信息	客户自身基本信息	姓名、性别、年龄、血型、联系方式、住址、邮箱等	会在一定程度上影响客户的消费需求与偏好
	客户家庭信息	婚姻情况、配偶生日、结婚纪念日、配偶爱好、是否有子女、子女的姓名、子女的年龄、子女的生日、子女是否与父母同住等	会对客户的购买习惯造成影响
	客户事业信息	就业情况、就职单位、工作地点、工作职务、收入情况、对未来事业的发展规划、个人从业经历	会在一定程度上影响客户的购买习惯及购买方式

续表

信息类型		具体内容	信息的价值
态度信息	客户的个性信息	指客户独特的心理特征，通常体现为性格特征，如外向、内向、自信、谨慎等	会对客户的购买速度、购买决策的制定造成影响
	客户的生活情况	客户的健康状况、兴建和爱好、饮食习惯、生活态度、度假习惯等	会对客户的购买目标造成影响
	客户的受教育情况	客户的受教育程度、所学专业、参加社团等	会对客户的购买偏好及购买习惯造成直接影响
	客户的消费理念	是否追求潮流、是否看重商品的品牌、是否追求个性等	决定了客户对某些品牌或商品的感觉和态度，由此影响他们对品牌或商品的选择
行为信息	客户的购买动机	通过挖掘客户某次购买行为的动机，了解其需求。例如，客户的购买动机或需求是否具有持续性，客户购买商品时主要的关注对象是什么，商品满足了客户哪方面的需求等	商家需要在商品设计或再次销售中保持或完善这些信息，它们是商家对客户进行再次营销的切入点
	客户的购买种类	企业的商品往往不会只有一个种类、一个品牌，客户的购买需求也不一定是单一的，而是多样化的，因此需要关注客户购买的商品类型	了解客户购买商品或服务的种类有助于企业了解客户的需求
	客户的购买途径	网上支付、货到付款、自取等	帮助商家了解客户的购买偏好

（2）企业客户信息分为企业的基本信息、业务情况、交易情况及负责人信息等，具体内容如表 6－18 所示。

表 6－18　企业客户信息表

信息类型	具体内容	备注
基本信息	企业客户的名称、地址、创立时间、所属行业、规模、联系方式，以及企业客户的经营理念、销售或服务区域、企业形象、企业声誉等	对企业客户的购买行为和偏好造成较大的影响
业务情况	企业客户的销售能力、销售业绩、发展趋势和前景、存在的问题等	帮助商家根据客户的不同情况制订具有针对性的商品和销售计划，有利于商家实行“大客户”策略，对具有较强能力、良好业绩且有发展前途的企业客户给予更多的关注，并与他们建立良好的关系
交易情况	企业与客户的历史交易记录，包括交易条件、企业客户的信用情况、企业客户的合作意愿、企业与客户的关系	帮助商家了解客户的诚信情况
负责人信息	企业客户主要负责人的信息，包括企业客户的所有者、经营管理者及法人代表的姓名、年龄、学历、爱好、性格特征等	涉及购买决策

三、客户档案的特点

（一）丰富性

丰富性是针对客户档案的内容而言的。如前所述，客户档案既有客户的基本资料、与本企业交易的资料，又有在二者基础上形成的分析资料，每一类资料都包含着丰富的内容，其中基本资料的丰富性尤为突出。对于企业而言，客户需求的日益多样化和个性化要求企业从大规模批量生产逐步向定制化生产转变。在这一过程中，细节往往能够决定成败，对客户的了解越深入、越全面、越及时，企业越能立于不败之地。

（二）动态性

企业客户档案不是一成不变的，相反，它处于持续的变动之中。客户的需求总是随着时间的改变而改变，而这种改变应该在客户档案中有所反映。客户档案的动态性体现在两个方面：其一，从数量上看，随着双方交易次数的增加，客户档案也会相应地有所增加；其二，从内容上看，随着企业对客户了解的深入，客户档案会更加丰富、全面，部分内容将出现改动。

（三）现实性

现实性是指企业客户档案具有较强的现实实用性。企业客户档案是由企业客户信息归档转化而来的，但归档后的客户档案大部分仍处于发挥现行效用的活跃时期。客户档案记录的虽是企业与客户过去的交往过程，但它深刻地影响着现在和未来。只要企业与客户仍保持着关系，相应的客户档案就会持续地发光发热，不断发挥自身的凭证价值和参考价值，为企业的发展贡献力量。客户档案的现实性很大程度上依赖于其丰富性和动态性，唯有不断补充、更新的客户档案才能真实反映客户的变化情况，为企业领导者的决策提供现实的指导。

四、客户信息收集的渠道

客户信息收集的渠道分为直接渠道和间接渠道两种，每一种渠道均包括多种渠道方式。

（一）直接渠道

直接渠道是指商家的店铺内部的数据库。店铺内部的数据库中存储着大量的客户信息，因此商家从自身内部的数据库中即可获得丰富的客户信息。

（1）通过市场调查获得客户信息。店铺的调查人员通过电话调查、问卷调查、面谈等方法获取客户的第一手资料，也可以借助仪器对客户的行为进行观察并加以记录，从而有效地获取信息。

（2）在提供服务的过程中获得客户信息。在商家为客户提供服务的过程中，为了满足自己的需求，客户通常会直接且毫无避讳地向商家表达自己对商品的看法或期望，对服务的评价和要求，对商家竞争对手的看法，以及身边朋友的需求和购买意愿。所以，商家在为客户提供服务的过程中，可以获得大量有效且准确的信息，提供服务是收集客户信息的重要途径。

（3）在营销活动中获得客户信息。商家发布广告后，潜在客户或目标客户看到广告后可能会与商家取得联系，商家一旦得到客户的回应，就可以将这些客户的信息添加到客户数据库中。在商家与客户的交易往来过程中，客户的询价、对商品细节的咨询、付款速度、争议处理情况等信息不仅能反映出客户的消费偏好、消费风格，也能反映出客户关注的问题及其对交易的态度等信息。因此，商家与客户之间沟通交流的诸多文件、文本也是收集客户信息的良好渠道，商家可以获得有效的客户信息。

（4）从客户投诉中获得客户信息。客户投诉也是商家收集客户信息的重要渠道，商家将客户的投诉意见进行分析整理，并建立客户投诉档案，为改进服务、开发新商品提供基础的数据资料。

（二）间接渠道

间接渠道就是从店铺外部获得有效的客户信息，主要包括以下几种渠道：

（1）网络搜索。在互联网时代，网络是收集信息的必要手段，商家可以借助搜索引擎、网上黄页、手机短信、行业网站等网络平台来收集客户的相关信息。这种渠道的优点是覆盖面广泛，包含的信息量大；缺点是收集到的信息准确性和可参考性较低，在使用之前需要经过详细的筛选。

（2）老客户。老客户是商家最具价值的资源，他们通常与商家已经形成了良好的互信关系，他们更加了解客户的需求以及其他客户的信息。因此，可以通过与老客户之间的沟通来收集其他客户的信息。这种渠道收集来的信息比较具体，且具有较强的针对性，但容易带上老客户自身的主观情感。

（3）展会。各地区或各行业会不定期地举办展会，会吸引很多人参加，客户群体集中且针对性较强，因此各种展销会、博览会、洽谈会都是迅速收集客户信息与达成购买意向的场所。

（4）专业机构。有些专业的咨询公司会向外界提供专业的分析报告，这些信息有些需要付费，有些是免费的。商家可以与这些专业机构保持联系，获得有效的客户信息。

五、客户档案管理应注意的问题

（1）客户档案管理应保持动态性。客户档案管理不同于一般的档案管理，它需要根据客户情况的变化，不断地加以调整，消除过旧资料，及时补充新资料，不断地对客户的变化进行跟踪记录。

（2）客户档案管理的重点不仅应放在现有客户上，而且还应更多地关注未来客户或潜在客户，为企业选择新客户、开拓新市场提供资料。

（3）客户档案管理应“用重于管”，提高档案的质量和效率。不能将客户档案束之高阁，应以灵活的方式及时全面地提供给推销人员和有关人员。同时，应对客户档案作更多的分析，使“死档案”变成“活资料”。

（4）确定客户档案管理的具体规定和办法。客户档案不能秘而不宣，但由于许多资料公开会直接影响与客户的合作关系，不宜流出企业，只能供内部使用。所以，客户档案应由专人负责管理，并确定严格的查阅和利用的管理办法。

自测练习

一、判断题

1. 客户档案设计时，不需要考虑客户信息的可查询性。(　　)
2. 客户资料的动态性体现在有常规的维护人员，定时更新。(　　)
3. 客户的资料不需要记录客户的基本信息。(　　)

二、不定项选择题

1. 通过(　　)获取客户信息是最准确有效的。

A. 市场调查　　B. 提供服务
C. 营销活动　　D. 客户投诉

2. 从(　　)中获得客户信息，可以为改进服务、开发新商品提供基础的数据资料。

A. 市场调查　　B. 提供服务
C. 营销活动　　D. 客户投诉

3. 间接渠道就是从(　　)获得有效的客户信息。

A. 店铺内部　　B. 店铺外部　　C. 顾客本身　　D. 电话询问

4. 客户的态度信息主要包括(　　)。

A. 客户的个性　　B. 客户的生活情况
C. 客户的受教育情况　　D. 客户的生活理念

5. 收集客户信息是违法的，这句话正确吗？(　　)

A. 不正确　　B. 正确　　C. 不一定

6. 客户档案需要包含(　　)。

A. 基本资料　　B. 交易资料　　C. 分析资料　　D. 商品资料

7. 客户档案的设计需要注意(　　)问题。

A. 客户信息的丰富性　　B. 客户信息的动态性
C. 客户信息的现实性　　D. 客户信息的精简性

项目七

智能客服训练

情境描述

客服人员在一年中工作量最大，最繁忙的时候莫过于“年中庆”“店庆”“双十一”“双十二”“618”等节庆日。在这些节庆日，商家、网店的客户咨询量会达到平日的 10 ～ 20 倍。因此备战节庆日成为各大商家一年中最为重要的营销计划。大部分商家和网店会在节庆日开始前 1 ～ 2 个月进行准备，比如储备大量的临时客服人员以应对突然暴增的客户咨询。由于在节庆日期间客服人员同时接待的客户较多，有时回复不够及时，很多客户就因不愿等待而离开了。在如此高访问量的情况下，不仅没有抓住订单，还影响了客户的购物体验，这是众多商家不愿意看到的。因此，如何配置足够的售前客服，以确保大量涌入的客户得到及时的接待，以及在节庆日结束过后的几天，安排对应的售后客服解答客户问题，做好收尾工作，成为无数商家面对节庆日最为苦恼的问题。

需求创造市场，网店客服机器人应运而生。例如，在“双十一”期间，京东的“无人客服”、淘宝的“店小蜜”等智能客服，已经成为电商客服咨询的主要力量。仅以阿里为例，其机器人客服“店小蜜”就承担了 95% 的客服咨询工作，展现了卓越的客服能力，一个阿里“店小蜜”相当于 3.3 万个客服人员，在店铺“双十一”当天的询单转化能力超过了行业均值的 60%，达到与资深客服人员相媲美的水平，为店铺节省了大量的人力。

学习活动及学时分配

学习活动及学时分配（总学时：6 学时）

活动序号	学习活动	学时安排	备注
1	智能客服场景分类	2	
2	智能客服应答配置	2	
3	智能客服应答优化	2	

学习活动任务目标

分类	任务目标
知识目标	熟悉智能客服的定义、特点及功能
	认识智能客服的服务模式
	识别智能客服的应用场景和类型
	熟悉智能客服常见应答知识库
	了解商品知识库内容的优化
技能目标	能够识别智能客服与人工客服话术的区别
	能够为智能客服设置闲聊语料包
	能够依据场景为智能客服设置话术
	能够设置智能客服的应答日常话术
	能够优化智能客服的应答话术
职业素养目标	具有良好的沟通能力
	具有主动学习业务知识的职业习惯

任务名称	智能客服场景分类	教学流程	智能客服训练
班级		姓名	
工作岗位			

1 学习活动任务一

智能客服场景分类

任务目标

通过本任务的学习和训练，学生应熟悉智能客服的概念、特点及功能，认识智能客服的服务模式，能够识别智能客服的各种应用场景和类型，培养良好的职业习惯。

工作过程

1. 每逢电商大型活动，网店客服都需要回复顾客的高频问题，请为网店客服提前准备好回复话术。

双十一活动，网店客服回复顾客的高频问题：

活动有哪些优惠？

活动规则有哪些呢？

发货时效？

2. 华为手机 P50 的商品属性有哪些？在京东上搜索该商品查看。

3. 根据好欢螺螺蛳粉的宣传海报（见图 7－1），寻找螺蛳粉的卖点。

图 7－1　好欢螺宣传海报

螺蛳粉的卖点有哪些？

4. 在京东上搜索好欢螺螺蛳粉，查找螺蛳粉的食用方法。

袋装好欢螺螺蛳粉的食用方法：

（1）

（2）

（3）

（4）

（5）

5. 为网店智能客服设置闲聊语料包，以螺蛳粉网店为例。

有趣的闲聊话术：

（1）螺蛳粉怎么吃？

（2）螺蛳粉的传承人是谁？

（3）螺蛳粉为什么没有螺蛳肉？

（4）螺蛳粉臭的原因是什么？

（5）“不食螺蛳粉，枉为柳州人”，螺蛳粉有什么特色？

考核评价

姓名		学号		班级	
任务名称	智能客服场景分类				
考核内容	考核标准	参考分值（分）	学生自评	小组互评	教师评价
理论知识评价	熟悉智能客服的概念、特点及功能	15			
	认识智能客服的服务模式	15			
	识别智能客服的应用场景和类型	10			
技能操作评价	认识智能客服与人工客服的区别	15			
	设置闲聊语料包	10			
	依据场景为智能客服设置话术	15			
职业素养评价	具有良好的服务意识	10			
	具有对工作认真负责的工作态度	10			
得分		100			

相关资料

一、网店智能客服

网店智能客服是在大规模知识处理基础上发展起来的一项面向网店客服行业应用的、帮助网店优化客户关系的智能客服。网店智能客服通过自然语言技术，抓取客户问题中的关键字，然后在知识库中自动搜寻最适合的回答来回复客户问题。目前淘宝天猫使用的网店智能客服是阿里“店小蜜”，京东使用“京东小智”。虽然智能客服能够高效持续地工作，但是无法代替人工客服，目前很多个性化问题只有人工客服才能解决。

二、网店智能客服的特点

（1）自动回复，提高效率。

（2）及时响应，减少客户流失。

（3）智能推荐，模拟个性化服务。

（4）24 小时在线，夜间值守。

（5）高效工作，减少人力。

三、主流电商平台智能客服的功能简介

（一）阿里“店小蜜”智能客服机器人的功能

阿里“店小蜜”智能客服机器人界面如图 7－2 所示，其主要功能如下。

图 7-2　阿里“店小蜜”智能客服机器人界面

（1）一键召唤，服务秒级响应，全程购物陪同，为客户提供咨询支持。

（2）订单管家，针对所有客户的订单进行系统处理，过滤危险订单。

（3）售后直达，全程跟踪客户的售后问题及进度。

（4）陪聊，“店小蜜”自带萌萌哒贴心功能和海量的网购知识，可以随时陪淘宝用户聊天逗乐，给用户支招。

（5）订购机票，可以用文字形式或语音形式，只要告诉“店小蜜”机票要求，即可订购机票。

（6）管理天气。天气管理小能手，嘘寒问暖倍显关心。

（二）“京小智”京东智能客服机器人的功能

“京小智”京东智能客服机器人界面如图 7-3 所示，其主要功能如下。

图 7-3　“京小智”京东智能客服机器人界面

（1）精准识别咨询意图：基于语义搜索引擎分析上下文，从多角度理解用户咨询意图。

（2）主动对话：基于智能预测未问先答，给顾客超预期的服务。

（3）场景化服务：根据场景逻辑，帮助企业提供恰如其分的优质服务。

（4）行为预测：根据顾客历史行为、实时数据、当前情绪状况，开展人机服务调度。

（三）“晓多客服”拼多多智能客服机器人的功能

“晓多客服”拼多多智能客服机器人界面如图 7-4 所示，其主要功能如下。

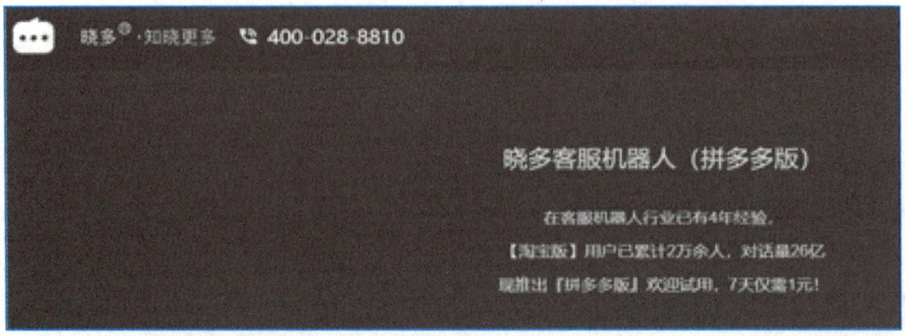

图 7-4　“晓多客服”拼多多智能客服机器人界面

（1）基础配置。基础配置包含机器人欢迎语（暂不支持修改）和商品问答（支持自定义）。

欢迎语：消费者进店咨询时，机器人将从欢迎语中随机发送一条给消费者。

商品问答：机器人根据店铺历史回复，自动回复消费者问题。

（2）专业配置。专业配置含商品热门问答和店铺热门问答。

商品热门问答：机器人定期分析并选取店铺内热门咨询前五的商品，同时也支持添加更多商品。

店铺热门问答：机器人将根据设置的回复自动回复消费者问题。

（3）尺码推荐表配置，可以为热销商品配置机器人尺码推荐表，机器人将根据设置的尺码推荐表自动回复消费者尺码相关问题。

四、网店智能客服的服务模式

目前阿里“店小蜜”有两种服务模式，分别是全自动接待、智能辅助接待，其适用场景和特点如表 7－1 所示。

表 7－1　阿里“店小蜜”的服务模式介绍

服务模式	适用场景	特点
全自动接待	夜间，大型促销活动	处理常规的、重复的咨询问题，如多久发货、到货时效、是否包邮
智能辅助接待	日常接待	提供话术推荐，自动回复客服人员未回复的客户咨询

五、网店智能客服的应用场景

网店智能客服的服务能力取决于服务场景数据的丰富程度，那么网店智能客服有哪些应用场景呢？如表 7－2 所示。

表 7－2　网店智能客服的应用场景

任务场景	应用类型			
主动营销话术	智能卖点	历史评价	活动优惠	猜你喜欢
智能商品推荐	欢迎语	无货推荐	凑单推荐 搭配推荐	求购推荐 爆款推荐
商品知识库	商品属性及功能	商品维护	商品安装及使用	商品卖点及优惠
常见问题解答	合作快递	发货时效	退换货处理	
售前	催付款	商品卡片		
售后	退换货处理	特殊情况通知	邀评	老客户维护

自测练习

不定项选择题

1. 智能客服的特点有（　　）。

A. 20 小时值守　B. 及时响应　C. 高效工作　D. 可替代人工客服

2. 智能客服的服务模式有（　　）。

A. 智能辅助接待　B. 全自动接待　C. 半自动接待　D. 智能独立接待

3. 智能客服售前可完成的应用类型有（　　）。

A. 催付款　B. 商品卡片　C. 订单确认　D. 催拍

4. 智能客服售后可完成的应用类型有（　　）。

A. 邀评　B. 延迟发货　C. 拒签　D. 欢迎语设置

5. 阿里“店小蜜”的功能有（　　）。

A. 陪聊　B. 一键响应　C. 订购机票　D. 管理天气

任务名称	网店智能客服应答配置	教学流程	智能客服训练
班级		姓名	
工作岗位			

2 学习活动任务二

网店智能客服应答设置

任务目标

通过本任务的学习和训练，学生能够设置智能客服的应答话术，培养客服工作的职业习惯。

工作过程

1. 为网店智能客服机器人设置顾客议价的回复话术，以螺蛳粉网店为例，根据客户关键词进行回复。

（1）通用型回复，例如：“亲，宝贝都是最低价了，亏本卖的，没有利润的，亲谅解哦！”

（2）要求改价回复话术

（3）不给优惠就走人的回复话术

（4）购买金额没有达到满减条件回复话术

（5）要求提供优惠券的回复话术

（6）要求送小礼物的回复话术

2. 为网店智能客服机器人设置智能推荐的回复话术，以螺蛳粉网店为例。

（1）爆款推荐回复话术（销量好）
例如：亲，这款产品的销量是最好的。
（2）无货推荐回复话术

（3）重口味、喜欢吃辣的客户求购推荐回复话术

（4）凑单推荐回复话术

（5）搭配推荐回复话术

3. 为网店智能客服机器人设置退换货的回复话术，以螺蛳粉网店为例。

（1）退换货回复话术

（2）退换货期限回复话术

（3）不同意退换货回复话术

（4）同意退换货回复话术

（5）退货后，已支付的货款如何退回的回复话术

（6）退换货寄回费用由谁承担的回复话术

考核评价

姓名		学号		班级	
任务名称	智能客服的应答配置				
考核内容	考核标准	参考分值（分）	学生自评	小组互评	教师评价
理论知识评价	熟悉智能客服常见应答知识库	15			
	明确智能客服的高频应答问题	15			
	熟悉智能客服常见应答问题	10			
技能操作评价	设置智能客服议价应答话术	15			
	设置智能客服智能推荐应答话术	10			
	设置智能客服退换货应答话术	15			
职业素养评价	具有提高客户满意度的意识	10			
	具有主动学习的工作态度	10			
得分		100			

相关资料

网店智能客服机器人常见问题知识库（以螺蛳粉网店为例）随机抽取。

一、是否有货

（1）亲，您看中的这款螺蛳粉有现货，您可以放心拍哦。

（2）亲，非常抱歉这款螺蛳粉已经没有现货了，您可以看一下我们推出的新款，两款宝贝的口味都是非常不错的，配料和价格也相差不多呢。

（3）亲，店铺能正常拍下的就是有货，如果拍不下就是无货了，推荐看我们的爆款，小龙虾味道的。

二、什么时候发货

亲，您拍下的 48 个小时内就可以为您安排发货，最近爆仓，我们会尽快为您安排发货，最快今天下午。

三、发什么快递

亲，默认是发圆通快递，您这边可以收到圆通的货吗？圆通不到的地方我们可以为您安排发 EMS，EMS 是全国通达的，但是 EMS 是不包邮的呢，需要您补邮费 10 元（发顺丰要补邮费 20 元）。

四、什么时候到货

亲，一般韵达发货以后 3 天左右可以到货，您收到货以后可以仔细检查一下，如有任何质量问题，7 天内可以无条件退换货的，邮费是我们承担。（顺丰一般两天内到货，偏远地区会延迟到货时间；EMS 一般 3 ～ 5 天到货，偏远地区 7 天左右到货）

五、商品催付

（1）年货节活动正在抢购中，亏本销售，活动量大，活动时间和库存数量有限制，机会难得，欲购从速哦。

（2）亲，您拍下的商品还未付款，活动期间销售很快，还请尽快付款哦。

（3）亲，您拍下的商品还未付款，请尽快付款以便我们以最快的速度发货哦。

六、是否为正品

亲，本店所有产品均为品牌正品，支持专柜验货，假一罚十，可以放心购买哦。

七、太贵了，可以优惠吗

（1）亲，价格和价值是成比例的，我们店的螺蛳粉用料足，包装精美，物有所值。

（2）亲，非常抱歉，价格是公司的规定，我没有权限改变价格哦，我尽量帮你向领导申请赠送小礼物。

（3）亲，您的眼光真不错，我个人也很喜欢您选的这款。

（4）亲，非常抱歉，我们公司规定不议价的哦，还请谅解。

（5）亲，这款已经是特价了，原价是 128 元的，现在活动价 98 元，超值哦。

（6）非常抱歉，亲，本店所有商品不议价，您是老顾客，我给您 5 元优惠券，感谢您经常光临本店。

八、物流查询

（1）亲，帮您查询了一下，您的件已经到吉林，请耐心等待哦。

（2）您的件已经到新疆，现在爆仓，非常抱歉，我们帮您催促快递，恳请您耐心等待。

（3）亲，不好意思，因为活动期间快递数量大，导致部分快递网点爆仓，派送时间会比正常时间晚 1 ～ 2 天，给您造成的不便我们深感抱歉，恳请您的谅解，会尽快为您派送哦。

（4）亲，很抱歉，因为活动量大，导致商品在路上的时间比平常多了 1～3 天。我们这就帮您催促一下，同时也麻烦您再耐心等候一下。

九、退换货

（1）小瑕疵。亲，经审核您所提供的商品照片，不影响整体效果哦，相信您当初购买也是因为喜欢该商品，我们这边给您赔偿些金额，您自行处理一下，您看这样可以吗？

（2）严重问题。亲，不好意思，您寄回，我们给您换一件，我们承担运费。这次会让仓库质检同事认真检查好再发出，很抱歉这次给您造成了不愉快的体验。

（3）坚持退款。亲，如果不喜欢麻烦尽快退回给我们哦，方便我们尽快给您处理退款事宜，也欢迎您下次光临。退换货期限是 15 天，退货地址：广西柳州市螺蛳粉小镇，请您先垫付退货邮费，我们收到货物确认无误后，会将退款转到您的支付宝账户。

（4）自行承担运费。亲，这次您退货是因为自己错误下单造成的，所以需要您承担运费哦。

（5）7 天无理由退换货。亲，本店商品支持 7 天无理由退换货。但是必须保证产品未使用，以及原包装和随箱物未拆封、未破坏、未丢失，否则不予退换哦。

十、邀请评价

亲，收到商品了吗？如果您对我们的商品和服务都满意，希望您能来给我们评价哦，如果我们有哪些做得不够好，还希望您能给我们提出宝贵的建议，便于我们改进。期待您的肯定和再次光临，祝您生活愉快！

十一、求推荐

（1）亲，本店螺蛳粉有多种配料。如果您喜欢清淡的，可以选购菌菇味、番茄味、老坛酸菜味，不放辣油包；如果您的口味偏重，可以选择特辣的藤椒味、麻辣味的。

（2）亲，我们现在正在做活动，买一件螺蛳粉送一袋鸭脚和卤蛋，而且鸭脚和卤蛋也有优惠价呢。

十二、领取优惠券操作提示

（1）亲，您可以在我们的店铺首页直接领取优惠券，先领券再下单。

（2）亲，您发商品链接，我这边帮您处理。

自测练习

填空题

1. 客服处理退换货主要有以下五种方式，请将空缺的内容补充完整。

（1）小瑕疵。亲，经审核您所提供的________，不影响整体效果哦，相信您当初购买也是因为喜欢该商品，我们这边给您________，您自行处理一下，您看这样可以吗？

（2）严重问题。亲，不好意思，您寄回，我们给您换一件，我们承担________。这次会让仓库质检同事认真检查好再发出，很抱歉这次给您造成了不愉快的体验。

（3）坚持退款。亲，如果不喜欢麻烦尽快退回给我们哦，方便我们尽快给您处理________事宜，也欢迎您下次光临。

（4）自行承担运费。亲，这次您退货是因为自己________造成的，所以需要您承担运费哦。

（5）7 天无理由退换货。亲，本店商品支持________。但是必须保证产品未使用，以及原包装和随箱物未拆封、未破坏、未丢失，否则不予退换哦。

2. 客户询问是否为正品的正确回答方式。

亲，本店所有产品均为品牌正品，支持________，假一罚十，可以放心购买哦。

3. 如何指导客户领取优惠券？

（1）亲，您可以在我们的________直接领取优惠券，先领券再下单。

（2）亲，您发________，我这边帮您处理。

4. 客户进行讨价还价时，如何有技巧地回复客户？

（1）亲，价格和________是成比例的，我们店的螺蛳粉用料足，包装精美，物有所值。

（2）亲，非常抱歉，价格是________的规定，我没有权限改变价格哦，我尽量帮你向________申请赠送小礼物。

（3）亲，您的眼光真不错，我个人也________您选的这款。

（4）亲，非常抱歉，我们公司规定________的哦，还请谅解。

（5）亲，这款已经是________了，原价是 128 元的，现在活动价 98 元，超值哦。

（6）非常抱歉，亲，本店所有商品不议价，您是老顾客，我________，感谢您经常光临本店。

5. 如何对客户进行商品催付？

（1）年货节活动正在抢购中，亏本销售，活动量大，________，机会难得，欲购从速哦。

（2）亲，您拍下的商品还未付款，活动期间________，还请尽快付款哦。

（3）亲，您拍下的商品还未付款，请尽快付款以便________。

任务名称	网店智能客服应答优化	教学流程	智能客服训练
班级		姓名	
工作岗位			

3 学习活动任务三

网店智能客服应答优化

任务目标

通过本任务的学习和训练，学生能够优化商品卖点，掌握热卖商品的主动营销话术，优化商品评价的关键词，培养不断学习业务知识的职业习惯。

工作过程

一、优化商品卖点

请根据三只松鼠坚果产品详情页的内容（见图 7－5），为智能客服机器人提供优化商品卖点话术。

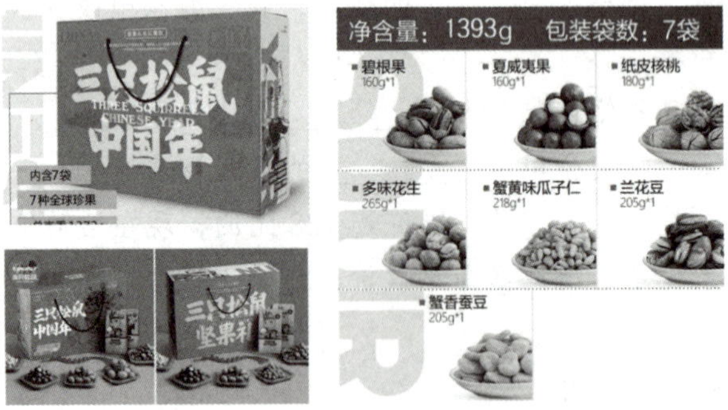

图 7－5 三只松鼠坚果产品详情页

三只松鼠坚果的卖点有哪些？请通过三只松鼠的其他旗舰店查找卖点并进行总结如下：

二、优化主动营销话术

1. 请通过网络查询，为智能客服机器人提供华为手机 P50 手机的主动营销话术。

2. 请通过网络查询，为智能客服机器人提供元气森林气泡水的主动营销话术。

3. 请通过网络查询，为智能客服机器人提供“好欢螺”螺蛳粉的主动营销话术。

4. 请通过网络查询，为智能客服机器人提供“御泥坊”面膜的主动营销话术。

5. 请通过网络查询，为智能客服机器人提供“鸿星尔克”运动鞋的主动营销话术。

三、优化商品评价的关键词

请为网店客服机器人优化不同品牌螺蛳粉的商品评价的关键词（分组完成）。

1. 螺霸王螺蛳粉：木耳、花生、腐竹、酸笋配料齐全，外送两个鹌鹑蛋，味道简直不能太赞。
   例如，关键词：配料多，送鹌鹑蛋，味道好。
2. 螺状元螺蛳粉：调料丰富，外包装也非常漂亮，远销美国、德国等。
3. 爱薇儿螺蛳粉：螺蛳汤非常鲜，米粉不用泡，直接煮来吃，微辣。
4. 好欢螺螺蛳粉：各种配料一应俱全，还有一大包辣椒油。辣油很香，味道也很足。
5. 哈伟螺蛳粉：需要泡了之后再煮，汤里有螺蛳味，辣椒油很辣。
6. 粉状元螺蛳粉：更适合北方人口味，纸盒包装适合送礼。
7. 金味帅螺蛳粉：汤味和调料比较有特色，适合不太能吃辣的人。
8. 螺蛳粉先生螺蛳粉：料包丰富，酸豆角好吃，但是腐竹可能味道稍差。
9. 柳时尚螺蛳粉：很符合当地柳州人的口味。
10. 爽螺鲜螺蛳粉：最先开创的品牌之一，非常有柳州的味道。

考核评价

姓名		学号		班级	
任务名称	网店智能客服应答优化				
考核内容	考核标准	参考分值（分）	学生自评	小组互评	教师评价
理论知识评价	商品知识库的重要性	10			
	淘宝商品卖点优化	15			
	热卖商品的卖点提炼	10			
技能操作评价	优化商品卖点话术	15			
	优化主动营销话术	15			
	优化商品评价的关键词话术	15			
职业素养评价	具有良好的沟通能力	10			
	具有良好的业务学习能力	10			
得分		100			

相关资料

一、商品知识库内容优化

商品知识库相当于网店智能客服机器人的“智能大脑”，里面存储着网店客服机器人回复顾客时使用的商品知识信息，每一个问题分类下涵盖了顾客成千上万种问法，这就是机器人能轻松应答的秘诀，因此商品知识库的创建和维护对于网店客服机器人至关重要。网店客服机器人的学习能力很强，商品知识库要不断更新，不断丰富补充。

二、商品卖点

卖点本身就是指这个产品的优势或者特点，以及这个产品能够给消费者带来的利益。所以卖点就是将特点、优势根据不同的组合方式排列所得到的结果。

（1）从消费者的角度，卖家需要呈现给消费者的是符合消费者心理需求的文字描述或者图片描述。比如卖家在服装上不想撞衫，想要有自己独一无二的特色，那么限量版就是产品的卖点。

（2）从价格上去找，我们会发现大多数的商家时不时会做一些促销活动，或者是打折来刺激消费者进行购买，尤其是一些商品，大降价会让许多人购买，哪怕不需要。卖家可以在店铺内增加一些优惠券，比如说满 80 元减 5 元或者买两件打七折等。

（3）从时间上来写。比如从季节跨度上来说有春季新品、夏季新品等。从节日气氛上来说，可以有国庆节、春节等节日。因为在市场上潜藏着不少对时间的跨度非常敏感，而且反响比较大的消费群体。

（4）从产品本身来写。包括产品的质量、材质、生产地及售后服务。

（5）从热门话题和热门人物出发。现在网店上许多商品都是明星同款，或者是热门话题的同款商品，这类产品同样受到不少人的追捧，因此可以作为宝贝的卖点。

客服平时需要留意老顾客们觉得什么样的卖点最心动，然后再进行合理的优化。毕竟卖点的角度可以有很多个，但永远摆脱不了从它的特点、优势以及利益出发。所以说，只要是有用的卖点就是好卖点，顾客喜欢的和需要的就是卖点。

三、热卖商品的卖点提炼

激烈的市场竞争引发了大量的抄袭模仿行为，技术创新只能带来短暂的领先优势，其后就马上跌入同质化的海洋。怎样创造出与竞争对手不同的差异化特色，已成为摆在营销者面前的一大难题。差异化的实质就是给顾客一个购买理由，即为什么买你的而不买别人的。这就要求企业努力聚焦，把一件事做到极致，凭借别人无法企及的某种特色来赢得客户。总结起来，要提炼产品的卖点，实施差异化定位可以从以下途径入手：

（1）原料方面差异化。依云矿泉水是很昂贵，传说每滴依云矿泉水都来自阿尔卑斯山山头的千年积雪，然后经过 15 年缓慢渗透，由天然过滤和冰川砂层的矿化而最终形成，这使依云水成为纯净、生命和典雅的象征，以10倍于普通瓶装水的奢侈价格来销售。哈根达斯宣传自己的冰激凌原料取自世界各地的顶级产品，比如来自马达加斯加的香草代表着无尽的思念和爱慕，比利时纯正香浓的巧克力象征热恋中的甜蜜和力量，波兰的红色草莓代表着嫉妒与考验，来自巴西的咖啡则是幽默与宠爱的化身，而且这些都是100%的天然原料。“爱我，就请我吃哈根达斯”，自1996年进入中国，哈根达斯的这句经典广告语席卷各大城市。

（2）设计方面差异化。苹果公司的产品一向以设计见长，iMac台式电脑、iPod音乐播放器、iPhone手机、iPad上网本，一个个让人耳目一新的产品冲击着用户的心理防线，将苹果品牌变身为时尚与品位的先锋。Swatch手表创新性地定位于时装表，以充满青春活力的城市年轻人为目标市场。以“你的第二块手表”为广告诉求，强调它可以作为配饰搭配不同服装，可以不断换新而在潮流变迁中永不过时。

（3）制作工艺方面差异化。真功夫快餐挖掘传统烹饪的精髓，利用高科技手段研制出“电脑程控蒸汽柜”，自此决定将“蒸”的烹饪方法发扬光大。为了形成与美式快餐完全不同的品牌定位，真功夫打出了“坚决不做油炸食品”的大旗，一举击中洋快餐的“烤、炸”工艺对健康不利的软肋。在环境危机日益加重、人们健康意识不断提升的情况下，乐百氏纯净水“27层净化”的传播口号，能给焦虑的人们带来稍许安全感。

（4）渠道方面差异化。戴尔电脑的网络直销消除了中间商，减少了传统分销花费的成本和时间，库存周转与市场反应速度大幅提高，而且能够更直接地了解客户需求，并以富有竞争性的价位，定制并提供具有丰富选择性的电脑相关产品。想订购的顾客直接在网上查询信息，5分钟之后收到订单确认，不超过36小时，电脑从生产线装上载货卡车，通过快递网络送往顾客指定的地点。由于互联网技术的日益普及，利用网络渠道营销的企业越来越多，比如携程旅行、苏宁易购和淘宝等。

（5）功能方面差异化。顾客选购商品是希望具有所期望的某种功效。如洗发水中飘柔的承诺是“柔顺”，海飞丝是“去头屑”，潘婷是“健康亮泽”。五菱之光汽车定位于“满足乘用、载运功能的高品质微型汽车”就是基于这一策略，只要在顾客需求的某方面占据顾客心中的第一位置，就有机会在竞争中胜出。脑白金的礼品定位等，都是直接从用途上与竞争对手差异化。

（6）服务方面差异化。迪士尼公司认为首先应该让员工心情舒畅，然后他们才能为顾客提供优质服务，首先让员工们快乐，员工才能将快乐感染给所接待的顾客。别忘了人们来到迪士尼就是为了寻找欢乐，如果对服务不满意，扫兴而归，那还会有什么人再来呢？因此公司注重培训和员工福利，重视构建团队及伙伴关系，以此提高服务水准。

（7）形象方面差异化。形象因素与设计和制作工艺有一定联系，但也可以独立出现。香飘飘奶茶的杯子相对竞品的杯子要高大一些，显得量足、实惠；纸杯用纸考究，外观精美，有档次感，价值感自然上去了。一般的奶茶竞品都是将吸管随便一折就放入杯子里，而香飘飘特别定制了双节组合式的吸管，平时是短短的两节，用时只要插在一起就变长了，可以方便、优雅地放入杯中。

要想差异化定位成功，仅仅选择差异化因素是不够的，还必须检查差异化的因素能不能为顾客，特别是目标顾客创造价值，从而成为吸引其购买的卖点。另外需要检查在顾客心目中你的产品是否已经具备预设的差异化卖点，大部分顾客不是专业人士，他们决策时理性夹杂着感性，如果他们认为你在差异化因素方面并不突出，你就必须开动脑筋，利用大胆出位的传播方案将自己的优势打出来。

四、商品评价关键词的优化

基本上所有的用户在寻找产品时，都会输入关键词去搜索，卖家也确实认认真真填写了关键词，但是却没有什么效果。比如卖家把产品、图片都选好了，但是买家却搜索不到，那等于卖家什么都没有做，这样就损失很多的潜在用户，那么如何优化商品的关键词?

（1）关键词的写法。关键词尽量用短语或单词，少用句子，短语可用逗号隔开，不要滥用知名品牌名和不相干的关键词。精准词优先放置前边，关键词使用越多越好，为了避免被判定为关键词作弊，尽量不重复使用。关键词拼写要正确，注意单数复数，商品用途、特性，结合节日，不要为搜索关键词加引号。使用同义词和近义词作为关键词。

（2）关键词的优化。关键词一般可以通过以下三种方法进行收集整理：一是常识，从消费者的角度思考，看他们会使用什么关键词来搜索；二是平台，选择平台上搜索量最多的关键词和热门关键词；三是竞品，观察人气卖家经常使用的关键词。

（3）筛选核心关键词。通过搜索结果中的用户数量来决定核心关键词的应用权重。

（4）品牌关键词。去优化品牌关键词和优化冷门关键词是一样的，因为品牌是独一无二、标志性的关键词，所以竞争力度自然就会减少，但是把这个关键词推广出去，让更多的人知道，对于产品搜索优化是一件非常好的事情。品牌关键词转化率高，竞争力小。

（5）抓住长尾关键词。长尾关键词指比较冷门的、非核心的、竞争热度比较低的、短尾所扩展出来的，或者自身比较长的一种短句关键词，其最大特点是竞争热度低、群体指向精准、搜索少、转化率高，长尾关键词优势明显。

（6）完善关键词属性。产品发布出来的信息页的属性选项，都是属于关键词的范畴，我们想要优化关键词的时候，最起码要把搜索结果的信息都填好。

自测练习

填空题

1. 商品的卖点主要从________、________、________、________、________5个角度去考虑。

2. 商品的卖点从价格上去找，我们会发现大多数的商家时不时会做一些________，或者是打折来刺激消费者进行购买，尤其是一些商品，大降价会让许多人都购买，哪怕不需要。卖家可以在________增加一些________，比如说满80元减5元或者买两件打七折等。

3. 要提炼产品的卖点，实施差异化定位，产品的差异化可以从7个方面入手，分别是________、________、________、________、________、________、________。

4. 服务方面差异化：迪士尼公司认为首先应该让________，然后他们才能为顾客提供优质服务。

5. 功能方面差异化：顾客选购商品是希望具有所期望的某种功效。如洗发水中飘柔的承诺是________，海飞丝是________，潘婷是________。

参考文献

[1] 游艳雯．物流客户服务操作实务［M］．北京：化学工业出版社，2015．

[2] 续秀梅．物流客户服务［M］．北京：中国物资出版社，2010．

[3] 曾益坤．物流客户服务［M］．北京：电子工业出版社，2011．

[4] 袁旦．物流客户服务［M］．2版．北京：电子工业出版社，2018．

[5] 庞海松．网店客服实训教程［M］．杭州：浙江大学出版社，2017．

[6] 李彪．新电商客户服务［M］．北京：人民邮电出版社，2020．

[7] 刘建珍，刘亚男，陈文婕．网店金牌客服［M］．北京：人民邮电出版社，2020．

[8] 刘桓，刘莉萍，赵建伟．网店客服（微课版）［M］．北京：人民邮电出版社，2019．

[9] 白东蕊．网店客服理论、案例与实操（微课版）［M］．北京：人民邮电出版社，2021．

[10] 张雪荣，徐艳．网店客户服务与管理［M］．上海：复旦大学出版社，2020．

[11] 徐奕胜，刘雨花，杨慧桢．电子商务客户关系管理［M］．北京：人民邮电出版社，2018．

[12] 王瑶，黄芳．客户关系管理项目式教程［M］．北京：人民邮电出版社，2015．

[13] 崔恒华．网店客服实操［M］．北京：电子工业出版社，2018．

[14] 屈冠银．网店客服管理难题与对策［J］．北京劳动保障职业学院学报，2013（4）．

[15] 陶再迪．浅谈物流客户服务课程以岗定教的教学模式［J］．辽宁教育行政学院学报，2010（8）．

[16] 唐晓梅．基于核心素养的中职网店客服教学探索［J］．科学咨询（教育科研），2018（12）．

[17] 谢小梅．利用网店实施中职电子商务实践教学的新策略［J］．职业，2016（31）．

[18] 沈捷．模拟实践教学法的应用探索研究——以“客户服务与管理”课程为例［J］．工业和信息化教育，2019（5）．

[19] 张雪荣，徐艳．网店客户服务与管理［M］．上海：复旦大学出版社，2020．

[20] 李红梅．现代推销实务［M］．北京：电子工业出版社，2018．

[21] 张洪峰．物流客户服务［M］．北京：机械工业出版社，2020．

[22] 杨俐．物流客户服务与管理［M］．北京：中国财富出版社，2020．

[23] 陈丙成. 基于马斯洛需求层次理论视角探讨货运客户忠诚度[J]. 空运商务, 2011 (8).

[24] 程林. 第三方物流企业客户需求层次研究[J]. 市场周刊, 2016 (4).

[25] 徐象运. 健身俱乐部营销模式研究——以金华市为例[D]. 金华: 浙江师范大学, 2015.

[26] 陈影. 第三方物流企业客户服务改善研究——以DHL货运中国有限公司为例[D]. 成都: 电子科技大学, 2014.

[27] 谢茜. RD英菲尼迪汽车4S店客户关系管理研究[D]. 银川: 宁夏大学, 2017.